O ARDIL DA FLEXIBILIDADE

COLEÇÃO
Mundo do Trabalho

CAPITALISMO PANDÊMICO
Ricardo Antunes

CUIDADO: TEORIAS E PRÁTICAS
Helena Hirata

GÊNERO E TRABALHO NO BRASIL E NA FRANÇA
Alice Rangel de Paiva Abreu, Helena Hirata
e Maria Rosa Lombardi (orgs.)

ICEBERGS À DERIVA
Ricardo Antunes (org.)

OS LABORATÓRIOS DO TRABALHO DIGITAL
Rafael Grohmann

AS ORIGENS DA SOCIOLOGIA DO TRABALHO
Ricardo Festi

PARA ALÉM DO CAPITAL E PARA ALÉM DO LEVIATÃ
István Mészáros

A PERDA DA RAZÃO SOCIAL DO TRABALHO
Maria da Graça Druck e Tânia Franco (orgs.)

**SEM MAQUIAGEM: O TRABALHO DE UM MILHÃO
DE REVENDEDORAS DE COSMÉTICOS**
Ludmila Costhek Abílio

A SITUAÇÃO DA CLASSE TRABALHADORA NA INGLATERRA
Friedrich Engels

SUB-HUMANOS: O CAPITALISMO E A METAMORFOSE DA ESCRAVIDÃO
Tiago Muniz Cavalcanti

TEOREMA DA EXPROPRIAÇÃO CAPITALISTA
Klaus Dörre

UBERIZAÇÃO, TRABALHO DIGITAL E INDÚSTRIA 4.0
Ricardo Antunes (org.)

Veja a lista completa dos títulos em:
https://bit.ly/BoitempoMundodoTrabalho

Sadi Dal Rosso

O ARDIL DA FLEXIBILIDADE
OS TRABALHADORES E A TEORIA DO VALOR

© desta edição, Boitempo, 2017

Direção editorial   Ivana Jinkings
Edição   Duda Albuquerque
Assistência editorial   Thaisa Burani
Tradução de notas   Érico Assis
Preparação   Cláudia Cantarin
Revisão   Cláudia Renata C. Colognori e Selma Corrêa
Coordenação de produção   Juliana Brandt
Assistência de produção   Livia Viganó
Capa   Antonio Kehl
sobre fotografia de instalação artística de Cildo Meirelles.
Diagramação   Agwm Produções Editoriais

Equipe de apoio
Allan Jones, Ana Yumi Kajiki, Artur Renzo, Bibiana Leme, Camilla Rillo, Eduardo Marques, Elaine Ramos, Fred Indiani, Isabella Marcatti, Ivam Oliveira, Kim Doria, Marlene Baptista, Maurício Barbosa, Renato Soares, Thaís Barros, Tulio Candiotto

CIP-BRASIL. CATALOGAÇÃO NA PUBLICAÇÃO
SINDICATO NACIONAL DOS EDITORES DE LIVROS, RJ

R746a
  Rosso, Sadi Dal
    O ardil da flexibilidade : os trabalhadores e a teoria do valor / Sadi Dal Rosso. - 1. ed. - São Paulo : Boitempo, 2017.
    (Mundo do Trabalho)
    Inclui bibliografia
    Inclui anexos
    ISBN 978-85-7559-569-5
    1. Sociologia do trabalho. I. Título. II. Série.
17-42878   CDD: 306.3
                                                        CDU: 316.334.22

27/06/2017 30/06/2017

Este livro contou com o apoio do Sindicato dos Bancários de Brasília e do Instituto Lavoro.

É vedada a reprodução de qualquer parte deste livro sem a expressa autorização da editora.

1ª edição: julho de 2017;
1ª reimpressão: setembro de 2024

BOITEMPO

Jinkings Editores Associados Ltda.
Rua Pereira Leite, 373
05442-000 São Paulo SP
Tel.: (11) 3875-7250 / 3875-7285
editor@boitempoeditorial.com.br
boitempoeditorial.com.br | blogdaboitempo.com.br
facebook.com/boitempo | twitter.com/editoraboitempo
youtube.com/tvboitempo | instagram.com/boitempo

SUMÁRIO

Agradecimentos.. 7
Apresentação: Flexibilidade, tempos e horários........................ 9

PARTE 1
FLEXIBILIDADE DE HORAS E TEORIA DO VALOR
   I. Gênese das práticas flexíveis.. 21
   II. A busca de sentido comum... 53
   III. Tempos flexíveis e conhecimento................................. 71
   IV. Flexibilidade da distribuição das horas laborais
       e teoria do valor-trabalho.. 91

PARTE 2
TENDÊNCIAS MUNDIAIS
   V. Tendências em países capitalistas de centro...................... 125
      1. Estados Unidos.. 128
      2. Canadá... 140
      3. União Europeia... 143

PARTE 3
FLEXIBILIDADE LABORAL NO BRASIL
   VI. Da flexibilidade pré-regulamentada ao trabalho de tempo
       integral com direitos e à flexibilidade pós-regulamentada...... 171
   VII. Horários e condição no trabalho.................................. 179
   VIII. Idade e horários flexíveis de trabalho............................ 207
   IX. Divisão das horas laborais, sexo e gênero........................ 225
   X. Desigualdades sociais, horários, cor e raça...................... 251

Conclusão: A flexibilidade de horários no capitalismo.................. 265
Bibliografia.. 277
Considerações finais: Sobre as informações censitárias utilizadas..... 287

AGRADECIMENTOS

São reconhecidos pelo autor na preparação deste livro os apoios do Conselho Nacional de Desenvolvimento Científico e Tecnológico (CNPq), da Coordenação de Aperfeiçoamento de Pessoal de Nível Superior (Capes) e da Coordenação de Pós-Graduação do Departamento de Sociologia da Universidade de Brasília com recursos, projetos e bolsas, que permitiram estadas no Centro de Estudios Sociológicos de El Colegio de México e no Departamento de Sociologia da Universidade de Nova York, instituições que agradeço pela oportunidade de estudar e escrever. A permanência em El Colegio de México propiciou uma troca de ideias com Jaime Osorio, da Universidad Autónoma Metropolitana (UAM) – Xochimilco sobre teoria do valor e flexibilidade, bem como com Gustavo Verduzco e Igartua, Orlandina de Oliveira Barbosa, Minor Mora Salas e Arturo Alvarado Mendoza, e a participação em apresentações de Rodolfo Stavenhagen, Pablo Gonzales Casanova e Francisco Zapata. Na Universidade de Nova York reconheço o apoio especial de Dalton Conley, chefe do Departamento de Sociologia.

Mantive diálogos frutíferos com participantes do Grupo de Estudos e Pesquisas sobre o Trabalho (GEPT), entre os quais Daniel Bin, Aldo Antonio de Azevedo, Zilda Maria de Souza Pfeilsticker, Fábio Marvule Bueno, Raphael Lana Seabra, José de Lima Soares, Perci Coelho de Sousa, Neuza de Farias Araújo, Robson Santos Câmara Silva, Antonio de Castro, José Maria Nova da Costa Neto, Edemilson Paraná, Rodrigo E. S. Borges e Débora Maria Borges de Macedo, com quem realizamos os Encontros sobre Teoria do Valor-Trabalho e Ciências Sociais, com participantes do programa de pós-doutorado, entre os quais Cândida da Costa, assim como com estudantes de pós-graduação e da graduação. Devo especial reconhecimento a Jelder Lourenço, que realizou o processamento estatístico das informações censitárias utilizadas na análise empírica. Agradeço integrar a coleção Mundo do Trabalho, coordenada por Ricardo Antunes, que tem estimulado os encontros e debates sobre a teoria do valor-trabalho.

Nessas andanças e trabalhos de pesquisa e escrita, tive o apoio decidido das pessoas que me são mais caras, Saida e Rafael, a quem agradeço pela compreensão e pelo amor.

Apresentação
FLEXIBILIDADE, TEMPOS E HORÁRIOS

Os HORÁRIOS organizam o mundo. A sequência infinita do tempo foi e é domada pelo criativo e complexo sistema de medidas, divisões e relações cujo aperfeiçoamento impõe organização, normas, controles e métodos, elementos essenciais de racionalização da vida. Quanto mais as sociedades convergem em direção ao desenvolvimento econômico, mais lançam mão de racionalização. O trabalho, ação criadora essencial do ser humano, não foge ao império do tempo. Ao contrário, as atividades são envolvidas cada vez mais pela malha das horas. A distribuição dos horários e as cargas laborais tornam-se componentes imprescindíveis ao entendimento das condições de trabalho.

Na sociedade capitalista, as horas laborais constituem a essência do valor. E sua distribuição no curso de horas, dias, meses e anos divide o tempo, em geral, em dois momentos: os tempos de trabalho e os tempos de não trabalho. As fronteiras que os separam são móveis, segundo o aumento ou diminuição das horas laborais.

As horas laborais distribuem-se em horários que se repetem dia após dia, que foram e ainda são chamados de rígidos ou repetitivos, ou em horários que se alteram, ditos flexíveis, móveis ou mutantes. Dificilmente encontra-se uma distribuição única dos horários laborais, da mesma forma que ela não acontece aleatoriamente. As modalidades de distribuição dos horários de trabalho e as respectivas cargas laborais dependem essencialmente das relações que se estabelecem entre empregadores e empregados, que instituem normas para a realização daquelas atividades. O controle das horas laborais constitui condição de possibilidade de acumulação, na contemporaneidade, de riquezas jamais vistas nas mãos dos detentores do capital, enquanto os trabalhadores lutam por direitos e pela emancipação. As horas laborais marcam os corpos e as mentes de todos aqueles que trabalham, pois o labor recorta os momentos da vida, ou a própria vida em si, a serem sacrificados no altar da produção de valores.

Esse componente do trabalho compreende a dimensão que aqui denominamos distribuição das horas laborais e que constituirá o objeto de investigação e debate deste livro. Ela se diferencia de duração da jornada, que responde basicamente à pergunta "Quanto tempo, quantas horas dura o trabalho?", assim como de intensidade laboral, categoria que descreve "o esforço que o trabalhador despende na realização do trabalho" também visto como a "carga de trabalho". A distribuição das horas laborais compreende, pois, uma terceira dimensão do processo de trabalho, que procura responder à pergunta "Quando, em que horários, o trabalhador realiza sua tarefa?". A mera distinção dessas três dimensões indica que são relacionadas, mas não se confundem, dadas as especificidades dos respectivos objetos. Embora reste elaborar ainda as questões-guia para o trabalho de investigação, de imediato é preciso lançar um jato de luz a respeito de como se foram construindo historicamente as distintas formas de distribuição dos tempos laborais e de como elas se apresentam no momento contemporâneo da acumulação de capital.

Nos países capitalistas industrializados, a flexibilidade se reporta, pelo menos, até as três últimas décadas do século XX. No contexto dos países de capitalismo recente e nas periferias do sistema, lança raízes pela história afora mediante as práticas da informalidade e a inobservância dos preceitos do direito laboral. Em face de sua abrangência global, a crise financeira, econômica e social que se iniciou em 2007-2008 e continua arrasar a terra em não poucos países, inclusive entre aqueles considerados emergentes, aprofundou o uso da prática do trabalho flexível em todo o mundo, de modo que trabalhadores flexibilizados são encontrados por toda a parte do globo terrestre.

A polarização entre trabalho flexível e trabalho rígido foi pressuposta do evento realizado[1] em 29 de abril de 2015, na Califórnia, Estados Unidos, organizado pela empresa de consultoria PricewaterhouseCoopers, voltado para dirigentes empresariais, assessores de negócios, economistas e quantos se interessassem por questões do trabalho. O futuro do labor foi caracterizado como o momento do trabalho flexível, ao passo que trabalho rígido descrevia o tempo passado. A dicotomia rígida e flexível anunciaria uma transição, uma mudança com ares de positividade, uma promessa para a sociedade em transformação. É necessário submeter tais pressupostos ao crivo da crítica. O que são trabalho rígido e trabalho flexível? O que representam para as classes sociais, para os trabalhadores e as trabalhadoras, para os grupos sociais identificados por cor, raça, sexo, idade ou outro elemento gerador de identidade social? Que diferença faz para as empresas empregarem o trabalho rígido ou o trabalho flexível, considerando a capacidade de produção de valor? Quais tendências mundiais podem ser observadas quanto a horas flexíveis? Que problemas elas envolvem para os trabalhadores? E, no Brasil, que tipo de evolução pode ser observado no desenvolvimento dos horários flexíveis de trabalho? A que tipos de desigualdade os horários flexíveis dão origem? Trabalhar em jornadas flexíveis faz diferença em relação a jornadas rígidas na produção de valor? E questões sequentes.

O processo de flexibilização das horas assinala apenas a especificidade de a distribuição das horas laborais ser maleável, não implicando sua diminuição. O alvo das empresas, muito almejado e nem sempre atendido, é fazer com que o trabalhador e a trabalhadora sejam, em si, flexíveis. A flexibilidade transformaria os momentos da vida, sem necessariamente diminuir a duração da jornada de trabalho. Os negócios desejam trabalhadores flexíveis para melhor se estruturar, para ajustar desencontros entre oferta e procura, para elevar o nível de intensidade laboral com vistas a alçar o rendimento do trabalho e assim superar a competição, para impedir tempos perdidos e evitar

---

[1] Reuniu ainda o fórum The Future of Work Community (FOW) num evento intitulado "The Future of Work – A Journey to 2022", cujo objetivo era "como navegar a mudança e como retrabalhar o trabalho".

gastos de contratação de mão de obra em tempo contínuo, para produzir, mediante o emprego de trabalho flexível, muito mais valor do que alcançava com o emprego de trabalho em jornadas longas, fixas, repetitivas, de tempo integral.

A qualidade de ser flexível e o processo de flexibilização chegam ao nosso alcance como objetos foscos, recobertos por camadas de pressupostos ideológicos e teóricos, de tal modo que se torna difícil interpretar seu significado. Em seu âmago escondem-se significados herméticos, donde procede a tarefa de compreender não apenas as manifestações concretas da flexibilidade como, inclusive, os pressupostos sobre os quais ela se firma.

Nas discussões de intelectuais, administradores empresariais e dirigentes sindicais, ganha espaço o entendimento de que as formulações de "rigidez" ou de "flexibilidade" não são meras abstrações qualitativas, mas representações de processos concretos da organização do trabalho. O trabalho com cargas horárias integrais, com adições significativas de horas extraordinárias, com a observância a preceitos definidos institucionalmente, seria típico da acumulação capitalista sob forte condução do aparelho estatal, sob a batuta do fordismo e do keynesianismo, enquanto a variabilidade nas horas laborais com elevado grau de discrição por parte dos empregadores faria parte do capitalismo neoliberal, cuja política é hoje hegemônica no planeta Terra. Tal interpretação implicaria um processo de transição de um tipo para outro de política de acumulação do capital. Qual o significado dessa reviravolta mundial tanto para o processo de acumulação como para aqueles que executam as atividades laborativas em qualquer setor de atividade existente no planeta hoje. Decisões sobre o mundo do trabalho não são isentas de riscos. Assim, também a flexibilidade envolve desafios e incongruências, contrários e contradições. O trabalho flexível gera instabilidades para grandes e pequenos negócios e dificulta a manutenção de mão de obra qualificada, da qual as grandes redes internacionais não querem se desfazer. O mercado de jogadores de futebol mostra que é preciso muito dinheiro para mantê-los nos clubes. A força de trabalho também é como os jogadores de futebol: instável. Para os trabalhadores, a mudança para o rótulo da flexibilidade trouxe consigo um componente altamente negativo, mas que era muito almejado pelos grandes negócios – a desconstrução de direitos. Sindicato e movimento dos trabalhadores e das trabalhadoras encontram-se diante do enorme desafio de reconstruir direitos do trabalho na era da flexibilidade.

Em 30 de junho de 2014 foi aprovada[2] uma legislação no Reino Unido que confere ao trabalhador e cidadão o direito de solicitar ao seu empregador horários flexíveis pelas razões que considere justas. A flexibilidade estaria, assim, ao alcance das mãos do trabalhador e da trabalhadora. A despeito do fato de que o empregador não fica obrigado a atender à solicitação e de que o empregado não tem mecanismos à sua disposição para contestar a decisão do empregador, é um avanço legislativo inegável, considerando-se ocorrer em ambiente político de tradição liberal tão consolidada quanto é o Reino Unido. Também merece análise o passo dado pelo então presidente dos Estados Unidos da América do Norte. Em 24 de junho de 2014, Barack Obama fez apelo para que as empresas facilitassem a vida dos trabalhadores e, particularmente, das trabalhadoras, com a adoção de "políticas de flexibilidade nos locais de trabalho que permitissem aos empregados lidar melhor com as demandas de paternidade e cuidados". O presidente Obama[3] informou que "assinaria um memorando presidencial exigindo de toda agência federal que estabelecesse horários flexíveis de trabalho e que desse aos empregados o direito de requerê-los". Um passo importante, em que pese sua efetividade ater-se ao setor da administração pública.

Em 2015, a Eurofoundation[4] manifestou-se por meio de uma folha de fatos, intitulada "Liberando o potencial – flexibilidade de tempo de trabalho", publicada em seu site na internet, em que faz uma convocação para empresas europeias adotarem flexibilidade de horários, o que contribuiria para a "produtividade dos negócios e

---

[2] Noticiado pelo jornal britânico *The Guardian*. Cf. *The Guardian*, 30 jun. 2014, 7h43, matéria intitulada "Flexible working extended to all employees in UK".

[3] Kathryn Dill, "Obama Pushes for Paid Parental Leave, Workplace Flexibility", *Forbes*, 24 jun. 2014, disponível *on-line*.

[4] Eurofoundation, *Unleashing the Potential – Working Time Flexibility* (Dublin, Eurofound, 2015), p. 2.

o equilíbrio entre vida e trabalho dos empregados". O documento menciona ainda estatísticas de avanços da flexibilidade laboral entre empresas, o que se aproxima de uma adesão à política de flexibilidade para um contexto fortemente atingido pela crise financeira e econômica internacional. A posição da Eurofoundation, uma organização que mantém contato com os membros da União Europeia, praticamente coincide com o discurso da Organização Internacional do Trabalho (OIT), uma entidade supranacional que opera com base na decisão tripartite de Estados, empregadores e empregados, esta sim se manifestando para o mundo todo, por meio da política de "trabalho flexível decente".

No Brasil, em 2003, o Tribunal Superior do Trabalho organizou um fórum internacional com três dias de atividade sobre o tema Flexibilização no Direito do Trabalho. Das muitas apresentações feitas no evento ficaram claras as marcas das inúmeras flexibilizações já introduzidas no direito do trabalho brasileiro. Em 2017, o governo tenta fazer um enorme rombo nos direitos do trabalho pela via de ulterior onda de flexibilização laboral. Portanto, não se pode afirmar mais que o país se encontra fora dessa condição constitutiva do capitalismo global.

Se flexibilidade laboral faz parte dos princípios do discurso neoliberal hegemônico, e ainda mais se a política neoliberal conduziu o mundo capitalista à crise financeira econômica social sem precedentes, aumentando as disparidades, então é plausível admitir que há relação entre as políticas de flexibilização de horários e desigualdades no curso do desenvolvimento do capitalismo. Ou seja, a flexibilidade não é um componente intrinsecamente a favor dos trabalhadores, como sugerem os relatos acima descritos. Emergem resistências. Com efeito, os grupos sociais que estão integrados ao mercado por meio de cargas laborais flexíveis, tais como o movimento feminista, o movimento pela igualdade racial, movimentos que defendem migrantes nacionais e internacionais, os sindicatos e movimentos que resistem a formas degradantes de flexibilização de horas, manifestam-se publicamente com relação às distinções sociais e econômicas que a adoção da flexibilidade implica. Há, pois, que dirigir o olhar para a flexibilidade como elemento de convergência para aspectos positivos e também para os problemas que pressupõe, para as contradições que gera e para a distância que separa trabalhadores e trabalhadoras.

No interior deste livro articula-se um conjunto de elementos que tem um ponto de contato – a categoria de jornadas flexíveis de trabalho na dinâmica da acumulação capitalista. Porque a flexibilidade laboral se associa ao processo de acumulação de capital. A expressão "acumulação flexível" está bastante difundida na literatura sobre mudanças no processo de desenvolvimento do capitalismo. Nosso estudo busca um grau de precisão maior, que a generalidade da acumulação flexível não alcança. Ao introduzir jornadas flexíveis no processo de trabalho, o capital está movendo um mecanismo que converte tempos de não trabalho em tempos de trabalho, trazendo para a esfera de controle do capital horas laborais que estavam sistematicamente fora de sua dominação, ativando o processo de subsunção real. Por outro lado, reorganiza horários laborais de maneira a transformar a produção de valor mais adequada e produtiva, atendendo antes às necessidades do capital do que às necessidades da força de trabalho. Perante tais injunções, alçam-se trabalhadores e trabalhadoras à busca de seus interesses reais em face do dilema de aderir ao trabalho flexibilizado ou ao trabalho repetitivo. O dilema emerge do fato de não estar sob seu controle exclusivo a distribuição dos horários laborais.

Nosso projeto requer, combinadamente, o tratamento teórico das formas flexíveis, rígidas ou mistas de distribuição das horas laborais e uma incursão não desprezível em informações empíricas sobre as práticas de flexibilidade em contextos industrializados da Europa e da América, em subcentros ou periferias do capitalismo, e sobre os problemas estruturais gerados pela adoção da flexibilidade e seus impactos com relação à classe social, cor ou raça, gênero e idade. São arrolados indícios, vestígios e sinais diversos com vistas a interpretar o significado real da flexibilidade laboral, que se esconde sob a capa de discursos mistificados de intelectuais e práticas fetichizadas de governantes e empresários. Espera-se deste exigente ofício de pesquisa compreender aquilo que transcorre contemporaneamente em nossa sociedade e para que direção a conduz.

Este livro procurará desempenhar um imprescindível, porém dificílimo, papel, que muitas vezes supera a capacidade do autor, a respeito de elementos conceituais e teóricos envolvidos com o fenômeno da flexibilidade. Entre as grandes escolas teóricas estão o pensamento econômico neoclássico e o neoliberal prevalentes nos discursos construídos sobre flexibilidade. Por outro lado, há a teoria do valor-trabalho, que se pretende empregar como elemento conceitual e teórico para interpretar o papel da flexibilidade de horas na sociedade contemporânea, exercício até agora não efetuado pela literatura por quanto saiba este autor. Com efeito, a teoria do valor-trabalho assenta seus pressupostos sobre o entendimento de que o valor procede do trabalho médio nas componentes de necessário e de mais-valor, inserindo-se nele a flexibilidade das cargas laborais, visto que o pressuposto assume explicitamente que as jornadas de trabalho se efetivam em alguma modalidade, seja variável, seja rígida, seja qualquer outro tipo de combinação possível.

A obra foi elaborada como parte de um projeto maior de uma trilogia de publicações. Nas jornadas laborais, com efeito, distinguem-se, pelo menos, três dimensões: as horas laborais têm duração e são executadas segundo um grau de intensidade e esforço e as cargas de trabalho se distribuem em horários rígidos e flexíveis. O primeiro componente é o mais conhecido de todos. Trabalha-se um número de horas por dia, por semana ou por mês. O número de horas trabalhadas é variável na história. Nos países de capitalismo originário, os trabalhadores vivenciaram processos de alongamento das jornadas, seguidos por processos de redução de forma significativa. A duração do trabalho é um elemento essencial para a interpretação da produção de tempo de trabalho excedente e se concretiza mediante o mais-valor absoluto. Exploramos esse objeto e as questões que o envolvem em *A jornada de trabalho na sociedade: o castigo de Prometeu* (São Paulo, LTr, 1996). A sociedade organiza-se produzindo tempo excedente mediante o mais-valor absoluto e o mais-valor relativo. Este segundo componente tornou-se realidade empírica quando a redução da jornada laboral implicou a necessidade de outro canal de produção de excedentes. A intensidade laboral ocupou, em parte, o espaço deixado aberto pela redução das longas jornadas. Em *Mais trabalho!, a intensificação do labor na sociedade contemporânea* (São Paulo, Boitempo, 2008), abordamos as mudanças no grau de intensidade com que é exercida a atividade laboral. As jornadas laborais, enfim, são distribuídas no tempo. A obra *O ardil da flexibilidade: os trabalhadores e a teoria do valor*, que ora chega às mãos do leitor, aborda as dimensões de rigidez e de flexibilidade do processo de trabalho na produção de valor. Com o terceiro volume, contemplam-se, inicialmente, três dimensões fundamentais do trabalho: duração, intensidade e distribuição. O exame de outros mecanismos de produção de mais valor ultrapassa o objetivo aqui estabelecido.

Entrego o livro e as questões que suscitam à crítica de quantos virem significado nos avanços do conhecimento para transformar a sociedade e emancipar o trabalho da exploração.

Sadi Dal Rosso
Brasília, 27 de novembro de 2016.

PARTE 1
FLEXIBILIDADE DE HORAS E TEORIA DO VALOR

I
GÊNESE DAS PRÁTICAS FLEXÍVEIS

A FLEXIBILIDADE de horas foi inventada pelos trabalhadores. Trabalhadores livres, como aqueles entre tribos indígenas, camponeses, pequenos produtores rurais e urbanos, sempre decidiram em que momentos trabalhar. Quando, na história, a heteronomia do trabalho foi responsável pela criação da escravidão, da servidão e especialmente do trabalho assalariado moderno, os trabalhadores perderam a autonomia de decisão, que passou de suas mãos para as dos donos de escravos, senhores de servos, empregadores de assalariados, aumentando, com isso, a racionalização dos processos. O trabalho foi organizado em jornadas repetitivas e rígidas dia a dia e com duração extremamente longa, de modo que os trabalhadores produzissem muitas mercadorias e deixassem parcelas cada vez maiores de excedente nas mãos dos empregadores. Nesses contextos, a flexibilidade se manteve pela rebeldia de grupos de trabalhadores que defendiam com unhas e dentes práticas como a da "santa segunda-feira", quando chegavam atrasados aos locais de trabalho. A partir da Revolução Industrial, praticamente se desconheceram formas de distribuição flexível dos horários laborais. Mantiveram-se apenas as jornadas repetidas. Os trabalhadores enfrentaram o trabalho rígido e, a partir de então, a luta voltou-se a submetê-lo a controles sociais.

As jornadas de tempo integral foram construídas pelos movimentos sociais durante o correr da história em enfrentamentos que acrescentaram a elas direitos e as transformaram em padrão de trabalho regular. As muitas outras modalidades de organização do labor utilizadas cotidianamente para realizar atividades, e que não seguiam o padrão normal de distribuição dos horários, passaram a ser jornadas "não padrão" ou flexíveis. Dessa forma, horários flexíveis fizeram parte das práticas de trabalho durante todo o percurso da história. É o caso do trabalho prolongado e das horas extras que empurravam as atividades laborais até a barra do anoitecer, labutava-se de sol a sol, senão noite adentro. Com o passar dos séculos e superados óbices naturais, coube à regulação social e política a responsabilidade de regulamentar o tempo e a distribuição das cargas laborais, o que infligiu golpe mortal às formas de trabalho extrapadrão, mas não as suprimiram inteiramente.

O advento do capitalismo promoveu o alongamento das jornadas até alcançarem seu ápice durante a Revolução Industrial. O auge das horas laborais feriu a consciência moral da sociedade, razão pela qual surgiram movimentos políticos de setores progressistas que apoiaram reivindicações e organizaram resistências e greves operárias pelo controle da exploração da força de trabalho, qualquer que fosse, masculina, feminina, infantil, juvenil, das cargas horárias laborais excessivamente longas. Sob o impulso de tais forças na Europa, no norte da América e na Oceania, a duração das jornadas laborativas começou a se estabilizar e a baixar em razão de atos legislativos ou de acordos diretos até alcançar o ponto das jornadas de tempo integral. No Brasil, as lutas pelo controle da duração excessiva do trabalho iniciaram-se ao final do século XIX e penetraram pelo século XX, quando conseguiram incluir a jornada de tempo integral na regulação do trabalho, conforme consta da Consolidação das Leis do Trabalho (CLT) de 1943.

Para além dessas mudanças, é necessário recuperar dois fatos políticos de enorme repercussão mundial: primeiro, a aprovação[1], para

---

[1] "A população que trabalhava na Rússia pré-Revolução laborava entre dez e doze horas por dia, seis dias por semana. Uma das primeiras determinações que se adotou imediatamente após a Revolução foi a da jornada diária de trabalho de oito horas. A transição gradual para a jornada de oito horas começou em outubro de 1917." Natalia Rimashevskaya e Olga Vershingskaya, "Working Time in 14 Industrialised Countries", em *Times are Changing* (Genebra, International Institute for Labor Studies, 1993), p. 313. De forma mais precisa, oito horas ao dia, seis dias por semana.

todos os trabalhadores, da jornada de oito horas diárias, 48 semanais, e de outros dispositivos[2] que tornavam o trabalho mais humano – entre eles, o banimento do trabalho noturno para mulheres e jovens com menos de dezoito anos, a restrição de horas extras, redução das jornadas em ocupações insalubres e perigosas e o reconhecimento de domingos e feriados como dias de não trabalho – pelo Soviete da Rússia revolucionária, apenas no quarto dia após a tomada do poder, em outubro de 1917, regulação até então inédita; segundo a aprovação, em 1919[3], pela recém-constituída Liga das Nações, da mesma duração de oito horas diárias e 48 semanais, ainda que restrita a empreendimentos industriais, que compreendiam minas,

---

[2] "Quatro dias após a Revolução de Outubro, o novo governo soviético decretou [...] o máximo de oito horas de trabalho diário e 48 horas semanais, proibiu o trabalho noturno para mulheres e menores de dezoito anos, limitou a jornada diária dos menores a seis horas, restringiu a hora extra a quatro horas para cada dois dias e cinquenta dias por ano, instruiu a abreviação da jornada diária em ocupações consideradas insalubres ou periculosas e reconheceu os domingos e feriados oficiais como dias de folga." William Chase e Lewis Siegelbaum, "Worktime and industrialization in the USSR, 1917-1941", em *Worktime and Industrialization: An International History* (Filadélfia, Temple University Press, 1988), p. 185. À época, era a legislação trabalhista mais avançada do mundo. Ver o capítulo 9.

[3] "Artigo 1 [...] o termo empreendimento industrial inclui:
(a) minas, pedreiras e outras obras para extração de minérios do solo;
(b) indústrias nas quais artigos sejam manufaturados, reprocessados, limpos, consertados, ornamentados, refinados, adaptados para venda, decompostos ou demolidos, ou nas quais esses materiais sejam transformados; incluem-se aí a construção naval e a geração, transformação e transmissão de eletricidade ou força motora de qualquer espécie;
(c) construção, reconstrução, manutenção, conserto, alteração ou demolição de qualquer construção, linha ferroviária, linha férrea para bondes, porto, doca, píer, canal, via de navegação interna, estrada, túnel, ponte, viaduto, esgoto, sorvedouro, poço, instalação telegráfica ou telefônica, instalação elétrica, manipulação de gás, distribuição de água ou outra edificação, assim como a preparação ou o assentamento de fundações para qualquer obra ou estrutura desse estilo;
(d) transporte de passageiros ou bens por estrada, linha férrea, mar ou via navegável continental, incluindo o manejo de bens em docas, cais, embarcadouros ou depósitos, mas excluindo o transporte por mão [...].
Artigo 2: O horário de trabalho dos empregados em todo empreendimento industrial, público ou privado, ou em qualquer outro ramo destes decorrente, que não seja um empreendimento no qual empreguem-se apenas membros da mesma família, não excederá oito horas diárias e 48 horas semanais, com as exceções [...]" (ILO, Convention number 1, 1919).

manufaturas, indústrias, energia, construção civil e transportes, mas que deixavam o setor primário e os serviços fora da regulamentação. A construção da jornada de tempo integral como padrão do trabalho assalariado e sua implantação nos países industrializados e em outros países de capitalismo mais recente são resultado de um processo secular de lutas que se inicia no começo do século XIX, passa pelos dias atuais e se projeta pelas nuvens do futuro.

Nos duzentos anos que se interpuseram entre a Revolução Industrial e a segunda década do século XX, poucas referências existem nos textos legais sobre jornadas flexíveis, em que pese a atuação dos movimentos de resistência e da literatura crítica. Fazem exceção o trabalho excessivamente longo, formas irregulares e as lutas pelo seu controle. Entretanto, trabalhos temporários e por diárias, horas extras, o uso da força laboral flutuante, que entrava e saía do mercado de trabalho, a força de trabalho estagnada, retida no meio rural e em ambientes urbanos, o lumpesinato, os encarcerados, os pobres e os miseráveis são grupos sociais com inserção em jornadas não padronizadas, mas flexíveis, ou que atuavam nos interstícios das jornadas integrais repetitivas.

Problema diverso emerge das histórias de nações da África, América Latina e Ásia, que não passaram pela experiência de revoluções industriais clássicas e que hoje ameaçam, em certos países, atingir o patamar em que os trabalhadores, em sua maioria, estão inseridos em jornadas laborativas de tempo integral. Nessas nações prevalecem jornadas flexíveis pré-regulamentadas de duração excessivamente longa e não cessam de aparecer propostas de aumentá-las ainda mais, apresentadas sob o rótulo "em favor dos trabalhadores". Não pode ser descartada uma tendência crescente em direção a jornadas regulamentadas de tempo integral, em países do mundo, conformando uma transição. Poder-se-ia ainda visualizar um segundo agrupamento de nações que nem sequer alcançaram esse ponto de a maioria da força de trabalho estar ocupada em jornadas inteiras e regulamentadas. Ambas as situações estão em processo de constituir um regime majoritário de trabalho com cargas horárias plenas e salários integrais.

O que significa flexibilidade quando nem cargas laborais de tempo integral com salários equivalentes conseguiram construir? Em tais contextos, seria mais adequado falar-se de flexibilidade pré ou pós-regulamentada. Analisar flexibilidade em contextos de países de capitalismo inicial, onde começaram as revoluções industriais, ou de países subcentrais e do círculo mais externo do capitalismo vigente implica conferir espaço para essas circunstâncias como fatores relevantes, sem implicar que as nações se divorciem do contexto do capitalismo, mas desempenhando papéis hegemônicos ou subordinados.

Postas as tendências mais gerais das horas laborais, parte-se para a busca da origem dos fatos da flexibilidade de horas. Muito embora destaquemos relatos que fazem parte da modernidade recente, cumpre não olvidar que formas primitivas ou elementares de flexibilidade de horários laborais podem ser encontradas em todo o curso da história universal do trabalho. A flexibilidade da modernidade capitalista não é toda a flexibilidade. Ela surge no meio das lutas pela regulamentação do trabalho em horários de tempo integral. Com efeito, encontra-se mais de um relato na literatura internacional sobre o início do uso da flexibilidade de horas em países de capitalismo antigo, todas da segunda metade do século XX. Aqui não são considerados relatos revolucionários, socialistas e utópicos, os quais conferiram suporte teórico e ideológico para lutas sociais pelo controle da jornada. Também não desconhecemos a existência de formas de trabalho flexível nos interstícios do trabalho de tempo integral com direitos, especialmente em tempos de crises. Três narrativas, datadas entre 1930 e 1980, período pontuado em seu início pela grande crise e depressão dos anos 1930 e em seu final pela crise do trabalho de produção em massa do pós-Segunda Guerra Mundial, quando os trabalhadores conseguiram arrancar concessões significativas das empresas em termos de regulação laboral. Os contextos dessas narrativas ocorrem em nações que primeiro conseguiram regular a duração da jornada e introduzir uma modalidade regulada de carga laboral em tempo integral.

Horários flutuantes

A noção de flexibilidade de horários, pois, contrapõe-se à de trabalho em tempo integral que teria sido o regime de trabalho dos últimos cinquenta anos segundo alguns autores[4], cem, conforme outros[5] e duzentos, de acordo com terceiros[6]. O final da década de 1970 e o começo da década de 1980[7] são apresentados como momentos cruciais no surgimento de formas de flexibilização de horários laborais. Mais adiante serão abordadas as razões que explicam esse contexto histórico.

A experimentação inicial teria sido feita na Alemanha[8], ainda na década de 1960, como forma de desafogar a chegada e a saída do trabalho para trabalhadores de grandes empresas do setor aeronáutico. Conforme uma interpretação idealizada, o objetivo seria tornar as condições de trabalho mais favoráveis aos trabalhadores. O relato prosaico da experimentação com *flextempo* teria fundamentos econômicos numa proposta arrojada

---

[4] "No fim dos anos 1970, a situação econômica e os novos valores na relação entre empregados e patrões haviam criado um ambiente receptivo à ideia do flextempo." Simcha Ronen, *Flexible Working Hours: An Innovation in the Quality of Work Life* (Nova York, McGraw-Hill, 1981), p. 3.

[5] "[...] o fim da regulamentação dos horários de trabalho e dos acordos a que sindicatos e patrões haviam chegado [...] ao longo de mais de um século [...]". Karl Hinrichs, William Roche e Carmen Sirianni, *Working Time in Transition: The Political Economy of Working Hours in Industrial Nations* (Filadélfia, Temple University Press, 1991), p. 4.

[6] "[...] jornada de trabalho mantém-se fixa há mais de duzentos anos". Stephen J. Baum e W. McEwan Young, *A Practical Guide to Flexible Working Hours* (Londres, Kogan Page, 1973), p. 13.

[7] John Carrol Swart, *A Flexible Approach to Working Hours* (Nova York, Amacom, 1978), prefácio, escreve que "pouco se escrevera nos Estados Unidos, em livros, quanto ao horário de trabalho flexível". E essa foi sua motivação para escrever. Na p. 63, ele trata das "origem dos horários flutuantes", na qual repete o relato da Alemanha Ocidental com muitos exemplos e casos. O autor defende a perspectiva humanista do trabalho com quatro dias de oito diárias e 32 horas semanais, no total.

[8] Stanley D. Nollen, *New Work Schedules in Practice: Managing Time in a Changing Society* (Nova York, Van Rostrand Reinhold, 1982), p. 37.
"O flextempo teve sua origem em 1967 na Messerschmitt-Bölkow-Blohm, empresa do setor aeroespacial, em reação aos enormes congestionamentos que aconteciam na chegada e saída simultânea dos seus milhares de funcionários. O sistema foi implementado para 6 mil trabalhadores de setores administrativos de um total de 20 mil da força laboral. A semana de trabalho consiste em quarenta horas. No cronograma flexível, os operários podem chegar entre as sete e as oito horas e sair entre as dezesseis e as dezoito." Simcha Ronen, *Flexible Working Hours: An Innovation in the Quality of Work Life*, cit., p. 89. Junto com o de Nollen, o livro de Ronen é um dos primeiros escritos nos Estados Unidos sobre a flexibilidade.

para encontrar saída para a falta de mão de obra. Relatos, no entanto, não devem ofuscar a compreensão da questão central. A flexibilização dos tempos de trabalho foi proposta como solução para um dos problemas criados pela aceleração sob o comando da política econômica keynesiana. A economia alemã ocidental passava por um processo de crescimento com a reconstrução das destruições da Segunda Guerra Mundial e necessitava de mão de obra disponível[9], no caso as mulheres, para as quais a variação nos horários de entrada e saída era uma condição relevante, dados os compromissos domésticos e de cuidados.

A mão de obra, que não podia ser criada da noite para o dia, senão por meio do estímulo à imigração estrangeira, seria proporcionada pela reserva interna ainda fora do mercado de trabalho, que, daquele momento em diante, constituirá uma fonte permanente de força de trabalho: as mulheres. A proposta da economista Christel Kaemmerer voltava-se então para a solução da falta de mão de obra, e a ideia de tempos de trabalho flutuantes – *"gliding work time"* –, que se destinava às mulheres, não podia deixar de ser aplicada aos demais assalariados. Daí surgiram os relatos de que a prática de tempos flutuantes havia sido montada para solucionar problemas de superlotação[10] à chegada e à saída dos locais de labor.

A flexibilidade pode desempenhar inúmeros papéis. Visa centralmente trazer uma solução maior para um problema econômico, retirar um entrave que impede o desenvolvimento ou a acumulação de capital nas empresas. É uma estratégia de largo alcance, como se

---

[9] Na economia alemã-ocidental, dos anos 1960, "havia escassez de mão de obra. A economista Christel Kaemmerer ficou sabendo que havia donas de casa e mães à procura de emprego. Ela propôs um 'horário de trabalho flutuante', que possibilitaria às donas de casa trabalhar e cumprir funções domésticas". Pam Silverstein e Josetta H. Isrb, "Flexitime: Where, When, and How?", em *Key Issues Series*, n. 24 (Ithaca, Nova York State School of Industrial and Labor Relations, Cornell University, 1979), p. 4.

[10] Segundo Stephen J. Baum e W. McEwan Young, *A Practical Guide to Flexible Working Hours*, cit., p. 16: "A ideia do horário de trabalho flexível é creditada a uma consultora de gestão de Königswinter, cidadezinha banhada pelo Reno e próxima a Bonn. A Sra. Christel Kaemmerer [...] a flexibilidade [...] faixas flexíveis no início e no fim do dia e que um horário central (quando é compulsório que todos os funcionários estejam presentes [...]) seja interposto entre as faixas flexíveis [...].".

verá mais adiante. Frequentemente, as descrições das razões para o sucesso do *flextempo* no mundo empresarial tendem a esquecer esse ponto crucial e desviam a atenção para outros aspectos, também importantes, mas que não permitem captar o cerne da proposta da flexibilização dos tempos de trabalho.

Entre resultados positivos[11] para a empresa, alcançados com a estratégia de *flextempo*, contabilizam-se a redução do absenteísmo, das horas extras e da rotatividade e o desaparecimento do hábito de chegar tarde. Para os trabalhadores, já foi apontada a possibilidade de relacionar mais facilmente as condições de trabalho com as condições de vida, o que repercute na oferta de mão de obra e no desempenho. Essas razões práticas fizeram com que a proposta de *flextempo* se difundisse pela Alemanha Ocidental[12] e por outros países da Europa[13]. Não se sabe exatamente em que medida a adoção dessas práticas nos países da Europa influenciou sua entrada nos Estados Unidos. Mais de um autor[14] sustenta essa vinculação. Como muitas empresas estadunidenses estavam envolvidas na reconstrução da Europa após o final da Segunda Guerra Mundial, a ligação pode ter sido efetivada iniciando-se pelas filiais na Europa e difundindo-se posteriormente para as matrizes. A precedência da Alemanha na adoção de flexibilidade de horários é mantida por autores[15] que se manifestam sobre o tema.

---

[11] "[...] as faltas caíram em aproximadamente 40%, as horas extras caíram 50%, a rotatividade de funcionários diminuiu, a impontualidade foi erradicada". John Carrol Swart, *A Flexible Approach to Working Hours*, cit., p. 5.

[12] "Embora não se saiba com exatidão o número de trabalhadores na Alemanha Ocidental que se insiram no flextempo, a estimativa bem embasada diria que se trata de mais de 45% da força laboral" escreveu Nollen em 1982. Stanley D. Nollen, *New Work Schedules in Practice: Managing Time in a Changing Society*, cit., p. 23.

[13] "A Suíça e outros países europeus adotaram a ideia." Pam Silverstein e Josetta H. Isrb, "Flexitime: Where, When, and How?", cit., p. 5.

[14] Stanley D. Nollen, *New Work Schedules in Practice: Managing Time in a Changing Society*, cit., p. 24, sustenta essa interpretação ao descrever o caso da HP: "A HP importou a experiência da sua filial alemã e implementou-a em 1972".

[15] "O flextempo teve crescimento constante desde sua introdução nos Estados Unidos, por volta de 1971. É mais comum na Europa, principalmente na Alemanha e na Suíça." Ibidem, p. 8.

A flexibilidade de horas também alcançou imensa popularidade entre as empresas[16], chegando a atingir quase metade da população assalariada alemã ainda durante a década de 1970. Questionários aplicados permitiam avaliar se os esquemas de *flextempo* eram bem recebidos entre os trabalhadores. As empresas, obviamente, se beneficiavam dos ganhos de produtividade ou de intensificação laboral obtidos com a iniciativa.

O relato da flexibilidade de horários concentra-se nos elementos da demanda de mão de obra pelo mercado de trabalho, da facilitação das relações entre trabalho e vida e das repercussões do *flextempo* sobre a intensidade laboral e tempos perdidos, incidindo assim na efetividade de produção de valor. Ainda não consegue captar integralmente o significado social e econômico da flexibilização das horas de trabalho porque, naquele momento, a noção de flexibilização não se colocava em contraposição à de regulação. Mas os anos 1960 conheceram densa atividade política dos movimentos de trabalhadores com o objetivo de superação da anomia nos locais de trabalho e, em casos mais drásticos, com o propósito concreto de revolucionar as condições de trabalho e de promover a completa gestão autônoma do trabalho.

Enfrentamentos entre trabalhadores e empregadores

Um segundo relato toma por base a análise da economia política das nações de capitalismo industrial para explicar a gênese da flexibilização das horas. Os autores do livro *Working Time in Transition: The Political Economy of Working Hours in Industrial Nations*[17] descrevem e analisam a transição das cargas horárias laborais padronizadas e uniformes para cargas flexibilizadas. Escrevendo no começo da década de 1990, percebem um esmaecimento das regulações sobre tempos de trabalho que foram desenvolvidas por

---

[16] "Introduction by Messerschmitt-Bölkow-Blohm in 1968". Stephen Baum e W. McEwan Young, *A Practical Guide to Flexible Working Hours*, cit., p. 17. A adoção do esquema espalhou-se pela Alemanha Ocidental, França, Áustria, Suécia, Suíça, Reino Unido, Estados Unidos e Austrália.

[17] O livro foi editado por Karl Hinrichs, William Roche e Carmen Sirianni em 1991.

sindicatos e patrões durante um século[18] ou mais. Notam especificamente que aspectos da jornada de oito horas ao dia e de quarenta horas por semana vão sendo erodidos pela ofensiva dos empresários. Ressaltam também o fato de que os trabalhadores criticaram[19] o regime de trabalho fixo e horas plenas em razão de não atender às necessidades sociais de criação de postos de trabalho em períodos de desemprego e por estabelecer horários fixos de entrada e saída que não contemplavam as necessidades cotidianas dos trabalhadores e das trabalhadoras. Os autores observam que mudanças nas distribuições dos horários laborais não são neutras nem deixam de ter consequências na divisão entre tempos de trabalho e tempos de não trabalho. Avaliam, com precisão, que a mudança[20] incide sobre tempos de lazer e de renovação das forças do trabalhador em arranjos que envolvem horários variáveis, bem como quando as atividades se estendem pelos fins de semana, nos horários noturno e vespertino, as chamadas horas "não sociais".

As raízes da transição de jornadas de tempo integral para jornadas flexíveis foram parte de enfrentamentos[21] entre sindicatos de trabalhadores e empregadores com relação a políticas de emprego. Preocupados com o avanço do desemprego, sindicatos de trabalhadores pleiteavam propostas que gerassem mais ocupação, entre elas a divisão de postos de trabalho[22], pois, se compartilhado, cada posto

---

[18] Karl Hinrichs, William Roche e Carmen Sirianni, *Working Time in Transition: The Political Economy of Working Hours in Industrial Nations*, cit., p. 4. "Aspectos dos horários de trabalho padrão, tais como a jornada diária uniforme de oito horas e a semana de cinco dias, vêm desgastando-se no rastro da ofensiva de patrões contra normas e regulamentações do horário de trabalho [...]." Idem.

[19] "De outro lado, empregados também questionam os regimes inflexíveis que fixam horários de chegada e saída [...]." Idem.

[20] "Tais mudanças representam a esfera do trabalho progressivamente usurpando períodos reservados por tradição ao lazer e à recuperação." Idem. Citam entre essas intrusões na vida privada dos trabalhadores "jornada de trabalho variável [...] e horas não sociais".

[21] "No Reino Unido, na França, na Alemanha Ocidental, na Bélgica e nos Países Baixos, as mudanças na jornada de trabalho ao longo da última década têm raízes na mobilização dos sindicatos pela divisão de postos [...], uma 'estratégia de foco classista' para redução do desemprego." Ibidem, p. 6.

[22] Em inglês, *work sharing*.

de trabalho permitiria ocupar duas pessoas. Os empregadores[23] discordavam, lançando mão do argumento de que a política de divisão dos postos de trabalho acarretava maiores gastos para as empresas. Apresentavam como solução a alternativa de adoção de modalidades flexíveis de trabalho, entre as quais os empregos de tempo parcial.

A codivisão de postos de trabalho chegou a ser implementada; não foi uma decepção e gerou empregos[24]. Mas os empregadores adotaram, preferencialmente, práticas de trabalho flexível. Tais desenvolvimentos encontraram respaldo também nos governos[25] dos países com problemas de emprego, que começaram a incluir a flexibilidade como parte das políticas públicas de redução da desocupação. Na Bélgica, iniciativas de flexibilização foram propostas como experiência pelo governo de centro-direita[26] e, de experiência, passaram para rotina e de rotina para políticas públicas. No Reino Unido[27], a introdução da flexibilidade de horários fez parte de uma preocupação geral de racionalizar o trabalho, tendo se iniciado na década de 1960. A introdução dos turnos de trabalho e de arranjos por chamada ou espera, se por um lado racionalizou o emprego,

---

[23] "[...] a insistência dos patrões para que a flexibilidade nas horas de trabalho fosse pré-requisito para redução dessas mesmas horas. Essa reação culminou em uma nova abordagem dos patrões, que defendiam que a flexibilidade nas horas de trabalho seria a melhor maneira de criar e resguardar empregos, dada a vantagem competitiva que oportunizava". Ibidem, p. 7.

[24] Ibidem, p. 9.

[25] "Esse progresso nas políticas e nas reações teve reflexo e obteve escora nas iniciativas governamentais." Ibidem, p. 7.

[26] Os "Hansenne experiments" na Bélgica podem ser lidos com detalhes em Annick de Rongé e Michel Molitor, "The Reduction of Working Hours in Belgium: Stakes and Confrontations", em Karl Hinrichs, William Roche e Carmen Sirianni (eds.), *Working Time in Transition: The Political Economy of Working Hours in Industrial Nations* (Filadélfia, Temple University Press, 1991).

[27] Um estudo detalhado da introdução de formas de flexibilidade no Reino Unido é realizado por Roche, 1991. O autor afirma que existe uma relação entre eficiência do uso da força de trabalho e flexibilidade. "O gerenciamento do tempo no trabalho foi racionalizado em nível muito mais elevado do que antes, e cronogramas de trabalho começam a diversificar-se conforme patrões buscam aprimorar o aproveitamento do horário de trabalho". William K. Roche, "The Chimera of Changing Employee Time Preferences: Working Hours in British Industrial Relations Since World War II", em ibidem, p. 87.

por outro criou o problema de intrusão dos tempos de trabalho nos tempos de descanso e de lazer. Os empregos de tempo parcial, por sua vez, também mobilizaram mulheres[28] para o trabalho, o que implicitamente coloca na ordem do dia o problema da desigualdade de horas laborativas e de renda por gênero.

Além de Inglaterra e Bélgica, os casos estudados de outros países industrializados da Europa, Estados Unidos e Japão, sobre a introdução da flexibilidade de horas, mostraram uma diversidade de processos e regras conforme os ambientes internos e as decisões políticas. A pretensão dos autores, entretanto, foi de analisar como surgiu o emprego de formas flexíveis de trabalho e de tempo em países que haviam criado, após a Segunda Guerra Mundial, o modelo altamente prezado de trabalho em tempo integral[29], um dos principais pilares do Estado de bem-estar social. E, mais, como o trabalho flexível conduziu à desestruturação desse modelo de inclusão pelo trabalho formal.

A mudança das formas de trabalho em tempo integral para flexível teve por base enfrentamentos, em geral em torno de mesas de negociação, entre sindicatos de trabalhadores e de empregadores, no mais elevado nível de institucionalização das relações industriais. Essa sutil dialética das rodadas negociais não foi suficiente para garantir a preservação dos ganhos históricos alcançados pelos trabalhadores, começando a impor-se a tendência histórica das jornadas flexíveis. Não se podem omitir desse processo de transformação da distribuição das cargas laborais dois fatores relevantes: o primeiro foi a postura

---

[28] William K. Roche, "The Chimera of Changing Employee Time Preferences: Working Hours in British Industrial Relations Since World War II", cit., p. 114, observa a ampliação do trabalho em tempo parcial e, com ele, o crescimento do número de mulheres nesses empregos.

[29] "É possível que estejamos diante do princípio do fim das regulamentações quanto ao horário de trabalho... É possível que se venha a considerar o horário de trabalho padrão e inflexível como característica de um período na história do trabalho e da indústria no qual as ocupações eram devidamente regulamentadas pelos sindicatos [...]." Karl Hinrichs, William Roche e Carmen Sirianni, *Working Time in Transition: The Political Economy of Working Hours in Industrial Nations* (Filadélfia, Temple University Press, 1991), p. 22.

repressiva assumida pelos governos Thatcher e Reagan[30], que mobilizaram forças do Estado para o lado dos empregadores. (Sirva como exemplo a mobilização da Aeronáutica para substituir controladores de tráfego aéreo em greve nos Estados Unidos. A relação de Thatcher com os mineiros britânicos não foi menos incisiva até conseguir a derrota dos trabalhadores.) Em segundo lugar, este relato não traz para a arena da discussão a questão da hegemonia no campo da teoria econômica, crucial na introdução da flexibilidade laboral[31], propiciada pela crise dos anos 1973.

A construção do regime de trabalho em tempo integral e a flexibilidade de horas

Um terceiro relato pode ser construído sobre o trabalho-padrão de tempo integral, tendo como centro os Estados Unidos, país que emerge da Segunda Guerra Mundial como a nação economicamente mais poderosa do mundo, firmando-se em décadas posteriores como o centro do império capitalista após a reorganização do espaço conquistado pela guerra e pelo capital. As grandes escolas de gestão do trabalho do século XIX e do século XX reforçaram a prática do trabalho de tempo integral e das horas extras. No interior tanto do taylorismo como do fordismo, encontramos elementos que reforçam as jornadas-padrão e constroem uma ética social de muito trabalho. Já a Escola de Relações Humanas[32] aproximou-se da flexibilidade laboral, mas não alcançou produzir efeitos de transformação duradoura no trabalho.

---

[30] Ver o interessante e corajoso relato de David Harvey, *A Brief History of Neoliberalism* (Nova York, Oxford University Press, 2009a), que sugestivamente tem a capa "emoldurada" pelas fotos dos quatro principais atores do neoliberalismo: Reagan, Deng Xiaoping, Pinochet e Thatcher.

[31] Assim, na década de 1980, "os governos de países industrializados introduziam diretrizes de emprego flexível como medida para diminuir o desemprego e aumentar o emprego. Cresceram os contratos de trabalho a prazo fixo, empregos de meio turno e empregos temporários em quase todos os países industrializados". Isik Urla Zeytinoglu, *Changing Work Relationships in Industrialized Economies* (Amsterdã/Filadélfia, John Benjamins, 1999), p. xi. Este trecho será mencionado novamente mais adiante.

[32] Escola relacionada a Elton Mayo e associados.

O trabalho-padrão é construído nos Estados Unidos durante a Grande Depressão sob inspiração do fordismo, e nos anos 1950 já está integralmente consolidado[33]. Esse modelo de trabalho uniforme e repetitivo[34] é praticamente o mesmo adotado em todo o mundo: oito horas ao dia, quarenta horas por semana, cinco dias de trabalho. Deve-se apontar para o caráter conflitivo das reivindicações dos trabalhadores e que visavam construir jornadas de tempo integral. O fato que gerou a comemoração de Primeiro de Maio como o Dia Internacional do Trabalho está atrelado ao massacre de trabalhadores ocorrido em 1886, em Chicago. Os trabalhadores fizeram greve, boicotaram o serviço ferroviário, pressionando pela redução da jornada, e foram confrontados pelas Forças Armadas. Resultaram assassinatos, mortes e trabalhadores feridos.

Fatos como esse tornam difícil afirmar que os Estados Unidos são um país de tradição liberal no que diz respeito às disposições que regem o trabalho. As ações do Estado em relação à regulação ou desregulação ocorrem de forma bastante diversa do contexto europeu, em que a figura do Estado está muito presente nas mudanças legais, exceto nos contextos historicamente liberais, como é o caso do Reino Unido. A despeito dos massacres, o Estado não ficou ausente da construção do trabalho-padrão regulamentado por legislação social, como se depreende do Fair Labor Standards Act (FLSA) de 1938, que introduz formalmente a jornada de quarenta horas semanais nas lides estadunidenses, princípio há décadas propugnado pela OIT, mas jamais implementado.

Ao final dos anos 1960 e início dos anos 1970, acontece uma série de fatos que conduzem à perda da hegemonia do keynesianismo, que

---

[33] O livro de Stanley Nollen, *New Work Schedules in Practice: Managing Time in a Changing Society*, publicado em 1982, inicia-se pelo tratamento conceitual do trabalho-padrão, em relação ao qual as demais alternativas de relações de trabalho são formas flexíveis.

[34] "Mais de 80% de todos os empregados trabalha cinco dias por semana. Quase dois terços de todos os empregados trabalha quarenta horas nesses cinco dias... A semana de trabalho-padrão, de horário fixo, cinco dias e quarenta horas por semana, faz parte da nossa vivência desde os anos 1950", escreve Stanley D. Nollen, *New Work Schedules in Practice*, cit., p. 1.

articulava as relações entre Estado e economia, e do fordismo, que conduzia as relações laborais[35]. Entre esses fatos, citam-se a forte crise da economia estadunidense no início da década de 1970, a elevada inflação, o descontrole das contas públicas, a crise do petróleo, a revolta estudantil de 1968 e anos posteriores, greves e movimentos sindicais, a derrota na Guerra do Vietnã, o apoio conferido às ditaduras militares na América Latina e em todo o mundo e a cultura de protesto. A crise econômica repercutiu na perda de empregos e na busca de alternativas à jornada de tempo integral com direitos por parte das empresas.

A flexibilidade de tempo toma lugar nos Estados Unidos na década de 1970[36] e há consenso[37] de que a partir de então se firmou como princípio e prática significativos da organização das atividades laborais.

---

[35] Consultar David Harvey, *A Brief History of Neoliberalism* (Nova York, Oxford University Press, 2009) e *Cosmopolitanism and the Geographies of Freedom* (NovaYork, Columbia University Press, 2009), que faz uma descrição alentada sobre o surgimento do neoliberalismo.

[36] Simcha Ronen, *Flexible Working Hours*, cit., p. 3, organiza uma interessante história da relação dos horários de trabalho com os valores sociais nos Estados Unidos mediante o seguinte esquema: a) "século XVIII, pré-industrial: autoempregado, produtor rural ou artesão independente. O desbravador de fronteiras; a independência, a autonomia"; b) "revolução industrial, século XIX: imigrantes, força laboral imensa subordinada a organizações de trabalho; empregados realizam tarefas simples e fracionadas dentro de uma organização altamente estruturada e centralizada; cronogramas de trabalho com padronização rígida; longas horas de trabalho"; c) "Meados do século XX: reforma trabalhista resultante do movimento sindicalista e da intervenção do governo na forma de legislação para proteger o trabalhador"; d) "No fim dos anos 1970, a situação econômica e os novos valores na relação entre empregados e patrões haviam criado um ambiente receptivo à ideia do flextempo." Seu livro que estuda horários flexíveis é escrito neste último momento.

[37] "Como a Lei de Regulamentação das Relações Justas de Trabalho de 1938 introduziu a jornada normal de trabalho, cronogramas de trabalho alternativos só foram entrar em discussão por volta dos anos 1970", escreve John Carroll Swart, *A Flexible Approach to Working Hours*, cit., p. 29, como espectador privilegiado daquilo que começa a ocorrer nas relações de trabalho estadunidenses. Em 1981, Simcha Ronen, *Flexible Working Hours*, cit., p. 3, escreve, como já vimos acima: "No fim dos anos 1970, a situação econômica e os novos valores na relação entre empregados e patrões haviam criado um ambiente receptivo à ideia do flextempo." Stanley D. Nollen, *New Work Schedules in Practice*, cit., p. 8, é um autor que estuda o problema da flexibilidade há cerca de trinta anos.

Alternativas[38] ao trabalho-padrão incluiriam trabalho flexível às seguintes formas principais adotadas nos Estados Unidos: emprego de tempo parcial[39], horários flexíveis[40] e semanas comprimidas[41] de trabalho. Ao final da década de 1970 e início de 1980, essas modalidades de flexibilidade são mais do que conceitualizações: são fenômenos perfeitamente discerníveis no mercado de trabalho estadunidense. Em 1977, havia 17 milhões de pessoas em empregos de tempo parcial[42]; em 1980, 7 milhões de pessoas laboravam em cargas horárias flexíveis[43] e 1,7 milhão em semanas comprimidas[44].

---

[38] A definição de trabalho flexível é feita, em muitos casos, mediante o recurso de alternativas ao trabalho-padrão, não por meio de um critério intrínseco, e sim extrínseco, fato que demonstra a dificuldade de alcançar concordância quanto aos estudos de flexibilidade. Ela define-se a partir da noção de padrão, à qual outros processos se relacionam por oposição. Dessa forma, flexibilidade significa diversidade, oposição ou algo que é contrário ao padrão. Implica desconstituição, desconstrução do trabalho de tempo integral. De tal ambiguidade procede uma das fontes de ausência de consenso na conceitualização de flexibilidade. "Os novos cronogramas são alternativos ao padrão das oito horas de trabalho em cinco dias por semana [...]." Stanley D. Nollen, *New Work Schedules in Practice*, cit., p. 1.

[39] "Emprego de tempo parcial é uma expressão guarda-chuva que abarca todas as ocupações que não são de horário integral: o emprego permanente de tempo parcial, postos partilhados, divisão de trabalho, o emprego temporário de tempo parcial, a aposentadoria retardada, contrato de trabalho anual." Ibidem, p. 2.

[40] "Flextempo significa que os funcionários decidem horários de entrada e saída conforme limites determinados pela gerência." Ele é computado por uma máquina calculadora e inclui: *flexitour* (possibilita flexibilidade inicial e final com aderência rígida a esses horários daí em diante), horário flutuante, dia variável, banco de horas, *maxiflex* (possibilita variar o número diário ou semanal de horas, contanto que adira ao limite bissemanal de oitenta horas). Ibidem, p. 3.

[41] Em inglês, *compressed workweeks*. Idem.

[42] "Em 1977, 22,1% de todos os trabalhadores por hora ou salário mensal, ou 17,6 milhões de pessoas, eram funcionários de tempo parcial", nos EUA. Ibidem, p. 5.

[43] "Em 1980, 11,9% de todos os trabalhadores assalariados mensais ou remunerados por hora, que não do setor rural, ou 7,6 milhões de pessoas, trabalhavam em cronogramas flexíveis [...] Emprega-se o flextempo em todos os grandes setores produtivos, com concentração levemente maior no mercado financeiro, de seguros e no governo federal do que no ramo industrial manufatureiro." Ibidem, p. 6.

[44] "Em 1980, 2,7% de todos os operários assalariados ou remunerados conforme produção, que não do setor rural, ou 1,7 milhão de pessoas, estavam em semanas de trabalho comprimidas", nos EUA. Esse processo começou no início dos anos 1970. Não há aplicação perceptível na Europa. Idem.

Os processos de desregulamentação também ocorrem com intervenção dos Estados nacionais, como se depreende das experiências realizadas. Nos Estados Unidos, aplicaram-se formas de flexitime nos serviços públicos, como o experimento levado a efeito pelo governo da Califórnia[45]. Governos europeus se envolveram na retirada de cláusulas de proteção às novas relações de trabalho, de desregulamentação. Valem-se da estratégia de atuar no vazio da legislação. Não existia regulamentação específica para o trabalho em tempo parcial e para os contratos de trabalho por tempo determinado; ao dar-lhes formalmente vida por meio de ação legislativa, os governos realizam de maneira efetiva uma desregulamentação legislada. A razão para a retirada da proteção provém do suposto teórico que lhe dá fundamento. Ao criar formas desregulamentadas de relações de trabalho, os governos pretendem reduzir custos do trabalho e aumentar a empregabilidade[46] pela requalificação dos trabalhadores. As relações flexíveis de trabalho enfeitiçam governos e empresas, com a proposta de trabalho mais barato e com a ideia de que contratos com validade de tempo determinada são instrumentos para atender a flutuações do mercado, tornando as empresas privadas e públicas adaptáveis e competitivas ante alterações dos mercados.

Nos Estados Unidos, o desemprego diminuiu na década de 1990, dado que, em seus dois mandatos, o governo de Bill Clinton manteve uma taxa de crescimento médio da economia entre 3,5% e 4,0% ao ano. Com a economia crescente, a acumulação gigantesca aumentou a desigualdade de renda, concentrando resultados econômicos no topo da pirâmide social. O significado desse crescimento

---

[45] Idem.

[46] As altas taxas de desemprego deram o suporte empírico para as iniciativas governamentais europeias, as quais, porém, permanecem elevadas durante décadas. Alcançaram repercussão muito grande no campo das propostas teóricas das ciências sociais. Assim, a incapacidade de gerar postos de trabalho para todos os cidadãos foi interpretada como resultado da inovação tecnológica que introduziria uma etapa nova nas relações de trabalho. À falta de trabalho, acresce a desintegração da proposta comunista, as quais conduziram a críticas de que o trabalho teria perdido centralidade na vida social, bem como seu sentido de utopia, com capacidade para a plena realização humana, conforme se pode observar em obras de Habermas, Offe e Gorz.

pode ser interpretado por meio do aumento da desigualdade de renda e de riqueza. E como o governo Clinton alcançou tal feito? Não apoiando as reivindicações da força de trabalho sindicalizada nem muito menos facilitando a fiscalização dos direitos obtidos por meio de negociação coletiva. Acresce a assinatura do ato do livre comércio com Canadá e México, que permitiu externalizar parte da produção e levar consigo a força de trabalho clandestina de volta aos países de origem. Ante o crescimento do emprego e do Tratado Norte-Americano de Livre Comércio (Nafta), o trabalho flexibilizado apresentou uma inflexão, havendo informações de que o trabalho em tempo parcial e o autoemprego[47] chegaram a diminuir percentualmente. A redução da flexibilidade é um fato esperado em períodos de forte crescimento e acumulação capitalista, assim como seu retorno e do desemprego em períodos de crise financeira acentuada, como aconteceu a partir de 2007-2008[48].

O conceito de flexibilidade aplicado aos negócios

Apresentados os três relatos sobre a origem da flexibilidade, leitura que omite a existência de formas flexíveis de horários laborais em período anterior ao século XX, passa-se a discutir a flexibilidade

---

[47] Jim Stanford, "Testing the Flexibility Paradigm: Canadian Labor Market in International Context", em David R. Howell (ed.), *The Limits of Free Market Orthodoxy* (Nova York, Oxford University Press, 2005), estima em 1,1% a redução do emprego em tempo parcial e de 0,9% a do autoemprego entre 1990 e 2000 nos Estados Unidos. Não são levados em consideração outros indicadores de flexibilidade, tais como as horas extras e os trabalhos em horários não sociais. Ver o capítulo 4, "Testing the Flexibility Paradigm: Canadian Labor Market in International Context", p. 119-155, especialmente a tabela 4.6, à página 133. Os dois períodos do governo Clinton ocorreram entre 1993 e 2001.

[48] Juliet B. Schor, *The Overworked American: The Unexpected Decline of Leisure* (Nova York, Basic Books, 1993) e "Working Hours and Time Pressure: The Controversy About Trends in Time Use", em Lonnie Golden e Deborah M. Figart (eds.), *Working Time: International Trends, Theory and Policy Perspectives* (Londres/Nova York, Routeledge, 2000). Talvez por ser a carga horária mais alta do que em décadas anteriores e pela importância do trabalho na produção de valores, a crítica sobre o papel fundamental do trabalho na vida social jamais tomou o rumo da perda da centralidade, em que pese a importância da revolução informática na contemporaneidade.

de tempos e horários, que saltou para um patamar completamente distinto e começou a ser pensada no contexto das políticas estruturais de modernização das empresas para enfrentar e, se possível, superar problemas econômicos. Para tornar clara essa mudança epistemológica do sentido e da prática de tempos flexíveis, faremos a descrição e a análise de um documento em defesa da flexibilidade do trabalho para o mundo empresarial estadunidense.

Intitulado *Flexibilidade no local de trabalho em uma economia global*, esse documento foi produzido como elemento preparatório para a reunião de empresários, consultores e gestores de negócios[49]. Ele[50] explicita, com clareza incomum, as vantagens da introdução da flexibilidade nos locais de trabalho para as empresas. Alerta[51] para as dificuldades que a introdução de horários variáveis poderia gerar junto aos trabalhadores e lista medidas a tomar.

O documento inicia-se com sentenças gerais sobre o futuro das empresas. A flexibilidade[52] é um atributo definidor das corporações que pretendem sobreviver nos anos 1990 e que aspiram a permanecer

---

[49] "A Conference Board vem gerando e disseminando conhecimentos sobre gestão e mercado há mais de noventa anos, visando auxiliar empresas a incrementar seu desempenho e melhor servir a sociedade. Ela atua como organização global independente voltada para o interesse público. Publica informações e análises, faz previsões de orientação econômica e avalia tendências, simplificando o aprendizado a partir da criação de comunidades de interesse dinâmicas que reúnem executivos veteranos de todo o mundo. A Conference Board é uma organização sem fins lucrativos com isenção fiscal [...] nos Estados Unidos." Disponível em: <http://www.conference-board.org>. Acesso em: 10 jun. 2017.

[50] No dia 21 de outubro de 2008, o relatório de dezessete páginas com capa colorida estava à venda na Amazon.books por US$ 483,01 (sic!). Embora esgotado, o documento é muito procurado e vendido a peso de ouro, como atesta seu valor de venda.

[51] Em 1995, The Conference Board organizou uma sessão sobre "Workplace Flexibility in a Global Economy". *Building the Business Case for Workplace Flexibility* é um relatório (1996) de dezessete páginas, composto por sucinta introdução, escrita por Helen Axel, consultora do grupo em Nova York e responsável pelo corpo do relatório que resume as falas dos participantes. Karen A. Edelman, *Building the Business Case for Workplace Flexibility*. Report n. 1.154-96-CH (Nova York, The Conference Board, 1996).

[52] "A flexibilidade é um atributo determinante para empresas que desejem sobreviver aos anos 1990 e além" escreve Helen Axel, na introdução ao documento *Flexibilidade no local de trabalho em uma economia global*, 1995, p. 7.

no século XXI[53] com sucesso. As firmas que não incorporarem essa qualidade não sobreviverão. As corporações ou incorporam a flexibilidade ou estarão fora dos negócios. A afirmação é contundente e com reverberações de discurso profético. Para mostrar-se convincente ante uma plateia de empresários e seus assessores, em vez do efeito de oratória, o documento procura legitimar seus fundamentos apresentando uma lista de resultados que as empresas podem alcançar com a introdução da flexibilidade. A lista não alcança perceber as implicações mais profundas da adoção da flexibilidade e inclui ganhos de produtividade; melhoria da satisfação do cliente; redução do absenteísmo e da rotatividade; estímulo à moral do empregado; método de remuneração para sobreviventes do *downsizing* (corte de empregos) e ferramenta de recrutamento.

A listagem de vantagens empresariais apresentada é muito restrita diante dos ganhos imaginados por outros autores[54] que discutiram o conceito nas décadas de 1970 e 1980, quando a flexibilidade ainda era vista como um instrumento neutro e bom, tanto para o empregado como para o empregador.

As empresas podem ser flexíveis com relação aos clientes, à gama de produtos oferecidos e à tecnologia. A Conferência sobre Flexibilidade foi convocada tendo por alvo a flexibilidade no local de trabalho, o que, portanto, tem a ver, em primeiro lugar, com os trabalhadores e seus pontos de vista. Se o documento concede que os interesses dos empregados devam ser levados em conta no processo de decisão, é explícito em afirmar que não são as aspirações dos empregados, e sim os objetivos dos negócios, que determinam primariamente a ação das empresas para implementar a flexibilidade no local de trabalho.

A década de 1980 assistiu à implementação da flexibilidade numérica por meio de cortes de empregos[55]. Tanto nos Estados Unidos como no Brasil, a maneira mais rápida de reduzir custos é

---

[53] Argumento também utilizado na reunião de São Francisco, Califórnia, em 2015, e cuja perspectiva se referia ao futuro do trabalho até 2025, como exposto na apresentação.

[54] Ver Stanley D. Nollen, *New Work Schedules in Practice*; Simcha Ronen, *Flexible Working Hours*; Barney Olmsted, *Creating a Flexible Workplace* (Nova York, Amacom, 1989).

[55] "Nos anos 1980, tratavam-se as empresas como 'enxutas'. Atualmente, o impacto dos cortes, da globalização e a maior exigência do mercado consumidor estimularam as organizações a definirem-se como 'flexíveis'" (relatório cit., p. 9).

mediante a demissão de pessoal. A redução do quadro de pessoal como medida permanente cria uma situação dual envolvendo trabalhadores contingenciais e regulares nas empresas. Para atender a aumentos da demanda, elas precisam recorrer a trabalhadores contingenciais (em tempo parcial, temporários, trabalhadores por contrato determinado, trabalhadores terceirizados por agências), uma vez que sua força de trabalho regular[56] está reduzida ao mínimo. Levado a seu ponto extremo, o *downsizing* poderia dar azo à noção de força de trabalho *just in time*. Desde que muitas empresas adotem a estratégia de *downsizing*, o dualismo deixa de ser uma característica interna à empresa e passa a ser do mercado de trabalho como um todo, um dualismo estrutural. Tanto a força de trabalho regular como os trabalhadores contingenciais são componentes regulares do mercado de trabalho. O que os distingue são a duração dos contratos e a fruição de direitos, basicamente.

O processo não termina na flexibilidade numérica apenas. As empresas almejam também obter flexibilidade funcional ou atitudinal, isto é, que o trabalhador que sobreviveu aos cortes se torne continuamente flexível e adaptável, um trabalhador flexível, que toma conta de sua carreira, obtém qualificações, mostra-se polivalente e acumula mais tarefas a desempenhar. A flexibilidade funcional requer que seja implementada a flexibilidade numérica, pendendo como uma espada de Dâmocles sobre a cabeça dos empregados que permanecem nos postos de trabalho: ou assumem as novas funções ou são expelidos dos empregos. A flexibilidade numérica precede a funcional[57]. Os sobreviventes dos cortes de empregos encontrarão "incentivo" para alargar suas qualificações profissionais no aumento das responsabilidades dos empregos e no aumento das cargas de trabalho (sic!). O documento acrescenta que isso poderá ter um efeito na moral dos trabalhadores por causa da insegurança

---

[56] As expressões "força de trabalho regular" e "trabalhadores contingenciais" aparecem no relatório citado, p. 7.

[57] "Maior número de responsabilidades por ocupação e cargas mais pesadas de trabalho, aspectos que são lugares comuns na medida em que os remanescentes são convocados a compensar pelo seu contingente menor, providenciam um incentivo para os funcionários ampliar suas qualificações" (relatório cit., p. 8).

dos empregos e da necessidade de as empresas agirem por meio de programas de arranjos alternativos de trabalho, oportunidades de desenvolvimento e outras formas.

A flexibilidade de tempo, último tipo de flexibilidade considerado, permite grande variabilidade para as empresas, reduz a necessidade de horas extras, ajuda a evitar uma dependência excessiva de uma força de trabalho externa e aumenta o comprometimento dos trabalhadores com a empresa em função de maior controle sobre suas vidas. Há duas formas básicas por meio das quais é possível implementar flexibilidade. A primeira compreende opções de organização diversificada da duração das horas de trabalho, tais como trabalhos com duração inferior ao padrão normativo ou com contratos anuais; e a segunda, sua distribuição em horários mutáveis e diversificados. Existem também combinações possíveis de flexibilidade de duração com distribuição das horas de trabalho. Abre-se assim um espaço imenso de reorganização dos tempos de trabalho com profundas implicações na vida dos indivíduos e na estrutura da sociedade. Por isso, o documento descrito reitera que a flexibilidade de local de trabalho (termo amplo, que compreende tanto flexibilidade numérica como funcional e de tempo de trabalho) tornou-se "uma parte essencial dos negócios na economia global"[58].

São mencionados, ainda, casos concretos de flexibilização adotados por empresas. Numa delas, em que foi empregado um programa voluntário de flexibilização de tempo[59] (*telecomuting* – trabalho em domicílio –, horários comprimidos de trabalho, horas flexíveis e compartilhamento de emprego), oferecia-se aos clientes serviço 24 horas por dia, sete dias por semana, objetivando alcançar a recuperação econômica de uma empresa do conglomerado. Mencionam-se

---

[58] "A flexibilidade no local de trabalho deixou de ser uma comodidade concedida a contragosto aos funcionários de melhor desempenho, às mães que trabalham ou a outra fatia seleta de empregados; tornou-se parte essencial dos negócios na economia global" (relatório cit., p. 8). Mais adiante aparece outra vez "A flexibilidade no local de trabalho tornou-se questão crítica tanto para empregados quanto patrões"; e no mesmo parágrafo se repete que "programas de flexibilidade têm sido integrados a estratégias de negócio essenciais, com resultados variáveis" (relatório cit., p. 9).

[59] Na corporação AT&T.

como resultados[60] da flexibilidade a melhoria da moral e da satisfação dos empregados, a elevação da satisfação dos clientes, taxas mais elevadas de retenção dos empregados, bem como menores custos imobiliários em função do amplo emprego da telecomutação. Em outro caso[61], a telecomutação gerava muitas interrupções para os trabalhadores que permaneciam no escritório. Num terceiro[62], os resultados alcançados com a flexibilização foram o lançamento de produtos no tempo previsto, a redução de 30% do absenteísmo e o aumento das vendas. No último caso[63] descrito, a empresa oferece exemplo de como implementar o processo de flexibilidade nos locais de trabalho, compreendendo ações como alcançar o apoio dos gerentes, desenvolver infraestrutura para apoiar a flexibilidade e conduzir revisões periódicas dos arranjos de flexibilidade em curso.

Entre as razões[64] das empresas para justificar o emprego de trabalhadores, a flexibilidade laboral como mecanismo para responder a flutuações da demanda recebeu 81% de apoio das respostas. Outras justificativas são adquirir especialidade específica (48%), controlar a presença de trabalhadores devido ao impacto de *downsizing* (46%) e substituir empregados ausentes (42%). Com adesão menor, aparecem ainda outras razões, tais como proteger os trabalhadores centrais contra a perda de emprego, escolher candidatos para futuros empregos, controlar o custo de benefícios e, enfim, minimizar custos administrativos.

A longa descrição feita no documento é suficiente para tornar claro que, nesse momento, se está operando conceitualmente com algo diferente das experiências iniciais alemãs de tempos de trabalho flutuantes como mecanismo para resolver problemas de mão de obra insuficiente ou de melhor relação entre trabalho e vida. Opera-se, atualmente, com uma concepção epistemológica diversa de flexibilidade, que destaca estratégias para as empresas obterem resultados

---

[60] Relatório cit., p. 9-10.
[61] HP, ibidem, p. 10-11.
[62] Xerox, ibidem, p. 11.
[63] Deloitte & Touche, uma empresa de assessoria e consultoria internacional em finanças, direito e outros campos (relatório, cit., p. 12-13).
[64] Relatório cit., p. 13.

satisfatórios na competição global. Desaparecem as preocupações com os efeitos positivos ou negativos sobre os trabalhadores, e a flexibilidade apresenta-se como aquilo que efetivamente ela é, a saber, um mecanismo de adequação dos trabalhadores às necessidades empresariais, donde procede a expressão "trabalhadores flexíveis". As diversas formas de flexibilidade passam a ocupar lugares estratégicos nas decisões empresariais de crescimento, expansão, desenvolvimento e sucesso nas competições. O documento em geral opera ainda com uma consciência confusa sobre as vantagens que as empresas poderiam derivar da adoção de formas de flexibilidade ao se referir aos ganhos para os empregados, que aparece na equação como elemento legitimador.

Acumulação flexível e produção enxuta

Flexibilidade e flexível aparecem como elementos identificadores de processos de crescimento e transformação do capitalismo. Eles representariam "a hipótese de uma passagem do fordismo para o que poderia ser chamado de regime de acumulação 'flexível'"[65]. O capitalismo desenvolver-se-ia por meio de regimes de acumulação, dos quais se conhecem dois: o fordismo/keynesianismo, hegemônico entre 1930 e 1970, e a acumulação flexível, daí em diante. O regime de acumulação flexível compreende mais do que relações de trabalho, mercados de trabalho, produtos e padrões de consumo. O regime – termo que expressa dívida para com a teoria da regulação – de acumulação flexível compreenderia um complexo de fatores que vai da produção ao mercado e à cultura, da indústria às finanças, do espaço nacional à globalização[66].

---

[65] Ver David Harvey, *A condição pós-moderna* (São Paulo, Loyola, 1989), p. 119.

[66] "A acumulação flexível é marcada por um confronto direto com a rigidez do fordismo. Ela se apoia na flexibilidade dos processos de trabalho, dos mercados de trabalho, dos produtos e padrões de consumo. Caracteriza-se por: surgimento de setores de produção inteiramente novos, novas maneiras de fornecimento de serviços financeiros, novos mercados, inovação comercial, tecnológica e organizacional. Mudanças nos padrões de desenvolvimento desigual tanto entre setores como entre regiões. Novas indústrias em regiões subdesenvolvidas e vales de silício e crescimento dos países recém-industrializados. Ela também envolve um novo movimento de compressão do espaço-tempo. O tempo para tomadas de decisões privadas e públicas se estreitou e a comunicação e custos de transporte permitem sua imediata difusão" (ibidem, p. 40).

Na interpretação geral do desenvolvimento desigual do capitalismo, é proposto o conceito de acumulação por despossessão. A acumulação por despossessão operaria por meio das políticas de privatização, financialização, gestão e manipulação de crises e redistribuições por meio do Estado[67]. A acumulação por despossessão representa transferências de ativos entre as classes sociais, por meio das quais as camadas mais ricas da sociedade aumentam sua participação na renda e na riqueza às expensas das demais camadas que fazem parte da sociedade. Na acumulação por despossessão, alguns grupos sociais perdem as posses para outros, o que aumentaria a desigualdade social em vez da integração, criando ambientes sociais mais desiguais e, em consequência, mais tensos, conflitivos e mais sujeitos a decisões pelo recurso à violência.

Em que diferem ou se aproximam essas duas categorizações de acumulação flexível e de acumulação por despossessão? Seriam dois tipos de acumulação, assim como a acumulação primitiva representaria a modalidade inicial, que compreenderia a perda da terra pelos camponeses e sua concentração nas mãos de fazendeiros e empresários capitalistas, bem como a consequente transformação da mão de obra de não assalariada em assalariada, concluindo o processo de liberação da mão de obra para o formato do assalariamento?

As categorias acumulação flexível e por despossessão exercem papel importante para conhecer e criticar o capitalismo neoliberal na atualidade. Não apresentam, todavia, elementos analíticos para compreender o processo e mecanismos de funcionamento do sistema pela ausência da teoria do valor nas formulações.

Quanto à organização dos tempos de trabalho, a flexibilidade é introduzida nos lugares de trabalho por meio de decisões arbitrárias dos empregadores[68] em geral com o suporte dos governos nacionais e o apoio de organismos internacionais. Aos poucos, o uso do emprego regular de

---

[67] David Harvey, *A Brief History of Neoliberalism*, cit., p. 41 e 160; Daniel Bin, "Fiscal Superstructure and the Deepening of Labour Exploitation", em *Capital & Class*, v. 39, 2015.

[68] "Patrões impuseram regimes e contratos de trabalho mais flexíveis". David Harvey, *A condição pós-moderna*, cit., p. 143.

tempo integral diminui em favor de formas mais flexíveis de trabalho[69]. Se a flexibilidade nos horários laborais, juntamente com outros tipos de flexibilidade, foi introduzida pelo patronato, devem ser pesquisadas as razões pelas quais a flexibilização favorece os empregadores[70].

A acumulação flexível foi antecipada pela concepção de sistema de produção enxuta[71], que se contrapõe à produção em massa, representada pelo fordismo. São pioneiros da produção enxuta os formuladores do sistema de produção Toyota[72]. Ela é resumidamente definida como "menos quantidade de tudo: defeitos, custos declinantes, nenhum estoque e miríade de novos produtos"[73].

A máquina que mudou o mundo trata rapidamente de condições de trabalho e dos trabalhadores[74] e da greve que ocorreu na Toyota, no século XX. Outras questões importantíssimas não são tocadas, entre elas a intensificação laboral por meio das técnicas de polivalência, o aumento da produtividade, o controle do conhecimento dos trabalhadores por meio dos círculos de controle de qualidade, o alongamento das jornadas laborais e a superexploração até a exaustão dos trabalhadores.

O livro de Harvey oferece uma contribuição mais ampla pelos fatores que analisa e discute. Em que pesem as diferenças, os autores da concepção de produção enxuta e da concepção de acumulação flexível estão rigorosamente escrevendo sobre os mesmos processos. Uns sobre os sistemas de produção pela ótica de engenheiros de produção, outros pela ótica da acumulação, destacando especialmente as implicações críticas que estes trazem para o foco da discussão.

---

[69] "Redução do emprego regular em favor do crescente uso do trabalho em tempo parcial, temporário ou subcontratado". Idem.

[70] O autor indica pontos de convergência entre empregadores e empregados. "Estes arranjos de emprego flexíveis não criam por si mesmos uma insatisfação trabalhista forte, visto que a flexibilidade pode às vezes ser mutuamente benéfica. Mas os efeitos agregados de seguro, pensão, níveis salariais, segurança no emprego" indicam que a flexibilização produz efeitos nocivos aos trabalhadores no longo prazo. Ibidem, p. 144.

[71] James P. Womack, Daniel T. Jones e Daniel Roos, *A máquina que mudou o mundo* (Rio de Janeiro, Campus, 1992), p. 3.

[72] Eiji Toyoda e Taiichi Ohno são nominados no livro de James P. Womack, Daniel T. Jones e Daniel Roos, *A máquina que mudou o mundo*, cit., p. 1.

[73] Ibidem, p. 4.

[74] Pois a produção enxuta "altera o modo como as pessoas trabalham". Idem.

A flexibilidade na gigantesca economia estadunidense, as iniciativas de governos europeus, bem como de outros países, que criam trabalhos de tempo parcial, temporários, intermitentes e tantas outras modalidades imagináveis de flexibilidade, representam, de um lado, a expansão de uma nova prática laboral e, de outro, um processo de desconstituição do trabalho-padrão regulamentado. Isso suscita uma questão, que será tratada no curso deste livro: a flexibilidade representa efetivamente outro paradigma de trabalho, que, no limite, pode vir a ocupar o lugar, pelas vantagens que lhe são próprias, do trabalho regulamentado? A resposta depende do papel que a flexibilidade exerce na produção contemporânea de valores e ainda será objeto de atenção desta obra.

A flexibilidade no Brasil: já está presente ou vem chegando?

O critério até aqui empregado de explorar o conceito de flexibilidade em relação ao processo histórico da regulamentação do trabalho, levado a efeito pelos governos dos países capitalistas industrializados, pelos países que passaram por processos revolucionários socialistas ou ainda por países que realizaram profundas reformas de corte nacionalista e modernizador, deve ser entendido como um divisor de águas[75]. Regulamentar significa promover a entrada dos governos nacionais e de agências supranacionais na definição das condições de trabalho[76].

---

[75] Os autores que empregam a conceituação de flexibilidade em função do parâmetro do trabalho-padrão aderem explícita ou implicitamente a esse critério. Ver as três coletâneas organizadas por Isik Urla Zeytinoglu sobre trabalho flexível: *Changing Work Relationships in Industrialized Economies* (Amsterdã/Filadélfia, John Benjamins, 1999), *Flexible Work Arrangements: Conceptualizations and International Experiences* (Haia, Kluwer Law International, 2002) e *Flexibility in Workplaces: Effects on Workers, Work Environment and the Unions* (Genebra, Iira/ILO, 2005).

[76] A teoria das relações industriais – termo que cria inúmeros problemas na literatura brasileira, dado que a indústria é entendida sistematicamente como o setor manufatureiro, quando originalmente, em inglês, *industry* se refere a qualquer setor ocupacional, significando, portanto, "relações de trabalho" – tem como objetivo descobrir as regras que regem o processo de trabalho, sendo seus autores divididos em empregadores e administradores, sindicato e movimento operário, Estado ou ainda pela via do "costume e da prática" tradicional (ver a esse respeito, no manual de relações industriais na Itália, o capítulo escrito pelo sociólogo italiano Guido Baglioni da Università degli Studi di Milano, 1992). Nesse sentido da teoria de relações industriais, não existe trabalho que não tenha regulamentação, por mínima que seja. Entretanto, o critério aqui assumido é o da regulamentação por meio dos governos nacionais ou pela agência internacional, a OIT.

A atuação do Estado está vinculada à atuação de forças próprias que fazem parte de cada nação, o que abre um horizonte para estudos de riqueza incalculável, dada a variabilidade das situações[77].

Em um aspecto o resultado da regulamentação seguiu uma tendência geral unificadora: criaram-se regras gerais bastante próximas, o que permitiu erigir a categoria de trabalho-padrão, trabalho padronizado ou trabalho *standard*. Trabalho regulamentado é uma expressão mais ampla, que contempla a ação do Estado e o estabelecimento de limites e direitos. E o Estado pode legislar sobre a adoção de formas de trabalho flexível. O flexível, assim como o padrão, também pode ser regulamentado.

Após décadas de pressão do movimento dos trabalhadores, o governo brasileiro também interveio no processo de trabalho. A regulação das horas de trabalho, sua duração e distribuição, iniciou-se no começo do século XX mediante acordos com empresários, cabendo ao movimento de 1930 realizar um profundo processo de intervenção na determinação das condições de trabalho por meio da CLT de 1943. Dessa regulação resultaram uma jornada com oito horas diárias e uma semana de seis dias de trabalho, totalizando 48 horas semanais; a possibilidade de duas horas de trabalho extraordinário ao dia; e a compensação de dias ou horas de trabalho, desde que dentro da mesma semana. O processo gerou um padrão híbrido: de um lado, a condição marcante em âmbito internacional, oito horas diárias, seis dias por semana; de outro, uma imensa flexibilidade de duas horas extras ao dia e a possibilidade de compensação, as duas últimas regras dificilmente encontráveis em outros países. Tal padrão híbrido de trabalho, rígido e flexível ao mesmo tempo, dentro de um conjunto idêntico de regras, operou um papel insubstituível na construção do desenvolvimento capitalista econômico nacional, até hoje quase que ignorado na

---

[77] Nossos estudos sobre evolução da jornada de trabalho no Brasil demonstram cabalmente que as mudanças nas regras relativas a tempo foram precedidas sistematicamente por grandes movimentos operários, que na prática introduziram padrões novos de trabalho, vindo o processo legislativo posteriormente confirmar aquilo que já era uma prática, ainda que limitada de trabalho, e generalizar para outros setores da economia nacional (Sadi Dal Rosso, *A jornada de trabalho na sociedade: o castigo de Prometeu*. São Paulo, LTr, 1996).

análise de historiadores, economistas, sociólogos e cientistas sociais[78]. As horas extras, o uso do contrato temporário e do trabalho eventual, o sistema de diárias, os "contratos" informais, as "empreitadas", entre outras modalidades, constituíram formas históricas de flexibilidade que antecipam de muito a onda de flexibilização que teve lugar a partir dos anos 1990 no Brasil, bem como operam conjuntamente com o trabalho regulamentado, dadas a incapacidade de fiscalização do Estado e também a baixa taxa de sindicalização. A essas situações flutuantes aplica-se o conceito de flexibilidade pré-regulamentada.

O Brasil não permanece fora do processo liberalizador de décadas mais recentes, que alterou a economia mundial. Juristas[79] colocam o fim da estabilidade no emprego e sua substituição pelo Fundo de Garantia por Tempo de Serviço (FGTS), em 1966, entre outros atos flexibilizadores. O principal instrumento introduzido durante o governo do presidente Fernando Henrique Cardoso, reconhecido pelas suas tentativas desregulamentadoras, foi o chamado banco de horas[80]. Consistiu numa mudança mínima, minúscula, entretanto com repercussão enorme. O governo propôs alterar, e obteve aprovação pelo Congresso Nacional, o dispositivo relativo ao período de cálculo para fins de compensação de horas e dias de trabalho[81]. O período da compensação abrangia a semana do evento e restringia-se a ela. Esse período foi inicialmente ampliado para três meses, mudança que não conseguiu evidenciar a grande potencialidade flexibilizadora e de adequação das empresas às variações de mercado que o instrumento continha. Foi necessário ao

---

[78] Ver em Sadi Dal Rosso, "Longas jornadas: o tempo de trabalho na construção da sociedade brasileira", em *Guainicuns*, Revista da Fecha/FEA, n. 3-4, 2006.

[79] Arnaldo Lopes Sussekind (p. 33), Maurício Rands Coelho Barros (p. 123), Oscar Ermida Uriarte (p. 299) em Tribunal Superior do Trabalho, *Anais do Fórum Internacional de Flexibilização do Direito do Trabalho* (Rio de Janeiro, UniverCidade, 2003).

[80] A alteração foi feita por meio do artigo 6º da Lei n. 9.601 de 1998. Ver Sadi Dal Rosso, "Flextempo. Flexibilização da jornada à brasileira", em Mário César Ferreira e Sadi Dal Rosso, *A regulação social do trabalho* (Brasília, Paralelo 15, 2003) e Tribunal Superior do Trabalho, *Anais do Fórum Internacional de Flexibilização do Direito do Trabalho*, cit. José Dari Krein, em *Tendências recentes nas relações de emprego no Brasil, 1990-2005* (Campinas, Instituto de Economia da Unicamp, 2007), também menciona vários outros mecanismos de flexibilização laboral.

[81] O instrumento foi introduzido ainda na CLT de 1943.

governo recorrer a um segundo movimento de alteração legislativa, novamente atendo-se ao período de contabilização de um ano dentro do qual os procedimentos de compensação eram válidos. Proposto e aprovado, o mecanismo da compensação passou imediatamente a ser adotado por inúmeras empresas industriais, financeiras, do setor de telecomunicação, de prestação de serviços, empresas do setor público e do setor privado, o que demonstra sua funcionalidade para os negócios empresariais. Quanto aos trabalhadores, o banco de horas representa um problema sobre o qual não existe consenso. Os dirigentes sindicais sistematicamente opõem-se ao uso desse instrumento flexibilizador de horários ou procuram por meio de atuação negocial criar regras que o adequem às exigências dos trabalhadores. Muitos trabalhadores informalmente apresentam posicionamentos favoráveis ao banco de horas, em particular as mulheres que trabalham e têm filhos, que veem em formas de flexibilização da jornada uma maneira de combinar os problemas da vida com as exigências do trabalho.

Outros mecanismos de flexibilização criados são: o trabalho aos domingos (artigo 6º) e dias feriados (artigo 6º A) nas "atividades do comércio em geral", possibilitado pela Lei n. 10.101 de 2000; o trabalho em tempo parcial, inicialmente de 20, foi elevado para 25 horas semanais, com remuneração e férias proporcionais ao número de horas trabalhadas de acordo com o regime criado pelo art. 1º da Medida Provisória 2.164 de 2001; os regimes de trabalho comprimido em turnos de 12 por 36[82]; a transformação dos turnos ininterruptos em turnos fixos de revezamento por decisão unilateral da empresa e com a ampliação das horas laborais do turno de seis horas para oito horas[83].

---

[82] Súmula n. 444 do Tribunal Superior do Trabalho. Jornada de trabalho. Norma coletiva. Lei. Escala de 12 por 36. Validade. Res. 185/2012, DEJT, divulgado em 25, 26 e 27 de setembro de 2012. "É válida, em caráter excepcional, a jornada de doze horas de trabalho por trinta e seis de descanso, prevista em lei ou ajustada exclusivamente mediante acordo coletivo de trabalho ou convenção coletiva de trabalho, assegurada a remuneração em dobro dos feriados trabalhados. O empregado não tem direito ao pagamento de adicional referente ao labor prestado na décima primeira e décima segunda horas."

[83] Ver José Dari Krein, *Tendências recentes nas relações de emprego no Brasil*, cit.; José Dari Krein, Anselmo Luis Santos e Bartira Tardelli Nunes, *Trabalho no governo Lula: avanços e contradições* (XII Encontro da Associação Brasileira de Estudos do Trabalho – Abet, João Pessoa, 2011).

A introdução da flexibilização de horários a partir da década de 1990 no Brasil é um processo ainda em desenvolvimento e ocorre sobre as formas de flexibilidade históricas preexistentes, às quais demos o nome de flexibilidade pré-regulamentada. As formas de flexibilidade pré e pós-regulamentadas misturam-se, confundem-se e se deixam ver como práticas antigas, tradicionais, o que não é verdade. Basta comparar o trabalho flexível nos *call centers* com as diárias no trabalho doméstico.

A flexibilização ganha força com crises econômicas e sociais. No ano em que este livro é escrito, o Congresso Nacional aprovou projeto de lei, já sancionado, ampliando a terceirização da mão de obra das atividades-meio para atividades-fim, no setor público e no setor privado, o que introduzirá graus de precarização do trabalho jamais imaginados. Circulam no Parlamento propostas de regulação de formas de trabalho flexível, tais como o tempo parcial e o trabalho temporário, o trabalho intermitente, o teletrabalho e o trabalho em lugar remoto, a generalização do regime de 12 horas de trabalho por 36 de descanso e da terceirização para todas as atividades, a prevalência do princípio do negociado sobre o legislado, a redução do papel do Estado e da Justiça sobre o trabalho. Se aprovados tais projetos, o Brasil terá adotado um conjunto de legislações que alteram profundamente a estrutura e as práticas do trabalho, provocando um terremoto cujos impactos recaem sobre os ombros de trabalhadores e de trabalhadoras.

Independentemente dos pressupostos epistemológicos sobre os quais foram construídas, as práticas de trabalho flexível ocupam, hoje, posições sensíveis das economias e das sociedades, em raros casos até mesmo majoritárias, como na Holanda. Ora, nenhuma mudança dessa envergadura ocorre sem consequências maiores. Daí os objetivos deste livro de diagnosticar contradições sociais que porventura as práticas flexíveis escondem, analisar a flexibilidade no contexto da teoria do valor-trabalho, examinar consequências da flexibilização em termos de desigualdades de classe, de gênero, de etnia e raça, de idade, além de examinar se a economia capitalista consegue reproduzir-se economicamente tendo como pilar de sustentação a flexibilidade de horas. Trata-se de submeter a flexibilidade à crítica da razão.

II
A BUSCA DE SENTIDO COMUM

FLEXIBILIDADE é uma expressão plena de significados diversos. Para alguns textos[1], esse termo indica a possibilidade de variar os horários de chegada e de saída dos locais de trabalho. Para outros, significa realizar horas extras[2]. Para terceiros, ser flexível é aceitar contratos de trabalho sem direitos sociais[3]. Para quartos, são labores em horas "não sociais"[4], fins de semana, feriados, períodos vespertinos e à noite. Para quintos, são empregos de tempo parcial e duração limitada. E assim prosseguem as interpretações, tornando-se imperiosa a operação de crítica. As implicações sociais, econômicas, antropológicas e psicológicas dos processos de mudança nas práticas horárias laborais são diferentes conforme a modalidade de flexibilidade laboral a observar.

A par das ciências humanas e sociais e da administração, a noção de flexibilidade encontra-se em esferas tão diferentes quanto a física, a indústria e a biotecnologia, entre outras aplicações modernas. O

---

[1] John Carrol Swart, *A Flexible Approach to Working Hours* (Nova York, Amacom, 1978); Simcha Ronen, *Flexible Working Hours: An Innovation in the Quality of Work Life* (Nova York, McGraw-Hill, 1981).

[2] Eurofoundation, 2007.

[3] Karl Hinrichs, "Working-time Development in West Germany: Departure to a New Stage", em Karl Hinrichs, William Roche e Carmen Sirianni (eds.), *Working Time in Transition: The Political Economy of Working Hours in Industrial Nations* (Filadélfia, Temple University Press, 1991).

[4] Isik Urla Zeytinoglu, *Flexibility in Workplaces: Effects on Workers, Work Environment and the Unions* (Genebra, Iira/ILO, 2005).

adjetivo flexível[5] não significa apenas aquilo que dobra e se curva: é também o maleável e o adaptável, sentido muito próprio para a noção de flexibilidade de horários de trabalho. Não basta que o trabalho seja mutável, que se dobre, ou que seus tempos sejam modificáveis, mas acima de tudo que seja maleável e adaptável aos novos objetivos das condições de acumulação nesse início do século XXI. Esse sentido de maleável, adaptável, indica com precisão o sentido da controvérsia moderna sobre a flexibilidade ou a rigidez dos tempos de trabalho.

As propriedades de flexibilidade, elasticidade, plasticidade e maleabilidade têm significados próprios nas ciências físicas, donde o termo migrou para as ciências sociais, pousando em economia, onde elasticidade é função consagrada. No sentido de transição de um processo de emprego da mão de obra e das condições de trabalho, flexibilidade remonta seguramente à segunda metade do século XX. Nos dias de hoje, trata-se de um termo completamente integrado ao dicionário das ciências sociais, embora com diversidade de sentidos.

Tentativas de construir um significado comum para flexibilidade nas ciências sociais

O sentido de flexibilidade não é unívoco. Autores preocupados em construir uma noção funcional encontram problemas[6] nessa

---

[5] Etimologicamente, o termo "flexibilidade" provém do substantivo latino *flexibilitas, flexibilitatis*. Flexível é adjetivo que também deriva do latino *flexibilis*, ambos procedentes do particípio passado *flexus (flexa, flexum)* do verbo latino *flectere* (lê-se fléctere), que significa dobrar. São sinônimos de flexível: elástico, maleável, mutável, móvel. São antônimos: rígido, fixo, firme, repetitivo. O poeta romano Virgílio emprega o verbo *flectere* no sentido de dobrar em *Eneida*, livro 7, verso CLXXV: "*flectere si nequeo superos Acheronta movebo*".

[6] O capítulo escrito por Isik Urla Zeytinoglu e Waheeda Lillevik intitulado "Conceptualizations and international experiences with flexible work arrangements" contém um trecho que expressa a variedade de práticas de trabalho flexível. "O mundo do trabalho mudou de maneira excepcional nas últimas duas décadas. A antiga regra da ocupação contínua, em tempo integral, das nove às cinco, com um só patrão, mudou e hoje inclui uma variedade de sistematizações trabalhistas que incluem o tempo parcial, o trabalho temporário, os contratos de trabalho a prazo fixo, os horários de trabalho flexíveis, a semana de trabalho comprimida e o trabalho à distância. Sistemas de trabalho flexível tiveram sucesso nos países industrializados em termos das horas trabalhadas, da permanência no emprego, das funções operacionais e do local de trabalho." Isik Urla Zeytinoglu, *Flexible Work Arrangements: Conceptualizations and International Experiences* (Haia, Kluwer Law International, 2002), p. 3.

empreitada, uma vez que, ao recortar um campo para seu uso, logo mais se percebe que a realidade é mais ampla do que o objeto estudado. Ademais, estão presentes os interesses dos grupos sociais a que pertencem os sujeitos e suas posições políticas.

A dificuldade de encontrar uma noção comum para o conceito de flexibilidade decorre dos sujeitos a que se refere, se empregados, empregadores, governos ou organismos multinacionais, dos quais procede também a prática ideológica[7]. O termo "flexibilidade" é mais frequentemente utilizado como política de empresa[8]. Tornar-se flexível, em várias dimensões da atividade empresarial, faz parte de estratégias de crescimento ou de sobrevivência na disputa econômica. Como política de distribuição de horas, flexibilidade interessa a empresas e a trabalhadores, por razões opostas. Tal oposição indica que está em ação o mecanismo dialético das disputas, dos contrários e das contradições.

Flexibilidade no nível micro, da empresa ou do sujeito, supõe flexibilidade no nível macro, ou seja, do mercado capitalista em seu conjunto. Permanece aberta a pergunta: É possível encontrar uma definição comum, geral de flexibilidade? Possivelmente não, embora na literatura se realize enorme esforço para diagnosticar elos comuns[9].

Estabelecer que, no nível micro ou no nível macro, flexibilidade pode ser numérica[10] e que flexibilidade numérica e flexibilidade em

---

[7] "O termo flexibilidade é utilizado com frequência em rodas de negócios, embora tenha verdadeira abundância de significados e contextos. Há vários motivos para essa inconsistência no sentido: primeiro, a gama de temas que ele recobre é substancial; segundo, o termo tem uma vasta gama de significados conforme cada público, tais como patrões, sindicatos, empregados, governos e organizações intergovernamentais; e, terceiro, sua utilização muitas vezes é ideológica, refletindo nossas visões e percepções quanto ao 'valor' da flexibilidade." Isik Urla Zeytinoglu, *Changing Work Relationships in Industrialized Economies* (Amsterdã/Filadélfia, John Benjamins, 1999), p. xi.

[8] A flexibilidade se manifesta no nível micro ou macro das empresas: "flexibilidade refere-se a diretrizes implementadas no mercado interno de trabalho da empresa. [...] Essas estratégias são focadas predominantemente na demanda e são propostas pelos patrões". Idem.

[9] Ver o texto da Eurofoundation, *Establishment Survey on Working Time and Work-Life Balance* (*ESWT*) (Dublin, Eurofound, 2007), sobre flexibilidade nas empresas.

[10] "[...] flexibilidade numérica [...] refere-se a estratégias de flexibilidade do patrão nas maneiras de planejar cronogramas de trabalho, e flexibilidade em decisões de contra-

geral não constituem uma boa proposta, porquanto na flexibilidade de horas existem inúmeros elementos qualitativos, além dos quantitativos. Para ilustrar esse ponto, basta fazer o percurso histórico das conquistas dos direitos do trabalho. Por isso, e pelo pouco desenvolvimento do conhecimento das formas concretas de flexibilidade, bem como por suas práticas concretas, outra solução, ainda que precária, consiste em lançar mão do critério por exclusão. Toda e qualquer forma de emprego que não seja "trabalho permanente em tempo integral com contrato por tempo indefinido" e com direitos faria parte da noção geral[11] de flexibilidade.

Processo de flexibilização

Para falar de processo de flexibilização, é necessário que esteja em ação uma força de transformação das relações de trabalho em direção a modalidades de trabalhos entendidas como flexíveis, envolvendo um número significativo de empregos e trabalhos e produzindo impactos sociais e econômicos relevantes. Tal é a situação que a literatura descreve que ocorreu nos países industrializados, envolvendo processos diversos conforme as condições de cada nação, a partir dos anos 1970, bem como em países de desenvolvimento mais recente. Uma autora[12] resume como o processo de flexibilização esteve em andamento.

---

tação, demissão ou decréscimo unilateral nas horas de trabalho do trabalhador. [...] *Os termos mais comuns são não padronizado, flexível, alternativo, periférico, eventual e secundário, mas as definições variam. Qualquer ocupação que não o trabalho permanente de tempo integral com contrato indefinido cai na categoria da flexibilidade numérica.*" Isik Urla Zeytinoglu, *Changing Work Relationships in Industrialized Economies*, cit., p. xii.

[11] No capítulo "Summary, implications and future research directions of flexible work arrangements", os autores Isik Urla Zeytinoglu e Gordon B. Cooke procuram dar uma solução à questão da multiplicidade de sentidos e da variação de usos da categoria flexibilidade por meio da estratégia de exclusão, a saber, é flexível tudo o que não for trabalho-padrão. "Trabalho flexível [...] representa a gama de termos trabalhistas [...] que diferem dos empregos *'padrão', permanentes, de tempo integral, com cronograma semanal regular. Estão incluídos aí os empregos de tempo parcial, eventuais e temporários, e/ou aqueles com cronograma de trabalho flutuante (ou não usual)"*, citado em Isik Urla Zeytinoglu, *Flexible Work Arrangements*, cit., p. 271.

[12] Início dos anos 1960 – desemprego baixo e rigidez nos mercados de trabalho: "buscava-se a flexibilidade nos mercados de trabalho reforçando agências de emprego,

A década de 1970, nos países ricos, caracterizou-se por um ambiente de recessão e de altas taxas de inflação e desemprego, quando então foram negociadas semanas de trabalho com duração menor e aumentaram as práticas de trabalho em tempo parcial, trabalho temporário e trabalho com duração predeterminada, entre outras. Na década de 1980, os governos nacionais incentivaram as políticas de trabalho flexível para diminuir o desemprego. Na década de 1990, os tomadores de decisão continuaram a desregular os mercados de trabalho e a promover políticas de livre mercado, flexibilidade no emprego e no trabalho.

Essa descrição encontra elevado grau de consenso na literatura dos países industrializados. Todavia, opera com o suposto de que as modalidades de flexibilidade só começaram a existir a partir daquela época, os anos 1970[13], quando a crise econômica conduziu os governos

---

preparando trabalhadores para novas ocupações e incentivando a mobilidade geográfica do trabalhador"; meados dos anos 1970 – ambiente de recessão, inflação e altos índices de desemprego: "patrões negociaram semanas de trabalho mais curtas com os sindicatos e trabalhadores receberam seguro-desemprego pelas horas não trabalhadas"; nos anos 1980 – "os governos de países industrializados introduziam diretrizes de emprego flexível como medida para diminuir o desemprego e aumentar o emprego. Cresceram os contratos de trabalho a prazo fixo, empregos de meio turno e empregos temporários em quase todos os países industrializados"; nos anos 1990, "legisladores continuaram a desregulamentar os mercados de trabalho, promovendo políticas liberais e flexibilidade de contratação". Isik Urla Zeytinoglu, *Changing Work Relationships in Industrialized Economies*, cit., p. xi.

[13] "Flexibilidade: uma resposta à rigidez no modelo de crescimento fordista?
Se os Trinta Anos Gloriosos [as três décadas após o fim da Segunda Guerra Mundial] são sinônimo de crescimento constante da produção, do consumo de massa relativamente padronizado e de ganhos reais nos salários, os anos 1970 foram marcados pela quebra dessa evolução em vários aspectos...
Diante de ambiente cada vez mais incerto, as empresas passam a reagir a essas flutuações buscando o ajuste fino entre produção e utilização da força laboral.
É para tanto que se desenvolvem novos métodos de gestão (estoque zero, atraso zero, *just-in-time*) que exigirão agilidade muito maior na utilização do trabalho e fazer a folha de pagamento passar de custo fixo a custo variável.
Nas empresas, isso se traduz em recorrer enormemente aos trabalhadores temporários (que se pode empregar e demitir com celeridade) ou aos contratos de trabalho a prazo fixo, pela anualização do tempo de trabalho (os períodos de alta atividade são compensados pelos de baixa), pela maior polivalência dos trabalhadores (aptos a ocupar postos diversos), pelo desenvolvimento de tempos parciais mais fáceis de utilizar e pelos salários mais individualizados." Brises, Banque de Ressources Interactives en Sciences Economiques et Sociales (Site gratuito produzido por professores do ensino público. CRDP da academia de Lyon, 2008), p. xi.

a tomar medidas para construir maneiras flexíveis de trabalho e afastar-se do emprego em tempo integral e com contrato permanente e a queda da taxa de lucro prenunciou a reviravolta nas relações de trabalho. Pensa-se que seja mais conveniente trabalhar com uma noção mais ampla de que as formas de distribuição rígida, flexível e outras modalidades já eram conhecidas e existiam na sociedade, dadas as especificidades dos trabalhos concretos. Em determinadas circunstâncias, umas e/ou outras são empregadas em maior proporção. Sempre existiram e sempre existirão formas flexíveis de horários, mesmo em meio ao prevalente regime de tempo integral com direitos. Quando explodem crises ou quando se destravam mudanças mais profundas no cenário do pensamento teórico em vigor, tal como ocorre com a ascensão do neoliberalismo nas últimas décadas do século XX e sua permanência daí para frente, então os fenômenos de flexibilização tomam lugar proeminente na sociedade. Essa crítica cria condições para pensar em outros processos em curso nos países fora do círculo central do capitalismo mundial.

Segundo autores de língua francesa, os Trinta Anos Gloriosos de expansão do pleno emprego e de aumentos salariais encontram seu termo com a crise dos anos 1970. A relação fordista de trabalho, ou o americanismo, na expressão de Antonio Gramsci, começa a colapsar em face da crise de acumulação e das pressões feitas pelo movimento sindical de superação da anomia e da alienação nos locais de trabalho e por estudantes em contestação à Guerra do Vietnã e à exploração capitalista do trabalho. Esse contexto de crise econômica, social e política é o caldo de cultura que possibilita a discussão conceitual[14]. A solução da crise geral na sociedade passaria pela reorganização do processo e pela alteração das condições de trabalho. Nesse meio ambiente sociopolítico começa a ser elaborado o discurso da flexibilidade do trabalho. Um conceito que não existia ganha vida e passa a ocupar espaço na disputa global. Os primeiros ensaios de flexibilização de horários são feitos em ambientes restritos, sem nenhuma perspectiva política global, como no caso descrito para as empresas

---

[14] Ver Luc Boltanski e Eve Chiapello, *Le Nouvel esprit du capitalisme* (Paris, Gallimard, 1999).

alemãs e suíças. Nos anos 1980 e 1990, empresas estadunidenses assumem abertamente a bandeira da flexibilidade[15]. Na década de 2000, governos dos ex-países socialistas e comunistas adotam políticas de trabalho flexível. Em 2008, a flexibilidade é proposta defendida na campanha presidencial dos Estados Unidos pelo candidato republicano[16]. Em 2014, pedir flexibilidade no trabalho torna-se prática legal na Inglaterra.

Flexibilidade no centro e na periferia

O estudo de qualquer questão social é sempre feito levando em consideração os contextos específicos dos Estados e das nações. A globalização não acabou com os Estados-nação, como pensam muitas pessoas. Até mesmo os expandiu, como nos casos da ex-União Soviética e da República da Iugoslávia. O estudo da flexibilidade não foge a esse princípio geral. Tome-se o caso do fordismo. A promessa do trabalho de tempo integral com direitos foi cumprida para a proporção maior da população assalariada apenas no contexto seleto dos países industrializados transformados pelas revoluções capitalistas originárias. A promessa não se realizou para todo o mundo. Mesmo no interior dos Estados-nação "desenvolvidos", fatias da população assalariada e da população em outras relações de trabalho vergavam-se a ocupações precárias de tempo parcial, de trabalho por dias ou por horas e relações e semelhantes. Estendendo o horizonte para países de desenvolvimento capitalista tardio, na América Latina, na África, na Ásia, a questão torna-se bem mais complexa, uma vez que a promessa do trabalho em tempo integral

---

[15] Ver Karen A. Edelman, *Building the Business Case for Workplace Flexibility*. Report n. 1.154-96-CH (Nova York, The Conference Board, 1996).

[16] Na campanha para a presidência dos Estados Unidos, em 2008, o senador John McCain, candidato republicano, defendeu a proposta de *workplace flexibility* como estratégia econômica. Ver a edição de 1º de outubro de 2008, v. 56, n. 39, do *News for You*. *Workplace flexibility* significaria para o candidato republicano que "regimes de trabalho flexíveis podem ajudar pais a equilibrar as demandas da vida em família e os empregos". Esse fato indica a importância econômica da flexibilidade para os dias de hoje. Por outro lado, a expressão *work arrangements* é tão genérica e vaga que cabe em um discurso político da mesma maneira que em um discurso econômico.

com direitos realiza-se para parcelas às vezes bem limitadas da população total. Tal especificidade requer espaço conceitual próprio e formulação categorial adequada.

Nos países de capitalismo tardio, certas flexibilidades existem anteriormente ao assalariamento capitalista, como já afirmado. Trabalhadores labutam por diárias ou horas de trabalho no meio rural, nos pequenos negócios urbanos, nos serviços. Ou trabalham em horas excessivas. Ou ainda, tendo contrato de tempo integral, não têm direitos sociais. Difícil mesmo, em contextos, é encontrar a maioria dos trabalhadores em regime de tempo integral com direitos. Portanto, a condição de estar em países do círculo intermediário ou exterior do capitalismo obriga a pensar conceitualmente em processos distintos, diversos dos existentes nos países que fazem parte do círculo central do capitalismo mundial.

Essa análise permite identificar dois casos de flexibilidade que atuam em contextos distintos: a flexibilidade pré-transição para o regime de tempo integral com direitos e a flexibilidade neoliberal ou pós-fordista ou pós-transição envolvendo compreensivamente a desconstituição de direitos e a eliminação em maior ou menor medida dos cânones do trabalho de tempo integral. Tal distinção permite averiguar empiricamente se é hegemônico, nos países da periferia e em setores específicos de atividade, o trabalho de tempo integral com direitos ou em que etapa de sua constituição se está.

Flexibilidade quantitativa e qualitativa

A discussão realizada até aqui aponta para uma variedade de significados e de implicações[17] que parecem não ter fim. Em que pesem a diversidade de situações e contextos em que a flexibilidade é apresentada, suas especificidades históricas e práticas e as diferenças que envolve, ao entendimento crítico se apresenta como um processo amplo de transformação das relações de trabalho em andamento em cujo centro estão a produção de valor e o emprego de modalidades

---

[17] Isik Urla Zeytinoglu, *Changing Work Relationships in Industrialized Economies*, cit., p. xi.

flexíveis de horários laborais para a execução das atividades cotidianas e a acumulação de capital sob condições de trabalho flexível.

Há uma polissemia de divisões de flexibilidade que necessitam ser revisitadas, ainda que não se consigam esgotar sentidos e implicações. A flexibilidade pode ser encontrada em diversos momentos e condições econômicas, quando a flexibilidade pré-fordista, pré-transição ou pré-regulamentação se separa conceitualmente de flexibilidade pós-fordista ou da pós-regulamentação. Tal divisão expressa que não só no capitalismo neoliberal se podem encontrar formas de flexibilidade das relações de trabalho; é possível fazê-lo em diversos momentos de evolução da economia e da sociedade. Ela insere a noção de flexibilidade dentro de um processo histórico de evolução do capitalismo internacional, no qual determinadas práxis de trabalho são substituídas por outras que apresentam perspectivas para o processo de acumulação. A flexibilidade pré-fordista teve lugar em condições de liberalismo amplo, em que o patronato toma as decisões fundamentais antes da regulação estatal, bem como em situações de trabalho anteriores ao assalariamento; já a flexibilidade pós-fordista acontece em contraposição à regulamentação dos direitos do trabalho implementada pelo Estado ou por acordos.

A flexibilidade quantitativa externa[18] refere-se à relação entre empresa e mercado de trabalho e a procedimentos empregados por empresas para variar o tamanho de seu quadro de pessoal e ajustá-lo às condições desejadas de operação. A flexibilidade externa é também entendida como flexibilidade quantitativa. São números de pessoas envolvidas a mais ou a menos. A expressão *downsizing*[19] caracteriza a redução da força de trabalho. O *downsizing* faz-se acompanhar de uma medida complementar de ajustamento para as flutuações de demanda por meio da contratação de trabalhadores temporários e trabalhadores em condições precárias fora dos esquemas regulamentares previstos.

---

[18] "A flexibilidade quantitativa externa se alcança através do mercado de trabalho. Ela consiste em variar a força laboral da empresa em função de suas necessidades, recorrendo a contratos de trabalho precários (como os de prazo fixo) e de demissões." Brises, cit., p. xi.

[19] Ver Karen A. Edelman, *Building the Business Case for Workplace Flexibility*, cit.

A flexibilidade qualitativa externa[20] implica a substituição da contratação regulamentada por uma relação de tipo comercial e de prestação de serviços. No Brasil, essa modalidade de flexibilidade tomou lugar tanto no setor privado da economia, em que os serviços de restauração e de segurança e vigilância foram terceirizados para empresas, como no setor estatal, no serviço público e em empresas públicas. Em relação ao serviço público, passada mais de uma década de sua introdução, a prestação de serviços por meio de diversas formas de terceirização permanece como chaga viva da sociedade.

A flexibilidade quantitativa interna[21] refere-se à variação da duração das horas segundo as necessidades das atividades laborais, podendo aumentar ou diminuir. A prática de trabalho brasileira mantém há quase um século um dispositivo imutável de ajustamento, inserido na legislação trabalhista. São as horas extras. Esse instrumento foi introduzido desde o começo da legislação trabalhista, entre os anos 1930 e 1940, como um mecanismo de adequação do trabalho às demandas de mercado. Permanece, no entanto, o princípio legal de duas horas diárias de trabalho adicional, quando necessário. A literatura econômica e sociológica costuma não dar consideração maior para esse instrumento de ajustamento às variações de trabalho. Perde considerável poder interpretativo.

A expressão "flexibilidade quantitativa interna" não dá conta da riqueza de significados contidos quando se emprega flexibilidade de tempos de trabalho. Durante o regime fordista de organização do trabalho, os tempos foram regulados por lei na maioria dos casos ou acordados por negociações e contratações, tendo o trabalhador

---

[20] "A flexibilidade qualitativa externa consiste em substituir o contrato de trabalho por um contrato comercial que seja de encerramento facilitado. Podemos citar a utilização de trabalho temporário (esses são funcionários assalariados, mas da agência de emprego temporário, e o contrato entre a empresa e a agência de temporários é um contrato comercial) ou a externalização de atividades paralelas à produção (segurança, alimentação, transporte, limpeza, etc.)." Brises, cit., p. xi.

[21] "A flexibilidade quantitativa interna é alcançada variando-se a duração da atividade em função da produção: variações nos horários de trabalho, utilização de tempos parciais, anualização dos contratos de trabalho (os 'vazios' na atividade da empresa são compensados por períodos de 'aceleração', o que evita o recurso às horas suplementares mais onerosas)." Idem.

atingido sua melhor condição com um padrão de trabalho de quarenta horas semanais distribuídas de forma invariável durante os cinco dias úteis da semana. A flexibilidade de horário rompe com esse esquema considerado rígido e inamovível, introduzindo a possibilidade de variação na distribuição desses horários durante o período laborativo. Só que o período laboral deixou de ser das oito às seis, ou das sete às cinco, segunda a sexta-feira, para incluir horários de fins de semana, horários vespertinos, horários matutinos. No Brasil, recentemente os contratos de trabalho passaram a incorporar o instrumento do banco de horas, que possibilita um grau de adaptação extraordinário às necessidades das empresas. Vê-se com os casos mencionados a capacidade de adequação que a flexibilidade de tempo e de horários coloca à disposição das empresas[22] com impactos mínimos em seus gastos e obtendo vantagens significativas para seu desempenho. Para os trabalhadores, uma análise detalhada do significado dessas mudanças de tempos e de horários conduz à conclusão de uma exploração maior.

A flexibilidade qualitativa interna[23], também chamada de flexibilidade funcional, pode ser descrita por meio do trabalho polivalente, em que se realizam várias tarefas simultaneamente, bem como da acumulação de tarefas de diversos matizes ao encargo de um/a mesmo/a trabalhador/a.

A flexibilidade salarial corresponde a diminuições das remunerações recebidas. Também pode significar a mudança qualitativa da forma de pagamento de salários, envolvendo bônus, incentivos, metas.

A flexibilidade de lugar indica o poder que as empresas têm para realocar-se espacialmente ou para realocar sua força de trabalho. Nos primeiros anos do século XXI, tem-se assistido a ameaças incansáveis das empresas de alterar sua localização espacial se os empregados não

---

[22] "Os fundamentos teóricos da proposta flexibilizadora são basicamente econômicos de uma parte e de outra, tecnológico-produtivos", escreve Oscar Ermida Uriarte em Tribunal Superior do Trabalho, *Anais do Fórum Internacional de Flexibilização do Direito do Trabalho* (Rio de Janeiro, UniverCidade, 2003), p. 281.

[23] "Na flexibilidade qualitativa interna, também chamada de flexibilidade funcional, os trabalhadores polivalentes são aproveitados em função das necessidades de produção, nos postos ou nas oficinas ou repartições onde houver maior demanda de serviço." Brises, cit., p. xi.

concordarem com as propostas, em geral leoninas, de alteração das relações de trabalho. Empresas europeias localizadas em territórios da França, Alemanha, Itália e Inglaterra empregam esse tipo de chantagem de se deslocar para territórios do Leste Europeu ou de outros continentes se seus trabalhadores não concordarem com o aumento da jornada de trabalho ou com alguma outra cláusula contratual. Entre 2007 e 2008, dois grupos produtores de automóveis se digladiaram nos Estados Unidos: as três estadunidenses, GM, Ford, Chrysler, e as montadoras asiáticas instaladas naquele país (Toyota, Hyundai, Honda etc.). As asiáticas postaram suas fábricas em território considerado livre de sindicalismo, no sul dos Estados Unidos. As empresas locais estão em território controlado pelo sindicalismo, logo o trabalho é regulamentado. Estadunidenses, asiáticas ou europeias, as montadoras constituíram filiais em muitos países do mundo. Tal flexibilidade espacial ofereceu-lhes vantagens de controle de mercados, mas, por outro lado, isso poderá significar um peso excessivo para as corporações. A flexibilidade espacial representa um elemento significativo na luta pelo controle do mercado capitalista mundial.

Flexibilidade e regulamentação: flexibilidade pré-regulamentação e pós-regulamentação

Sociologicamente, não existe trabalho sem regulação[24], sem normas sociais que rejam as condições de sua realização, mesmo nas formas mais drásticas, quando o sujeito trabalhador é destituído de qualquer poder de controle real das condições laborais, tais como no trabalho escravo.

O termo "regulamentação" é empregado no sentido de ordenações sociais que estabelecem parâmetros e condições dentro dos quais é e deve ser exercido o processo de trabalho. Se sociologicamente nenhum trabalho é exercido fora de um contexto social regulatório, a expressão "regulamentação do trabalho" faz referência a determinado conjunto de normas tornadas efetivas pelos governos das nações de

---

[24] Ver Mário César Ferreira e Sadi Dal Rosso, *A regulação social do trabalho* (Brasília, Paralelo 15, 2003).

industrialização primitiva no capitalismo ocidental. Em relação à jornada de trabalho, a regulamentação por meio do Estado tornou-se efetiva na primeira metade do século XX em muitos países do Ocidente, e até em algumas nações subdesenvolvidas.

Flexibilizar a regulamentação significa alterar, de alguma maneira, os critérios e as condições já estabelecidas de exercício da atividade laborativa, de retirar *in totum* ou em parte a legislação anterior estabelecida. Desregulamentar ou flexibilizar a regulamentação consiste num processo de retirar direitos constituídos, de retirar vantagens maiores ou menores estabelecidas em favor dos trabalhadores, ou ainda de criar atalhos por meio dos quais os tempos e horários de trabalho se tornam mais adequados ao processo de acumulação de capital das empresas privadas e públicas. Em síntese, desregulamentar significa desconstituir direitos sociais[25]. Implica liberalizar novamente o trabalho, conferir aos empregadores autonomia sobre a regulação social do labor. Significa inverter o processo histórico, considerando que a regulamentação que constituiu direitos impede um desfrutamento mais exaustivo da força de trabalho. Desregulamentar pressupõe recriar condições de aumentar a produção do mais-valor.

As categorias de pré-regulamentação e pós-regulamentação visam abrir espaço para compreender o processo de flexibilidade operante no sistema capitalista como um todo[26] e não apenas nos países "industrializados", como se poderia deduzir da literatura existente, que concentra os estudos sobre estes últimos, ficando os demais países sem consideração. A abordagem do sistema capitalista como operante globalmente requer um movimento categorial que possibilite entender rigidez e flexibilidade simultaneamente, e não flexibilidade como uma característica dos países ricos e rigidez como uma dos pobres. Muitos países que ocupam posições intermediárias, regionais e de fronteiras no sistema nem sequer realizaram a transição para regimes de trabalho regulamentado na proporção maior do trabalho

---

[25] "As tentativas flexibilizantes do governo brasileiro [...] foram todas elas medidas tomadas contra os interesses tradicionais da classe operária", afirma Mozart Victor Russomano, em Tribunal Superior do Trabalho, cit., p. 390.

[26] A OIT, coerentemente com sua política de trabalho decente, estende esse princípio também às modalidades de trabalho flexível.

assalariado. Em que pese tal rigidez, não deixaram de incluir formas de flexibilidade laboral, a exemplo da adoção da prática do banco de horas, ou de manter modalidades de que dispõem há muitos anos de flexibilidade pré-regulamentar, tais como o trabalho temporário e o trabalho por diárias, as empreitadas, tradicionalmente formas muito utilizadas de emprego, mas que são "informais", não atendem às prescrições sociais. Em ambos os casos, seja no centro, seja na periferia, seja nas fronteiras do sistema, parece que a flexibilidade não foi capaz de resolver uma chaga histórica: o trabalho escravo e o trabalho servil. Nos países de centro, eles se encontram especialmente no meio de migrantes estrangeiros; nos países periféricos, em grandes atividades capitalistas na agropecuária, em serviços e setores industriais urbanos, entre outras precariedades com rasgo colonial.

Tão importante é a regulação social dos tempos e horários de trabalho que as expressões "flexibilidade pré-regulamentação" e "flexibilidade pós-regulamentação" encontram seus fundamentos no processo de constituição de direitos sociais pelo agente oficial, o Estado-nação, aos sujeitos trabalhadores. A entrada do Estado na questão social pode acontecer como veículo da regulação *a priori*, assim como pode *a posteriori*. Não são poucos os fatos sociais que, pela sua impetuosidade, tornam impossíveis o recuo e a não generalização para o conjunto da sociedade dos efeitos das lutas sociais. A legislação social sobre horas de trabalho nos Estados Unidos seguiu-se ao clamor da sociedade pela ação do Estado depois que um incêndio em uma fábrica de roupas de Nova York deixou como saldo nada menos do que 146 corpos carbonizados ou despedaçados pelo salto para a morte[27]. Não menos ilustrativa é a história brasileira da regulação da jornada de trabalho. O Estado nacional

---

[27] Ver o livro sobre a história da cidade de Nova York publicado por Ric Burns, James Sanders e Lisa Ades, *New York: An Illustrated History* (Nova York, Alfred A. Knopf, 1999), p. 276-293, em que descrevem tanto o incêndio da fábrica como o saldo de mortos. O mesmo livro sustenta que o processo legislativo de construção da regulação social da jornada de trabalho é reconhecido durante o governo do presidente Franklin Delano Roosevelt. O prédio onde ocorreu a tragédia pode ser visitado: Brown Building (originalmene Asch Building), 23-29 Washington Place (*aka* 245 Greene Street), Manhattan, construído em 1900-1901, projetado pelo arquiteto John Woolley. A Landmarks Preservation Commission mantém uma placa de identificação datada de 25 de março de 2003, Designation List 346. LP-2128.

somente age quando forçado pela ação dos movimentos sociais. A regulação social das oito horas diárias, 48 semanais, toma lugar depois de ondas de greves nas principais cidades do país, quando movimentos que tiveram a dimensão de verdadeiras greves gerais de alcance nacional, apenas ocorrendo em momentos diversos, em função das dificuldades de comunicação, impuseram contratos com horários reduzidos de trabalho, no começo do século XX. A mesma ação retardada do Estado acontece no segundo grande momento de diminuição da jornada semanal para 44 horas. Primeiramente, os movimentos sociais de trabalhadores assalariados conseguiram negociar jornadas menores do que as de 48 horas semanais, chegando em alguns casos de indústrias metalúrgicas a introduzir como resultado da negociação quarenta horas semanais. O Congresso Constituinte de 1986-8, em função do fato de que jornadas próximas a 44 horas foram implantadas pelas greves em grandes estabelecimentos, definiu que a legislação passasse a incorporar o número de 44 horas como norma. Vê-se que, frequentemente, o Estado só interfere na legislação social após a prática entre empregadores e empregados fixar determinado parâmetro como aceitável. Dessa forma, esquiva-se de realizar o complexo processo de negociação tripartite, envolvendo a si próprio, os representantes dos trabalhadores e os representantes dos empregadores. Trata-se, portanto, de uma ação tardia do Estado, *ex post*, curativa, e não de uma ação preventiva. É uma ação ratificadora, mais do que diretora, que abre e trilha caminhos novos. Os exemplos mencionados mostram a intervenção estatal *a posteriori*. Mas nem sempre é assim. O Estado pode assumir um papel de liderança e de abertura de caminhos novos. Dessa forma, a regulação social pode vir pelas mãos do Estado ou por suas costas, especialmente quando ele estiver virado de costas para a questão social.

Nos últimos anos, a expressão *work arrangement*[28] (em geral empregada no plural *work arrangements*, isto é, arranjos de trabalho)

---

[28] Ver o título do livro organizado por Isik Urla Zeytinoglu, *Flexible Work Arrangements: Conceptualizations and International Experiences*, cit. No mesmo livro, p. 272, a autora sustenta que o crescimento do trabalho flexível seria resultado de recessões, enfraquecimento da legislação trabalhista, respostas do mundo econômico a crescentes pressões competitivas e desenvolvimento econômico geral, com destaque para o crescimento do setor informal e mudança das economias para a base de serviços.

vem ganhando espaço no meio acadêmico[29]. Dotada de elevado grau de abstração, possibilita incorporar qualquer relação de trabalho, desde relações padronizadas e definidas completamente por regulamentações ou por negociações coletivas até relações laborais inteiramente flexíveis e, aparentemente, desprovidas de qualquer normatização social. Ao mesmo tempo que a abrangência do termo é muito grande, compreende o trabalho-padrão e o trabalho atípico, não implica imediatamente atores no processo. A ausência da referência a atores indica que arranjos de trabalho são abstrações. Em segundo lugar, arranjos pressupõem a ideia de volatilidade, estados passageiros, condição de não permanência, transitoriedade. Em terceiro lugar, arranjos de trabalhos ganharam espaço pela completa ausência a qualquer referencial ideológico. Arranjos são simplesmente arranjos. Não têm direita nem esquerda. Não são capitalistas nem socialistas. Nem conservadores nem radicais. Tampouco pertencem a uma classe, gênero ou cor dos agentes. Arranjos são uma noção completamente neutra, em sua aparência, e aideológica. Talvez nesta última razão se encontre a principal justificativa pela qual a expressão ganhou foros tão amplos e tão rapidamente.

Mais recentemente encontra-se a tentativa[30] de organizar a flexibilidade em duas categorias, a saber, a flexibilidade na duração e a flexibilidade na organização do tempo de trabalho. A primeira compreende as modalidades de distribuição dos horários em tempo parcial, horas extras e horas longas, enquanto a segunda envolve os horários, o trabalho em casa e os horários atípicos. A classificação é bastante eficaz no sentido de agrupar as modalidades de distribuição das horas laborais, mas não dá conta da quantidade e da diversidade de formas de distribuição flexível de horas de trabalho que são

---

[29] Cf. também David Bell e Peter Elias, "The Definition, Classification and Measurement of Working Time Arrangements: A Survey of Issues with Examples from the Practices in Four Countries", em *Conditions of Work and Employment Series*, n. 4, Conditions of Work and Employment Programme (Genebra, International Labour Organization, 2003).

[30] Janneke Plantenga e Chantal Remery, *Flexible Working Time Arrangements and Gender Equality: A Comparative Review of 30 European Countries* (Luxemburgo, Publications Office of the European Union, 2010), p. 39-64.

encontráveis no contexto mundial, a exemplo da modalidade 12/36 horas, muito utilizada no Brasil.

Flexibilidade com direitos e sem direitos

A alentada lista de significados onde o termo "flexibilidade" apresenta no contexto prático a forma capitalista de organização do trabalho demonstra como é difícil, senão impossível[31], chegar a um conceito unificado de flexibilidade. Entre as alternativas possíveis, há o caminho de estudar a flexibilidade de tempos e horários como parte de um processo maior de transformação das relações de trabalho em

---

[31] Isik Urla Zeytinoglu, *Changing Work Relationships in Industrialized Economies*, cit., busca apresentar um conjunto de generalizações que estavam emergindo, a saber, em torno de 1999, quando o livro foi publicado.

"As relações de trabalho vêm mudando nas economias industrializadas mais ou menos no mesmo sentido. Tempo parcial, o trabalho por contrato temporário, o teletrabalho (trabalho à distância) e o trabalho autônomo sem empregado são tipos de trabalho comuns que vêm surgindo nos países em análise. [...] (N)os países industrializados, as relações de trabalho têm mudado de tal modo que o emprego contínuo, de tempo integral, das nove às cinco da segunda à sexta deixaram de ser norma. Hoje, regimes de trabalho flexível têm maior parte na tendência majoritária do que há uma década." Ibidem, p. xviii.

"Entre todos os países em análise, mudança estrutural na economia é vista como fator importante que influencia a criação de regimes de trabalho flexível." Ibidem, p. xix.

"Em termos de condições de trabalho, em comparação com suas alternativas de empregabilidade contínua de tempo integral, o emprego em regimes flexíveis fora do padrão provê condições de trabalho inferiores, salários e benefícios menores, seguridade social (do trabalho) menor e menos benefícios acumulados por velhice. Essa polarização da força laboral é percebida, em termos gerais, em todos os países e regiões aqui estudados." Ibidem, p. xix.

"A sindicalização aumenta os ganhos dos trabalhadores e cria segurança empregatícia. Nos casos em que há dados disponíveis, vemos que, entre os trabalhadores em regimes de trabalho flexível, os índices de sindicalização são menores do que entre seus colegas com emprego fixo de tempo integral." Idem.

Em relação ao próximo item, vale esclarecer que não é adequado generalizar a ideia de que os governos estão tentando um "equilíbrio delicado" entre interesses de trabalhadores e de empresas, uma vez que nem todas as políticas públicas são democráticas e justas.

"Por fim, os colaboradores deste livro demonstram que medidas de políticas públicas internacionais, regionais e nacionais estão tentando chegar a um equilíbrio delicado entre defender os trabalhadores em regimes de trabalho flexível e conceder aos patrões flexibilidade para serem competitivos e gerarem empregos." Ibidem, p. xix-xx.

que as modalidades ou formas concretas de aplicação de flexibilidade representam papéis específicos no processo de produção e circulação de valores na sociedade capitalista com as respectivas implicações. A regulamentação é um elemento-chave do estudo da transformação do trabalho em tempo integral e com direitos para o trabalho flexível sem direitos. Direitos sociais são pauta essencial para os trabalhadores. Assim como foi possível revestir o trabalho de tempo integral com o manto dos direitos sociais, da mesma maneira será possível dotar os trabalhos flexíveis dos direitos já conquistados e outros a advir. O que é melhor para os trabalhadores: jornadas integrais repetitivas ou jornadas flexíveis? Se jornadas integrais associam salários plenos, jornadas flexíveis comportam horários reduzidos. Empresários e administradores do capital raciocinam diversamente. Que tipo de distribuição das horas laborais alcança o objetivo de render mais valor: horários integrais repetitivos ou horários flexíveis?

III
TEMPOS FLEXÍVEIS E CONHECIMENTO

O conceito de tempo de trabalho

TODA ATIVIDADE humana realizada para transformar a natureza e o universo com vistas a desenvolver a vida[1] é trabalho[2], realizado dentro das condições insubstituíveis de tempo, espaço, tecnologias e relações sociais.

De tais condições estruturais, interessa a de tempo. Tempo compreende, ao menos, duas dimensões: a física e a social. A dimensão física foi desenvolvida no curso da história por observadores da natureza e pesquisadores de várias áreas de conhecimento de modo que se tenha acesso a medidas de exatidão, que servem, entre outras coisas, para organizar a vida em sociedade e para estabelecer até a compreensão, de algum modo, do universo. A dimensão social aparece na aplicação de noções de tempo, medidas e entendimentos daí derivados para a ordenação do convívio social. Tempos sociais

---

[1] Desenvolveu-se, com o passar do tempo, um grande setor de produção de armas e de meios destrutivos. A produção bélica faz parte da contabilidade dos produtos nacionais. Em termos de capital, há produção de valores. Emerge, entretanto, um problema moral da maior relevância: As atividades desse setor devem ser consideradas trabalho como as demais? Como considerar produtiva uma atividade que produz bens de destruição?

[2] Cf. verbete "trabalho", a cargo de Elida Rubini Liedke, no *Dicionário de trabalho e tecnologia*, organizado por Antonio David Cattani e Lorena Holzmann (Porto Alegre, Editora da UFRGS, 2006), e especialmente Karl Marx, *O capital: crítica da economia política*, Livro I: *O processo de produção do capital* (São Paulo, Boitempo, 2013).

aparecem nos escritos de autores[3] da sociologia, economia, antropologia e outras áreas de ciências humanas e sociais, não sendo menos relevante a categoria de tempo nas obras de músicos, poetas e literatos.

No presente livro, os dois termos gerais e abstratos, tempo e trabalho, são unidos formando a expressão tempo de trabalho. Em relação à complexidade da vida social, tempo de trabalho representa uma redução, uma parte, pois a vida é maior do que o trabalho. Para a maioria da população, a vida inclui, em proporções variáveis, tempos de trabalho e de não trabalho. Na teoria do valor-trabalho, tempo de trabalho tem a peculiaridade ímpar de representar a quantidade de valor produzido na sociedade[4]. É empregado como a medida da capacidade transformadora da natureza e do próprio ser humano. Assume o trabalho em sua dimensão de temporalidade, o que lhe confere um caráter de movimento e mudança e o transforma em objeto histórico. Dos tempos sociais fixa o olhar sobre os tempos de trabalho e as questões que o envolvem. No começo do século XXI, quando a modernidade atinge seu ponto máximo, o cidadão gasta em média um terço, senão metade, de sua vida em atividades laborais.

Nas teorias sociais[5] e nas teorias econômicas clássicas e neoclássicas[6], tempo de trabalho é uma categoria de elevado grau de centralidade,

---

[3] O livro de Norbert Elias, *Sobre o tempo* (Rio de Janeiro, Zahar, 1998), contém uma visão sociológica processual construída historicamente por meio de processos continuados e elevados de abstração do tempo e seus componentes. Essa interpretação confronta-se com entendimentos próprios da filosofia (Kant assume as categorias de tempo e espaço como pressupostos ontológicos), da física e da astronomia em suas preocupações com as medidas exatas do tempo, de cujos elementos necessitamos todos para organizar e levar avante a vida social cotidiana em todo o planeta. Sua contribuição para o tema do trabalho em particular dos tempos laborais é menor.

[4] Karl Marx, *O capital*, Livro I, cit.

[5] Em Durkheim, os tempos sociais são divididos em tempos sagrados e tempos profanos; em Norbert Elias, há a tentativa de construção processual e sociológica do tempo.

[6] Ver Willian Stanley Jevons, *A teoria da economia política* (São Paulo, Abril Cultural, 1983); Gary S. Becker, "A Theory of the Allocation of Time", em *Economic Journal*, n. 75, 1966; Lonnie Golden, "The Effects of Working Time on Productivity and Firm Performance: a Research Synthesis Paper", em *Conditions of Work and Employment Series*, n. 33, 2012 (Genebra, ILO, 2012); Sangheon Lee, Deirdre McCann e Jon C. Messenger, *Working Time around the World: Trends in Working Hours, Laws and Policies in a Global Comparative Perspective* (Londres, Routeledge, 2009).

muito embora somente na teoria do valor-trabalho todo o valor resulte do trabalho em ação.

Relações entre trabalho e vida

Tempo de trabalho suscita questões do trabalho iluminadas pela luz do tempo. É o trabalho observado e modificado pela qualidade e pela condição de temporalidade que inclui, ainda que não se limite a eles, o curso do antes, durante e depois. Toda pessoa dedica parte do tempo de sua vida ao trabalho. Algumas, razão pela qual se chamam trabalhadores, muito mais do que outros, tanto em número de pessoas como na duração do labor.

Tempo de trabalho não é equivalente a tempo de vida. Distinguem-se. Tempo de trabalho é o tempo da vida humana que se desdobra na ativação de sua capacidade de transformação do universo, dado que, para viver, o ser humano é premido a transformar o universo. É preciso conceber a bíblica transformação do universo como mandato divino para o desenvolvimento humano não no sentido utilitarista e finalista de dominação, conforme a epistemologia desenvolvida durante o período da Revolução Industrial, mas como uma transformação no sentido de quem é parte[7] e não apenas dominador do Universo. O ser humano como ser transformador é acrescido da extensão "junto com". Se destruir as condições de sustentabilidade do universo, ele destrói a si mesmo. Desenvolver-se "junto com" o universo cria condições para o crescimento humano junto com uma natureza de qualidade superior.

As ciências sociais foram palco de importantes formulações envolvendo tempo de trabalho e tempo de vida. Tais polêmicas já são suficientemente conhecidas e por isso não receberão tratamento crítico adicional. Basta mencionar que a concepção de emancipação que separa o sistema das atividades econômica e política

---

[7] Ilya Prigogine e Isabelle Stengers, *A nova aliança: metamorfose da ciência* (Brasília, Editora da UnB, 1991), é um desses livros capazes de suscitar inúmeras questões relativas à compreensão do ser humano como parte inseparável do universo e não apenas como seu dominador, como interpretações bíblicas podem dar a entender.

do "mundo da vida" foi recentemente criticada[8] por ser inviável conceber uma região do indivíduo ou da sociedade, um mundo da vida, não sujeita a disputas, controvérsias e contradições do sistema da funcionalidade.

Se essa concepção particular do "mundo da vida" constitui uma ideia com problemas, nem por isso as relações entre vida e trabalho são categorias cujo destino é a lata do lixo. Com efeito, vida possui um poder crítico em relação a trabalho, como transparece na expressão "vida é mais do que trabalho", empregada frequentemente para denunciar exploração. A expressão "fazer da vida trabalho" carrega o mesmo sentido denunciador de opressão quando o trabalho ocupa os tempos da vida a tal ponto que viver significa trabalhar. O inverso também é verdadeiro, pois trabalho cria, promove a vida. A vida humana não teria conseguido alcançar os níveis de desenvolvimento que atingiu, se não fosse a capacidade de transformação contida na habilidade laboral.

A completa junção entre tempo de vida e tempo de trabalho somente é possível em máquinas, autômatos, robôs, androides, não em seres humanos. Os seres humanos podem emprestar uma parte limitada do tempo de suas vidas ao trabalho, condição que cada vez mais anseiam reduzir. Se, com o objetivo de alcançar maiores ganhos, são submetidos a atividades para além da capacidade de resistência, os sujeitos trabalhadores entram em processo de adoecimento, chegando, em casos extremos, à morte por excesso de trabalho. Entre outros fatores, está a razão da luta invisível pelo controle do tempo de trabalho que atravessa os séculos.

---

[8] David Harvey, *Spaces of Global Capitalism*: *Towards a Theory of Uneven Geographical Development* (Nova York/Londres, Verso, 2006), p. 82, confronta a Escola de Frankfurt e a proposta de "mundo da vida" de Habermas: "Sou simpático àquela meta em geral, mas creio ser errôneo e autodestrutivo supor a existência de um espaço de 'mundo da vida' heterotópico ou segregado, ilhado à parte das relações sociais e das concepções capitalistas. Aceitar essa separação entre o mundo da vida e o sistema exigiria abandonar tudo o que Marx nos ensinou a respeito de princípios de investigação no materialismo histórico. Marx buscava o conhecimento crítico do cotidiano. 'Uma crítica implacável de tudo o que existe' [...] É indesejável ver a vida cotidiana e o mundo da vida como algo 'à parte' da circulação do capital. Quase tudo [...] nos chega em forma de mercadoria [...] e nessas circunstâncias o corpo torna-se 'uma estratégia de acumulação' [...] Isso vale inclusive para povos que tentam subsistir com menos de $2 por dia".

Fronteiras entre tempos de trabalho e tempos de não trabalho, ruptura e invasão

A divisão entre trabalho e vida não corresponde às categorias de tempos de trabalho e tempos de não trabalho, conforme já explicitado alhures[9]. Tempos de não trabalho incluem tempos de desemprego, entre outras atividades não edificantes. Isoladamente, a categoria tempos de não trabalho não contém um sentido ético de algo mais elevado a ser preservado, tal como contido na categoria de atividades edificantes.

As representações de territórios, espaços ou áreas, emprestadas da geografia, mostram-se adequadas para descrever trabalho, não trabalho e suas fronteiras móveis. Além dessa força descritiva, as expressões detêm poder crítico. Com efeito, na contemporaneidade, particularmente na era chamada de flexibilidade, os tempos de trabalho podem invadir os tempos de não trabalho e alterar as fronteiras entre ambos. Dessa forma, a mudança das linhas das fronteiras fornece um elemento descritivo e ético para analisar a evolução dos tempos de trabalho. Para prover um sentido ético e crítico de sendeiro para incremento da autonomia do ser humano trabalhador sobre as lides obrigatórias cotidianas que transformam a vida em trabalho constante, requer-se a expressão de tempos edificantes e não apenas de não trabalho.

A luta para avançar os tempos de não trabalho edificantes em relação aos tempos de trabalho em geral é uma das pugnas históricas mais relevantes travadas invisivelmente dia a dia, hora a hora, fazendo avançar a autonomia individual e coletiva dos sujeitos sobre o trabalho em contraposição à heteronomia de decisão do trabalho impositivo para realizar acumulações sem-fim e que terminam nas mãos da classe que controla o poder.

As categorias de tempos de trabalho e tempos de não trabalho estão presentes de forma mais aguda no debate que envolve a transição entre trabalho fixo e trabalho mutável. O trabalho fixo e repetitivo construiu-se historicamente incluindo o componente dos direitos sociais. Já a flexibilidade contém intrinsecamente a possibilidade de retirar

---

[9] Ver Sadi Dal Rosso, *A jornada de trabalho na sociedade: o castigo de Prometeu* (São Paulo, LTr, 1996).

e evitar direitos, por serem contratos polêmicos cuja peculiaridade de naturezas, ordens e relações ainda não foi inteiramente definida pelo direito[10], muito embora para quem trabalha tal problema não se manifeste. Emergem diferentes cenários problemáticos ao se descer para a análise detalhada das formas de flexibilidade, revelando sua potencialidade para discussão sociológica. Contratos de tempos parciais podem representar não um avanço na autonomia diante da compulsão laboral, mas a fonte de desigualdades e distinções, que atingem categorias de trabalhadores e trabalhadoras. A flexibilização de empregos informais de contratos diários põe em risco, ou simplesmente elimina, direitos conquistados pelos sujeitos trabalhadores em lutas centenárias.

Organização dos tempos laborais

Horários laborais são a objetivação concreta dos tempos laborais, distribuídos em determinados momentos do dia ou da noite. Exercendo papel tão relevante, a distribuição das horas e seu cumprimento estrito constituem preocupação para administradores e gerentes das corporações. Não menor é a atenção dada a ela por dirigentes sindicais e ativistas de movimentos sociais. E, acima de tudo, é de interesse máximo dos trabalhadores e das trabalhadoras. As renhidas disputas políticas em torno da proposta de introdução do funcionamento de 24 horas em ramos do comércio, bem como do trabalho em fins de semana e feriados em serviços no Brasil, ilustram essa tese. A distribuição flexível das horas laborais surgiu como um componente distinto da rigidez do trabalho, introduzindo um conjunto de propostas que foram e são objeto de disputas na arena política.

Na teoria do valor, os tempos de trabalho, em suas dimensões de duração e intensidade, constituem a medida do valor. A pergunta

---

[10] Seria o caso da triangulação que envolve um sujeito trabalhador de empresa terceirizada de um país, que presta serviços para outra empresa contratante de capital internacional e que opera em território de um terceiro país. A quem desses empregadores cabe a responsabilidade e à legislação de qual país ele está sujeito? Sob o prisma do valor, essa é uma questão de somenos relevância, dado que o trabalho é efetivado e o valor, produzido.

daí decorrente é se a distribuição dos tempos laborais em geral, e, em particular, a distribuição flexível, também exerce algum papel ou cria alguma contradição no campo do valor. Há algum lugar na dimensão de valor, para além de duração e intensidade, que pode ser ocupado pela alocação das horas? Por que então as empresas aderem tão avidamente a esquemas de trabalho flexível no mundo contemporâneo? Por que então flexibilidade faz tão bem ao capitalismo a ponto de ser recomendado por assessorias empresariais e por governos?

No correr do tempo, a distribuição das horas laborais pode mudar de forma, como se depreende da evolução dos horários em largos períodos de tempo. A alteração da distribuição das horas laborais de alocação repetitiva para móvel, que constitui o objeto de pesquisa deste livro, é guiada pela hipótese de que tal mudança ocorre por razões substantivas relacionadas à produção do valor. A meta é reconstruir tais relações nas modalidades específicas de distribuição laboral flexível, comparativamente ao trabalho em jornadas integrais, não constituindo preocupação, como já afirmado, o estudo da duração das lides laborais[11] e o grau de sua intensidade[12]. A preocupação é com a distribuição das horas laborais.

Com efeito, boa parte da literatura[13] sobre alocação das horas laborais opera com o entendimento de que estaria em curso na sociedade contemporânea um processo de profunda transformação das relações de trabalho, que é representado pela dissolução do regime de trabalho regulamentado de tempo integral, marca dos países desenvolvidos no Estado de bem-estar social, e pela introdução do regime de trabalho

---

[11] Tratamento sobre esse assunto já foi desenvolvido em outra publicação. Sadi Dal Rosso, *A jornada de trabalho na sociedade*, cit.

[12] O tema da intensidade foi objeto de estudo no livro de Sadi Dal Rosso, *Mais trabalho!: a intensificação do labor na sociedade contemporânea* (São Paulo, Boitempo, 2008).

[13] Ver Isik Urla Zeytinoglu, *Changing Work Relationships in Industrialized Economies* (Amsterdã/Filadélfia, John Benjamins, 1999) e *Flexible Work Arrangements: Conceptualizations and International Experiences* (Haia, Kluwer Law International, 2002); Isik Urla Zeytinoglu e Gordon B. Cooke, "Summary, Implications and Future Research Directions of Flexible Work Arrangements", capítulo 16, em Isik Urla Zeytinoglu (org.), *Flexible Work Arrangements: Conceptualizations and International Experiences* (Haia, Kluwer Law International, 2002); Lonnie Golden, *The Effects of Working Time on Productivity and Firm Performance: a Research Synthesis Paper*, cit.

com horários flexíveis e desregulamentados. A principal questão empírica consiste em saber se está em curso tal transição em todos os contextos do sistema capitalista mundial, em seus centros, subcentros e contextos mais empobrecidos, interpretando seu significado e implicações, conflitos e contradições. Às questões factuais e empíricas do que está ocorrendo na sociedade atual, sobrepõe-se o debate sobre o significado teórico desse processo, as razões e bases de explicação.

A ótica da divisão do sistema mundial

Essa pesquisa observa o mundo a partir da ótica de um país que não faz parte totalmente das periferias do capitalismo, assim como não faz parte dos centros mundiais. O Brasil ocupa um lugar econômico intermediário. No seu interior, apresenta componentes mais dramáticos da periferia social e econômica mundial, tal como a sobrevivência do trabalho escravo e da miséria. Por outro lado, possui uma grande base econômica, apoiada em uma força de trabalho jovem e ampla. Se o país não faz parte do Grupo dos Sete, integra o Grupo dos Vinte, que reúne países do círculo central e do segundo círculo do capitalismo mundial. Empresas brasileiras operam na América Latina e na África, assim como nos Estados Unidos e no Canadá.

A opção por ver o mundo a partir de diferentes óticas regionais e mundiais não significa politizar a pesquisa. Trata-se de uma posição de realidade. Vive-se abaixo da linha do Equador e a partir daqui se veem as questões das cargas laborativas horárias e sua distribuição, assim como pesquisadores europeus e estadunidenses, africanos e asiáticos veem o mundo de seu lugar e ângulo de observação. Justifica-se pelo simples fato de ser um contexto menos explorado pela pesquisa. A perspectiva dos subcírculos externos e das periferias também está presente na decisão deste estudo de valer-se da análise empírica da flexibilização das horas laborais do contexto brasileiro, dentro dos limites impostos pelo uso de uma fonte de informação importante, mas limitada, que são os censos demográficos. O leitor poderia duvidar com justeza se o Brasil representaria adequadamente a "periferia" do sistema capitalista, ou se não seria um país "em desenvolvimento", um "subcentro" ou "subimpério" do capitalismo mundial. Em que pese tal decisão empírica, o processo de transição para jornadas de tempo integral regulamentadas nem sequer se completou no Brasil. O país apresenta, pois, um processo diversificado dos países industrializados. Naqueles, ocorreria a transição do tempo integral para os tempos flexíveis; neste, dos tempos não regulamentados para os regulamentados. Situações muito diversas ocorrem nas periferias do sistema capitalista, que, embora sendo periferias, não deixam de ser capitalistas. Por outro, a legitimidade do estudo da flexibilidade no contexto brasileiro não pressupõe que todos os países da "periferia" apresentem os mesmos resultados empíricos, nem tenham processos de transformação idênticos. Haverá diversidade entre países periféricos, como existem entre países centrais, entre outras razões, pelas intervenções dos Estados nacionais e pelas especificidades históricas. A maioria absoluta dos estudos conhecidos é realizada nos contextos dos países industriais de capitalismo inicial[14]. Contudo, o que se pesquisou nos países centrais não se derrama nem se aplica a países periféricos da mesma maneira. A afirmação aplica-se a direitos do trabalho, também. A mundialização contemporânea tornou o mundo mais próximo, bem como a forma capitalista de organizar o trabalho e distribuir o tempo. Observar esse processo de globalização a partir da ótica de países centrais tem implicações diferentes de realizar o mesmo processo de observação a partir do lugar de visão de outro lugar do mundo e da periferia. Trata-se de estudar o mesmo processo, mas de um ponto de observação distinto, o que possibilita captar sinais, fatos, realidades e contradições que não se observam quando o pesquisador está localizado no centro da organização mundial.

Se a jornada regulamentada de trabalho pleno, oito horas ao dia, cinco dias por semana, fornece uma quantidade de trabalho jamais equalizada na história humana em termos de regularidade, como então compreender que, ao final do século XX, começasse a ser questionada sua validade como instrumento adequado para produzir valores eco-

---

[14] A distinção entre capitalismo inicial e capitalismo recente permite a compreensão de um processo histórico longo, em curso até os dias de hoje. Recentemente, as experiências chinesa, russa e de outros países do Leste Europeu e da África representam o capitalismo pós-socialista em diversos níveis de integração no sistema mundial.

nômicos, indispensáveis à acumulação capitalista global? Quais os fundamentos críticos à jornada de trabalho pleno? Como interpretar que a mudança na distribuição dos tempos laborais de rígidos para flexíveis tenha recomposto, ou não, as condições de acumulação do capitalismo globalizado? Tempos flexíveis são uma necessidade para as empresas? Que papel desempenham? As jornadas de tempo integral são insubstituíveis? Efetivamente, a economia capitalista está entrando em uma fase de reorganização do processo de trabalho, no qual a componente das horas de trabalho e sua distribuição no espaço do dia ou da noite, dos dias de trabalho ou dos fins de semana e dos feriados, dos meses ou dos anos, precisam ser modificadas e alteradas mediante formas flexíveis de organizar o trabalho?

Controle e autonomia na divisão dos horários laborais

Quem controla a distribuição das horas laborais: o empregador ou o trabalhador? A distribuição dos tempos laborais coloca frente a frente empregadores e assalariados. Tal qual se observa na dimensão de duração, o trabalhador assalariado tampouco controla a distribuição dos tempos laborais. Trabalhadores por conta própria e familiares, que não dependem de salário, aparentemente gozam de maior autonomia, embora na realidade sejam pressionados por outros fatores, como produzir renda suficiente para si e para a família, o que implica trabalhar mais longamente.

Recentemente, a expressão "flex-seguridade"[15] entrou no cenário mundial com a missão de defender os direitos do trabalho em tempos de regimes flexíveis. Os regimes flexíveis são aceitos como prática laboral normal, se preservados os direitos laborais A manutenção dos direitos nos horários flexíveis é uma reivindicação importante e em torno deles ocorre toda a disputa. Porque, entre as vantagens que o neoliberalismo aponta para as empresas, está o barateamento da força de trabalho flexível à custa de direitos. Em torno dos direitos estabelece-se um primeiro espaço de confronto, uma contradição entre trabalhadores e empregadores. Além disso, a política de flex-seguridade

---

[15] O termo "flex-seguridade" é empregado tanto pela OIT como pela Eurofoundation.

não enfrenta a questão do controle real sobre a duração e a distribuição das horas laborais em horários não sociais, a autonomia do trabalhador, e também não se refere às condições de trabalho, como trabalhar em horários hostis aos hábitos dos trabalhadores.

Constitui incoerência do sistema que, para ser flexível, é necessário ser rígido. Isso decorre do fato de que as decisões são tomadas pelos empregadores, não restando espaços de autonomia para os trabalhadores. Na alocação dos tempos laborais, prevalece a heteronomia. O regime flexível é, também, fonte de desigualdades. Há quem trabalha excessivamente e gostaria de trabalhar meio período, mas não pode. E há aqueles que trabalham pouco e gostariam de trabalhar mais, porém também não podem. Os trabalhadores não controlam a distribuição das horas laborais. No esquema da heteronomia, é preciso ser rígido para ser flexível.

Como o tempo de vida é o bem de mais alta importância, surgem conflitos, disputas, em relação ao controle do tempo da vida pela sociedade e suas formas de estruturação, as classes e os grupos. Entra em ação uma dialética não apenas entre os indivíduos, como igualmente entre as classes e as organizações, tendo como base a autonomia ou heteronomia do controle dos tempos de vida.

Os seres humanos possuem enorme capacidade intelectiva, criativa e laborativa, que, juntas, constroem as condições da vida material e imaterial. O processo civilizatório determina a duração e a distribuição das horas laborais e é possível observar se aumenta a autonomia ou a heteronomia no controle das horas laborais pelos trabalhadores[16].

Tempo e conhecimento

Como são tratadas pelas áreas do conhecimento as questões relativas à distribuição das horas laborais? A teoria econômica convencional rege os debates sobre tempos laborais. Prevalente

---

[16] Percorre as fantasias estudantis a vaga noção de que a sociedade moderna é mais avançada que as tradicionais. Mas se esquecem de observar que a sociedade moderna também é aquela que exige a maior parte da vida dos indivíduos dedicada ao trabalho. O termo "dedicada" é autoexplicativo, visto que dedicar é também o ato de oferecer aos deuses, aos seres superiores, os dons que se têm.

na atualidade, altamente sofisticada no suporte metodológico, ela deriva, entretanto, originariamente, de categorias como utilidade[17], liberdade de ação e importância dos processos subjetivos na definição do valor. Em relação às jornadas laborais, ainda no século XIX foram formuladas as proposições do efeito renda, que induz os trabalhadores, por receberem mais, a assumir mais horas de trabalho, e do efeito substituição, pelo qual, a partir de determinadas condições, eles substituem renda por lazer[18]. Na terceira década do século XX, as propostas de intervenção do Estado[19] para manter o desenvolvimento do capitalismo e gerar trabalho e emprego impuseram-se como teoria hegemônica. Na metade do século XX, os efeitos renda e substituição foram atualizados por meio do conceito unificador de custo de oportunidade do tempo[20]. Nos anos 1970, em meio à crise que atingiu o centro do capitalismo mundial, as propostas desenvolvimentistas perderam espaço para o pensamento liberal, o qual advogava a plena liberdade como razão da economia, criticava sindicatos como agentes exteriores ao processo econômico e combatia a regulação estatal e a negociação coletiva. A noção de flexibilidade em seus múltiplos sentidos e de flexibilidade de tempos laborais em particular serviu como suporte para políticas de criação de postos de trabalho em modalidades flexíveis de distribuição laboral, as quais se caracterizavam por tratar horários não convencionais como fins de semana, horários vespertino e noturno, domingos e feriados, variação nos períodos de início e fim dos horários laborais e outras formas flexíveis imagináveis. Flexibilizar significa remover empecilhos criados pelo Estado, sindicato, movimentos sociais e permitir que a economia funcione em seu estado perfeito, natural, livre de regulamentações.

Atualmente, a matriz neoclássica nas adesões neoliberais, pós-neoliberais, keynesianas, desenvolvimentistas e pós-desenvolvimentistas domina a produção de conhecimento em economia do trabalho e em

---

[17] Jeremy Bentham, *Os pensadores* (São Paulo, Abril Cultural, 1979).

[18] Willian Stanley Jevons, *A teoria da economia política* (São Paulo, Abril Cultural, 1983).

[19] John Maynard Keynes, *A teoria geral do emprego, do juro e da moeda* (São Paulo, Nova Cultural, 1985).

[20] Gary S. Becker, "A Theory of the Allocation of Time", cit.

estudos sobre tempos laborais. Mas, como ideia dominante, reduz o espaço da crítica e perde a força contestadora diante das desigualdades que se insinuam como processos naturais. A crítica sobre o pressuposto da voluntariedade dos trabalhadores[21] ante a duração e a distribuição das jornadas de trabalho, todavia, é uma contribuição significativa recente. O problema da voluntariedade emerge de depoimentos de trabalhadores ao responder a entrevistas e questionários que possibilitam a explicitação livre de críticas às condições de trabalhos, às imposições das cargas laborais e à autonomia em face da determinação de horários, abrindo caminho para a contestação tanto da flexibilidade como da rigidez na determinação de horários.

A outra formulação teórica que fornece bases para o estudo das horas laborais é a teoria do valor-trabalho. Todo o valor econômico produzido pela sociedade provém do tempo de trabalho médio e socialmente necessário empregado na produção de mercadorias. A concepção tem enraizamento alentado na história antiga e medieval[22] e na economia política inglesa[23]. No século XIX, foi aperfeiçoada, complementada e ressignificada com a teoria materialista do mais-valor na elaboração-síntese feita por Marx[24]. Com a dialética das contradições, a teoria ganha dimensão política revolucionária[25], implementada na prática pela Revolução bolchevique, que apresenta a redução inédita da duração laboral[26], diária e semanal, como uma das primeiras decisões. No século

---

[21] Ver o relatório sobre horas flexíveis elaborado para a OIT. Mas Lonnie Golden, seu autor, não faz referência a estudos significativos de países da periferia. É um dos seus pontos fracos. Ainda assim, seu texto é importante quanto ao desenvolvimento da involuntariedade de decisão dos trabalhadores sobre as cargas horárias como problema teórico.

[22] Daniel Mercure e Jan Spurk, *O trabalho na história do pensamento ocidental* (Petrópolis, Vozes, 2005).

[23] Adam Smith, *A riqueza das nações: Investigação sobre sua natureza e suas causas* (São Paulo, Nova Cultural, 1985); David Ricardo, *Princípios da política econômica e tributação* (São Paulo, Nova Cultural, 1996).

[24] Karl Marx, *O capital*, Livro I, cit.

[25] Karl Marx e Friedrich Engels, *A ideologia alemã* (São Paulo, Boitempo, 2007).

[26] Ver Natalia Rimashevskaya e Olga Vershingskaya, "URSS", em G. Bosch, P. Dawkins e F. Michon (eds.), *Times are Changing: Working Time in 14 Industrialised Countries* (Genebra, International Institute for Labor Studies, 1993).

XX, valem mencionar a teoria do fetiche social[27] e o desenvolvimento da teoria do emprego[28] no interior da teoria do valor-trabalho. A teoria da dependência[29], produzida, majoritariamente, por intelectuais da América Latina, representa um esforço de desenvolvimento da teoria da exploração, implícita na categoria de mais-valor. A teoria da dependência executa um salto ao propor a categoria de superexploração[30], própria de contextos em que os trabalhadores recebem salários abaixo da média necessária para sua reprodução. Na década de 1990, efetiva-se a derrocada do regime socialista e comunista vigente, em função de erros, tais como o centralismo político, o problema democrático e a falta de autonomia dos trabalhadores para organizar o trabalho. Tal fato histórico teve o efeito de separar a teoria do regime concreto e de liberar sua capacidade crítica. O desenvolvimento da teoria fica a cargo de intelectuais[31], que, isoladamente ou em grupos[32] e mirando-se em

---

[27] Isaak Illich Rubin, *A teoria marxista do valor* (São Paulo, Polis, 1987).

[28] John Maynard Keynes, *A teoria geral do emprego, do juro e da moeda*, cit.; Michal Kalecki, *Teoria da dinâmica econômica. Ensaio sobre as mudanças cíclicas e a longo prazo da economia capitalista* (São Paulo, Nova Cultural, 1985); Joan V. Robinson, *Ensaios sobre a teoria do crescimento econômico* (São Paulo, Nova Cultural, 1985); Michael Piore e Charles F. Sabel, *The Second Industrial Divide: Possibilites for Prosperity* (Nova York, Basic Books, 1984).

[29] Sales Augusto dos Santos, *Educação, um pensamento negro contemporâneo* (Jundiaí, Paco, 2000); Vania Bambirra, *A teoria marxista da transição e a prática socialista* (Brasília, Editora da UnB, 1993); Jaime Osorio, *Teoria marxista de la dependência: historia, fundamentos, debates y contribuciones* (Buenos Aires, Ediciones UNGS, 2016); Raphael Lana Seabra, *A via venezuelana ao socialismo* (Curitiba, CRV, 2015).

[30] Ruy Mauro Marini, *Disléctica de la dependência* (México, Era, 1973) e "Plusvalia extraordinária y acumulación de capital", em *Cuadernos Politicos*, n. 20, 1979; Fábio Marvulle Bueno, *A superexploração do trabalho: polêmicas em torno do conceito na obra de Ruy Mauro Marini e a vigência na década de 2000* (Tese de Doutorado, Departamento de Sociologia da UnB, Brasília, Universidade de Brasília, 2016); Raphael Lana Seabra, *A via venezuelana ao socialismo*, cit.

[31] Sobre transição, ver Istvan Mészáros, *Para além do capital: rumo a uma teoria da transição* (São Paulo, Boitempo, 2002); Slavoj Zizek, "How to Begin from the Beginning", em *New Left Review*, n. 57, 2009; Ricardo Antunes, *Adeus ao trabalho? Ensaio sobre as metamorfoses e a centralidade do mundo do trabalho* (São Paulo, Cortez, 2010).

[32] O Grupo de Estudos e Pesquisas sobre o Trabalho (GEPT), Departamento de Sociologia, Instituto de Ciências Sociais, da Universidade de Brasília, organiza, a cada dois anos, o Encontro Internacional Teoria do Valor-Trabalho e Ciências Sociais, abrindo possibilidades para o desenvolvimento de aspectos da teoria do valor. Ver <unbgept.blogspot.com>.

movimentos sociais, tentam reencontrar o caminho para a emancipação no contexto do capitalismo global.

Este livro procura avançar o conhecimento sobre o componente da distribuição das jornadas laborais, com a hipótese de que elas produzem efeitos específicos e próprios sobre o valor das mercadorias e dos serviços e, consequentemente, sobre o processo de acumulação, mediante a redução, senão a completa retirada, dos espaços de não trabalho do interior das jornadas laborais e a incursão sobre novos tempos de não trabalho, agregando à esfera da mercadoria novos valores, tempos que costumeiramente seriam empregados em lazer, descanso ou o que quisessem os trabalhadores.

Como qualquer outra manifestação da realidade, os tempos e os horários laborais aparecem, no campo da pesquisa, como construções concretas e resultados de construções teóricas, como indicado no esboço histórico acima delineado sobre a evolução do valor. São, a sua vez, objetos reais e objetos de pensamento[33], construções diversas, embora não a tal ponto que não mantenham nenhuma ponte de conexão entre ambas. As manifestações empíricas, segundo a experiência acumulada, podem verificar, refutar e ilustrar, ofuscar e iludir o conhecimento. Na construção sociológica contemporânea, o empírico na forma como se manifesta é captado como senso comum, pleno de interpretações ideológicas e religiosas e de outra natureza, de tal modo que precisa ser submetido a um processo de desconstrução e de questionamento. Vale ilustrar que a ilusão dos sentidos de que o Sol girava em torno da Terra prevaleceu como verdade durante milênios da história do conhecimento, a despeito de ser ilusão científica. Esse exemplo reafirma que o real concreto, tal como aparece nas inúmeras e complexas manifestações sociais, ainda que submetidas à positividade do conhecimento, não constitui um ponto de partido seguro. Como proceder, então? O caminho que se apresenta consiste em iniciar pela construção teórica, pela via da construção do conhecimento, quando são tecidas e discutidas possíveis relações, entre as quais emergem contradições internas aos

---

[33] A elaboração de Marx, em "O método da economia política", em seu *Contribuição para a crítica da economia política* (Lisboa, Estampa, 1977), esclarece essa formulação.

objetos em estudo. Inicia-se pela construção teórica, pelo real de pensamento, que em sua singeleza pode permitir uma interpretação das mais amplas diversidades, o simples que explica o geral. Na discussão epistemológica contemporânea, prevalece o entendimento de que a flecha do conhecimento procede do teórico para o empírico. Assim, a pesquisa sobre a distribuição dos horários laborais requer que seja construída como conceito e desenvolvida teoricamente nas relações de trabalho e no processo de acumulação geral de capital. A construção da totalidade do objeto pesquisado também envolve a construção de suas partes, de tal modo que, com a totalidade e suas partes, se produza uma visão de complexidade. O todo e as partes que são elementos imprescindíveis da construção do conhecimento em geral manifestam-se como o processo de acumulação do capital em geral e como seu desdobramento nos contextos históricos dos países que ocupam posições centrais, subdominantes e periféricas. Assim também na construção da categoria de distribuição das horas laborais emergem desigualdades, diferenças e contradições por idade, sexo, cor e raça. Tais desdobramentos são possíveis de aprofundamento nos dias de hoje em função dos desenvolvimentos e da elaboração crítica na sociedade, assim como dos movimentos sociais que submetem tais condições às transformações da história. Com isso, o desenvolvimento da realidade torna nítidas as soluções para esses problemas que vinham se desdobrando no curso da história e estabelece outros problemas distintos de interpretação, graças aos fatores incluídos na análise da totalidade. Obviamente, tal elaboração está ligada de maneira estreita às condições históricas vigentes, uma vez que o pesquisador é um agente datado historicamente e influenciado, senão limitado, pelo contexto político, econômico e tecnológico em que vive.

Investir o esforço do conhecimento numa temática tão ampla quanto decifrar os enigmas da distribuição dos horários laborais implica uma atitude crítica do pesquisador, relativamente à dimensão de sua empreitada. Ademais, qualquer realidade se apresenta e manifesta em meio a um ambiente de brumas, cheio de nuvens em movimento e ofuscado por determinado nível de opacidade, de tal modo que ao pesquisador se impõe o passo de proceder por indícios, recolhidos durante o processo de investigação de como a sociedade vai se transformando. Tal procedimento por indícios, rastros e sinais, que vão sendo recolhidos no curso da história, não representa demérito ao empreendimento da pesquisa. Apenas um caminho possível em meio a tanta diversidade em movimento, a tantos interesses sociais e econômicos em embate, para não dizer diretamente em conflito. Mais do que prudência de parte do pesquisador, o procedimento por indícios revela a atenção a ser concedida às partes no processo de soerguer o edifício do conhecimento.

Na produção do conhecimento, o empírico pode realizar a tarefa de afirmar ou contradizer o teórico. *Verba docent, facta sunt*[34]. Os fatos existem e as construções teóricas precisam dar conta de dificuldades que se interponham, revisando-se e reinterpretando-se. São dados de realidade, e a realidade se transforma continuamente. Existe outro papel que o empírico pode prestar. Nas ciências sociais, ele atua como elemento sugestivo da existência de relações e de possibilidades. É a busca do escondido, às avessas. O campo e a pesquisa empírica sugerem ao pesquisador uma relação não prevista, não imaginada, que precisa ser submetida à crítica epistemológica desapiedada. Essa maneira de operar com a noção de tempo aponta para um estudo sistemático do processo social de trabalho na exata medida em que o trabalho não é apenas um constructo abstrato, e sim um elemento concreto da prática diária das pessoas. Tem-se a construção do tempo de trabalho enquanto elemento concreto e como teórico. A forma de viver o tempo de trabalho constitui uma práxis social, porque se está olhando o seu lado prático-concreto, mas especialmente porque ela é elaborada socialmente, isto é, porque é produzida por meio de uma participação complexa dos agentes sociais.

A teoria sociológica já percebeu a tempo que práticas sociais somente conseguem realizar-se concretamente à medida que elaboram fundamentos, discursos e justificações que possibilitam ser acatadas como normais pelos integrantes da sociedade. As práticas sociais resultam de processos em que o entendimento de determinados grupos e classes passa a ser assumido de maneira universal como socialmente aceitável pelos demais. É necessária a elaboração epistemológica dos

---

[34] As palavras ensinam, os fatos são.

componentes de um discurso, o enfrentamento teórico e intelectual, além das denúncias que provêm das barricadas no meio das ruas e das greves gerais. As práxis sociais são construções históricas, consequentemente mutáveis e transitórias, que respondem a determinada composição de forças sociais.

O trabalho realizado pelos sujeitos é determinado por fatores que vão além das decisões pessoais. São decisões coletivas. Nenhum indivíduo trabalha só quando quer. Nenhum indivíduo toma sozinho a decisão de quantas horas de sua vida vai dedicar ao trabalho. Os indivíduos trabalham a carga laboral que a sociedade lhes impõe ou apresenta como aceitável para aquele momento histórico. O tempo da vida das pessoas gasto em trabalho resulta de enfrentamentos sociais gigantescos, pois as camadas dominantes, política e economicamente, colocam sobre os ombros dos assalariados o máximo que podem de horas de trabalho. A luta por libertar-se do trabalho necessário é uma luta constante e invisível, que escapa aos olhares atentos da academia e dos meios de comunicação. As pessoas, entretanto, percebem em seu corpo os impactos do exercício cotidiano do labor[35].

A interpretação do significado da distribuição flexível das jornadas laborais no interior do capitalismo globalizado não poderá ser feita sem que sua prática contrária seja também explicitada. É indispensável recobrar relatos e a formação histórica do regime de distribuição rígida, bem como o papel que ele exercia e continua exercendo no processo de acumulação de capital. Também é necessário[36] recuperar o papel dos movimentos sociais e das instituições defensivas dos trabalhadores na construção da jornada de tempo integral com direitos incorporados. Não menos importante é a tarefa de interpretar os desafios da flexibilização e recuperar razões que estão por trás da mudança entre o rígido e o flexível e da

---

[35] Ver o livro de Christophe Dejours, *Trabalho vivo* (Brasília, Paralelo 15, 2012).

[36] Ver Ricardo Antunes, *A rebelião do trabalho: o confronto operário no ABC paulista: as greves de 1978-80* (Campinas, Editora da Unicamp, 1992), *Riqueza e miséria do trabalho no Brasil* (São Paulo, Boitempo, 2006) e *Riqueza e miséria do trabalho no Brasil II* (São Paulo, Boitempo, 2013).

maneira pela qual a flexibilidade de horários impacta a produção de valores na sociedade.

Mudanças profundas na estrutura da sociedade e de sua economia geram incongruências e contradições. Na distribuição das horas laborais, é possível encontrar a invasão dos tempos de trabalho sobre os tempos de não trabalho; a criação de desigualdades e discriminações de horas de trabalho por gênero, raça/cor/etnia e escolha sexual; precariedades decorrentes dessas desigualdades; perda de autonomia nas decisões e involuntariedade nas práticas de horários flexíveis, além de formas próprias de alienação decorrentes das práticas sistemáticas de trabalho flexível.

Tempos de trabalho e utopias

Ter autonomia para trabalhar mais ou menos horas, para alocar horários, organizar um sistema laboral que crie igualdade e não aprofunde a alienação são questões práticas que envolvem também o campo das utopias. A capacidade dos indivíduos de criar, construir, produzir, transformar é a condição geral que fundamenta teorias com base no valor produzido pelo trabalho humano. A etapa que vivemos da sociedade sob a hegemonia das políticas neoliberais, entretanto, caracteriza-se pelo aprofundamento das desigualdades sociais[37], demonstrando como a capacidade laborativa dos trabalhadores do mundo todo pode ser parcialmente descolada de seus autores e submetida ao controle de indivíduos que dominam os demais e expropriam deles os resultados de seu labor. Duas décadas se passaram para que a ideologia hegemônica globalizante do neoliberalismo conduzisse o capitalismo de especulação descontrolada à crise financeira, econômica e social de 2007-2008, cujos impactos foram sentidos mais de uma vez no Brasil.

Por outro lado, o século XX foi a época em que se construiu o projeto emancipatório do socialismo e do comunismo, que ascendeu ao poder em diversos países do mundo, mas que foi conduzido ao ocaso por comandos burocráticos autoritários, entre outros fatores.

---

[37] Sobre desigualdades econômicas no capitalismo atual, ver Thomas Piketty, *O capital no século XXI* (São Paulo, Intrínseca, 2014).

No início do século XXI, parece não mais existirem traços desse processo político[38], nem sequer a possibilidade de pensar em "utopias", ante o ímpeto produtor de desigualdades que está no íntimo do sistema capitalista. As utopias de hoje são utopias limitadas.

Há alternativas existentes que representam utopias dentro do sistema capitalista globalizado – a emancipação pela via da ação comunicativa, pela via do reconhecimento ou pela via da ação sindical. Espera-se que o capitalismo avance a um estágio superior, quando desenvolverá a concentração de riquezas lado a lado à igualdade social. O processo democrático, a expansão dos direitos, a igualdade de gênero e a preservação do meio ambiente são promessas[39] instigantes.

A esperança é ativada constantemente pelos movimentos de contestação que emergem no interior de ambientes em crise, clamando pela crítica à desigualdade do sistema capitalista (Occupy Wall Street) ou pelo acesso coletivo à terra por parte dos despossuídos e dos miseráveis (Movimento dos Trabalhadores Rurais Sem Terra). Estão distantes de constituírem alternativas de poder, mas mantêm acesa a luz da esperança.

Que poder de crítica têm as horas laborais no caminho da emancipação? Intrinsecamente, elas portam o dilema da autonomia *versus* heteronomia. As lutas pela redução da jornada, pelo controle do trabalho excessivo e pela autonomia de decisão sobre em que momentos da vida exercer o trabalho são elementos da autonomia laboral com grande potencial transformador. A proposta radical encontra-se situada na completa autonomia dos trabalhadores e das trabalhadoras para decidir quanto e em que momentos trabalhar, o que produzir e como produzir, expandindo a democracia para transformar inteiramente o local de trabalho. Teriam em mãos os instrumentos para livrar-se da exploração.

---

[38] Paul Krugman, *The Return of Depression Economics and the Crisis of 2008* (Nova York, Norton and Company, 2009), p. 13-14, tem muita clareza a respeito da vitória do sistema capitalista sobre o comunista, quando escreve que: "a falência humilhante da União Soviética destruiu o sonho socialista... por ora o capitalismo rege o mundo incontestável".

[39] Ver Istvan Mészáros, *Para além do capital*, cit.

IV
FLEXIBILIDADE DA DISTRIBUIÇÃO DAS HORAS LABORAIS E TEORIA DO VALOR-TRABALHO

FLEXIBILIDADE aplica-se, pelo menos, a quatro campos e, com o passar do tempo, poderá desdobrar-se para outras práticas: 1) a flexibilidade quantitativa é empregada para indicar a redução de empregos; 2) a flexibilidade funcional refere-se ao exercício profissional das atividades cotidianas; introduzir polivalência em atividades e negócios é uma maneira de aplicá-la; 3) a flexibilidade de lugar relaciona-se com os usos do espaço na acumulação de capital; empresas e mão de obra relocam-se por territórios; 4) a flexibilidade de horas ou de tempos diz respeito às modalidades rígida ou flexível pelas quais as jornadas laborais são distribuídas.

A teoria do valor-trabalho é uma proposta que, mais do que qualquer outra, coloca o trabalho e o trabalhador no centro do cenário econômico, político e social, por atribuir todo o valor das mercadorias de sua procedência do trabalho sob a forma de tempo médio socialmente necessário. A teoria do valor apresenta uma interpretação para flexibilidade laboral de horas que ainda não está inteiramente desenvolvida. Ora, a flexibilidade é um componente fundamental da sociedade contemporânea e a flexibilidade laboral constitui-se em um elemento imprescindível do processo de trabalho. Há efetivamente um problema de ordem teórica a solucionar em relação à teoria do valor-

-trabalho no tocante à flexibilidade. O que representará para a teoria do valor se o trabalho implementado cotidianamente por milhões de trabalhadores assalariados e autoempregados em todo o mundo for efetivado em horários plenos com direitos ou em horários flexíveis, em geral sem direitos? A diferença não deve ser colocada essencialmente nos direitos, o que já não seria pouco sob o ponto de vista da crítica social. Como a teoria do valor-trabalho interpreta a distribuição dos horários em modalidades repetitivas ou maleáveis, rígidas ou flexíveis? O que rigidez ou flexibilidade tem a ver com valor? Algo muda no processo de produção de valores na sociedade? A hipótese de trabalho consiste em reconhecer um papel específico tanto para a distribuição fixa como para a alocação flexível na luta social para o controle sobre o tempo de trabalho. A produção de valor consome trabalho abstrato que pode assumir formas rígidas, flexíveis, outras modalidades próprias da acumulação primitiva ou horários completamente flutuantes e irregulares, como se imagina que poderá ser o futuro do trabalho imaterial. Todo o trabalho assalariado é pensado, organizado e distribuído dentro de horários visando alcançar os objetivos das empresas. Nesse sentido, se a teoria do valor-trabalho deixar de incorporar o componente da distribuição das cargas horárias no tempo, perde um elemento imprescindível para o entendimento daquilo que sucede na sociedade, sob o ponto de vista tanto da exploração laboral como da produção e realização de valor. Ademais, é a distribuição dos horários que coloca em evidência uma das grandes contradições da contemporaneidade: a invasão dos tempos de não trabalho pelos tempos de trabalho.

Com vistas a avançar o conhecimento relativo a distribuições das cargas laborais, faremos inicialmente uma incursão mínima à teoria do valor-trabalho, de modo a interpretar, dentro e a partir dela, a distribuição dos horários laborais, sugerindo possíveis caminhos para a resolução do problema. Como fato, o trabalho distribui-se em horários de tempo integral, em horários excessivos, em horários insuficientes, sendo a repartição do tempo laboral um elemento da maior relevância para o controle capitalista da organização do trabalho. Impõe-se desfazer a trama dos horários laborais, deixando explícitos o papel por ela cumprido na fábrica de valores em que se transformou a sociedade capitalista global, as contradições que envolve e as desigualdades que cria.

A teoria do valor-trabalho

A teoria do valor-trabalho opera com o pressuposto de que o valor de uma mercadoria é estabelecido pelo tempo de trabalho abstrato socialmente necessário empregado para produzi-la. Ao assentar sobre o trabalho o valor das mercadorias, a categoria laboral passa a ocupar uma posição central ímpar em sua concepção. Com efeito, os trabalhadores, como agentes do trabalho, tornam-se os construtores reais da sociedade e a seu alcance está, teoricamente, o poder de controle sobre ela.

O trabalho é construído como uma característica de objetividade[1], mais do que de subjetividade. No sentido aqui utilizado, valor afasta-se, primeiramente, da noção de algo desejado e coletivamente partilhado[2], esperado, estimado, apreciado, como na afirmação "a democracia é um valor das sociedades modernas". Em segundo lugar, o fato de a proposição teórica sobre o fundamento do valor encontrar-se no trabalho abstrato não implica algo irreal. O trabalho abstrato também apresenta uma contraface empírica pela qual é calcada no real, e não no imaginário. O conjunto das horas despendidas pela massa de trabalhadores[3] que diariamente, em todo o mundo, gastam seu tempo de vida em trabalho perfaz a totalidade do trabalho abstrato. Nesse aspecto do abstrato que é concreto reside o vínculo que une estreitamente a teoria do valor-trabalho com os tempos laborais[4].

A duração das jornadas laborativas tem limites: um natural, dado pela capacidade de resistência do ser humano ao trabalho; o outro social, conquistado em decorrência de vitórias (ou derrotas) dos movimentos de trabalhadores, aliados a movimentos de outras

---

[1] Karl Marx, *O capital*, Livro I, cit., p. 142-8.
[2] Max Weber, *Economia e sociedade* (Brasília, Editora da UnB, 1991).
[3] Sangheon Lee, Deirdre McCann e Jon C. Messenger, *Working Time around the World: Trends in Working Hours, Laws and Policies in a Global Comparative Perspective* (Londres, Routeledge, 2009), p. 54-55, apresentam dados que permitiriam conhecer o quantitativo de trabalhadores do mundo com jornadas semanais de 49 horas e mais. Com tais informações, é possível estimar também o total de trabalhadores do mundo.
[4] O desenvolvimento da teoria do valor-trabalho encontra-se em capítulos do citado Livro I de *O capital*.

categorias sociais, que incidiram sobre a duração das jornadas por meio de regulamentações pelos Estados-nação, de concessões feitas pelos empregadores e ainda de resultados alcançados em negociações realizadas pelos sindicatos. Esses dois limites permitem interpretar as mudanças temporais das durações das jornadas, quer sejam de redução, quer sejam de alongamento das jornadas. Diminuições da duração das jornadas laborais são o sendeiro normal dos processos laborais, conquanto, hoje em dia, fiquem cada vez mais frequentes processos que alongam as horas laborativas, seja no conjunto da sociedade, seja em determinadas ocupações ou setores de atividade[5]. A hoje mais poderosa economia capitalista do planeta, os Estados Unidos, seria o caso mais representativo dessa insuspeita transformação[6].

As relações conflitivas entre capital e trabalho no controle da duração das jornadas não esgotam o esquema analítico da teoria do valor-trabalho. O montante de valor produzido depende da duração da jornada[7] e também da produtividade dos diversos

---

[5] Os setores de atividade que empregam trabalho excessivo no Brasil em proporções maiores são os transportes, a construção civil, o comércio e a agropecuária, muito embora o trabalho excessivo também esteja presente em outros setores. Ver em Dal Rosso, "Excessive Work", em Antonio David Cattani (ed.), *Work: towards 2021* (Porto Alegre, Escritos, 2015), p. 97-114.

[6] Juliet B. Schor, *The Overworked American: The Unexpected Decline of Leisure* (Nova York, Basic Books, 1993) e "Working Hours and Time Pressure: The Controversy About Trends in Time Use", em Lonnie Golden e Deborah M. Figart (eds.), *Working Time: International Trends, Theory and Policy Perspectives* (Londres/Nova York, Routeledge, 2000); Barry Bluestlone e Stephen Rose, "The Enigma of Working Time Trends", em Lonnie Golden e Deborah M. Figart, *Working Time*, cit.

[7] No Livro I de *O capital*, capítulo XV, sobre maquinaria e indústria moderna, e no capítulo XVII, sobre mudanças de magnitude no preço da força de trabalho, Marx elabora as fontes do valor como a duração, a intensidade e a produtividade do trabalho e suas possíveis combinações. Não continua a desenvolver a distribuição laboral diretamente, seja na modalidade repetitiva, seja na modalidade enxuta ou flexível. A modalidade rígida constitui o pressuposto de sua análise, como transparece das frequentes referências à jornada de tempo integral e às horas extras, uma das principais pautas de reivindicação, juntamente com o trabalho de mulheres e de crianças e adolescentes, à legislação inglesa nascente. Mediante as horas extras está averiguando uma das formas de flexibilidade. Outras formas que então existiam também estão descritas e analisadas no Livro I da obra, no capítulo XXV, sobre a lei geral da acumulação capitalista e a exposição que faz sobre as formas de força de trabalho flutuante

sistemas de produção existentes, bem como do grau de intensidade empregado na realização do ato laboral. O conceito de produtividade[8] é uma contribuição extremamente relevante que as ciências econômicas têm aportado para o conjunto da sociedade. Entretanto, produtividade requer ser separada conceitualmente de intensidade, como há tempo se aponta[9]. Essa separação deixaria para a noção de intensidade o grau de envolvimento do trabalho humano no processo laboral e atribuiria o conceito de produtividade a ganhos de rendimento unitário por meio da inserção de elementos tecnológicos nos sistemas de trabalho ou de qualidade decorrentes de fontes organizativas tal qual a reorganização dos sistemas de trabalho, sem com isso elevar o grau de consumo das energias dos trabalhadores, e de outras fontes reais, tais como a fertilidade do solo, a existência de depósitos minerais e semelhantes. Essa separação faz-se necessária porque todo o conhecimento científico tem por base uma premissa inicial, a separação dos elementos que são diversos. Sob o ângulo teórico, sem tal separação, estanca-se a capacidade interpretativa da teoria do valor-trabalho na duração da jornada de trabalho. O princípio da intensificação permite interpretar a redução da jornada de trabalho com maior produção de valor, desde que a produtividade aumente tanto quanto a intensidade laboral. A produção de valor na sociedade não cairia, uma vez que a redução das horas laborais é compensada pela elevação da intensidade requerida pelo labor.

---

do exército industrial de reserva. À época de Marx, a distribuição das horas laborais situava-se na extremidade da modalidade repetitiva e rígida, sem alteração, conforme as exigências dos postos de trabalho, com as exceções que acabamos de apontar anteriormente. Por outro lado, Marx trabalhou sobre grupos flexibilizados ao máximo, tais como a população nômade. No começo do século XXI, apareceram exigências específicas das empresas quanto à forma de distribuição dos horários laborais. Procede desse conjunto de exigências empresariais para adequação ao mercado nacional e mundial a demanda por trabalho flexível e por horários de trabalho flexíveis.

[8] Sobre produtividade, não é necessário elaborar mais em razão da inesgotável quantidade de livros e artigos existentes sobre o assunto. Importa, sim, manter a distinção entre produtividade e intensidade laborais.

[9] Ver Sadi Dal Rosso, *Mais trabalho!: a intensificação do labor na sociedade contemporânea* (São Paulo, Boitempo, 2008).

A prova mais contundente da necessidade de separar intensidade laboral de produtividade provém das propostas das escolas de gestão do trabalho. Tomemos o taylorismo para apreciação. Pelos estudos de tempos e movimentos, os manuais de Taylor mostram a importância da elevação da capacidade de trabalho do trabalhador sem implicar investimentos tecnológicos. Taylor[10] queria eliminar momentos de intervalo, como o caso de corpo mole, a falta ao trabalho, modalidades de resistência com a qual os trabalhadores reduziam o consumo de sua força de trabalho, e com isso elevar a intensidade média do trabalho, o que permitiria aumentar a produção de valores, ainda que a jornada de trabalho se mantivesse igual e mesmo diminuísse. Hoje em dia, a atuação de consultores científicos, que operam com a alteração da intensidade laboral para recuperar a produtividade das empresas, é uma qualificação extremamente requisitada pelas maiores corporações do mundo. O diferencial da competição é definido pelo grau de intensidade que gerentes conseguem imprimir aos trabalhos de seus empregados. Portanto, a época atual é de elevação da produtividade, por meio de investimentos tecnológicos, assim como de crescente intensidade laboral. Ao mesmo tempo que, em alguns países, a jornada se reduz, a intensidade se eleva, permitindo, de maneira diferente do investimento em tecnologia, a grande coqueluche de nossa sociedade atual, a continuidade expandida da produção de valores. Autores que tentam fundamentar a teoria do valor-trabalho e não conferem nenhum papel à noção de intensidade inviabilizam compreender a exploração intrínseca à teoria como um todo.

Dessa forma, somos levados ao terceiro componente do tempo médio socialmente necessário: a distribuição das horas laborais em rígidas ou flexíveis.

A teoria do valor-trabalho e a distribuição das horas laborais

Os tempos laborais não tiveram, historicamente, uma forma única de distribuição, nem a têm na atualidade. Dadas as especificidades

---

[10] Ver Frederick Winslow Taylor, *The Principles of Scientific Management* (Nova York, Norton and Company, 1967).

próprias, a agricultura ainda representa um setor avesso ao trabalho noturno, a despeito de tratores e colheitadeiras poderem varar noite adentro operando. Aviões e outros componentes tecnológicos empregados na agricultura, entretanto, não conseguem atuar à noite. Esses casos demonstram a importância de dominar a natureza. Mas os fatores que efetivamente presidem a distribuição dos tempos laborais são de outro gênero, são de cunho social, o conflito capital-trabalho, a ação dos sindicatos e dos movimentos sociais e as atuações dos Estados.

Distribuição é a alocação, a repartição dos tempos, segundo horários durante os quais são realizadas as atividades laborais. Qualquer tipo de trabalho envolve distribuições específicas de horários laborais. Essa característica geral procede do fato de que todo o trabalho é realizado no decorrer do tempo.

O valor se concretiza na duração dos tempos empregados pela mão de obra, na intensidade e na produtividade utilizadas para executar o trabalho. Como já se viu, a duração média é o primeiro componente do trabalho que se solidifica em valor. E, por essa razão, o controle da duração da jornada tornou-se um dos pontos-chaves das lutas sociais do operariado através dos tempos. Além da quantidade de tempo que o trabalhador permanece no posto de trabalho executando tarefas, o outro componente que afeta a quantidade de valores produzidos é o grau de intensidade, o esforço, o gasto de energia, que o trabalhador emprega para realizar suas atividades laborais. Logo, sendo estáveis outras condições, quanto maior o grau de envolvimento no labor, mais valores os trabalhadores produzirão. Chega-se, assim, ao terreno da distribuição das horas laborais. Aparentemente, a divisão das horas laborais e sua distribuição através das horas do dia ou do ano parecem não afetar em nada a produção do valor, porque, se um indivíduo trabalha de manhã, de tarde ou de noite, tal alocação de horários não exerceria qualquer influência sobre a quantidade de valor produzido pelo trabalho cotidiano. Nesse sentido, não haveria impacto sobre a produção de valor se os horários são "rígidos" ou "flexíveis". Uma análise mais detalhada, entretanto, mostra que há impactos da distribuição dos horários laborais sobre a geração de valores. Inúmeras razões corroboram essa ideia, a depender da modalidade de flexibilidade que se considere. Assim, a alocação das horas laborais pode resultar em horários que são mais convenientes para o exercício laboral e que, portanto, acarretem mais valores produzidos. A conveniência a que aqui se refere são os critérios empresariais e não os dos trabalhadores, porquanto a sociedade e a economia são capitalistas e atendem à acumulação de capitais. Ao longo da história, consolidou-se a prática de a nata das horas do dia – das sete às cinco, das oito às seis – ser dedicada ao trabalho, constituindo-se, de tal modo, as jornadas de tempo integral e o que passou a ser convencionado pelas escolas de gestão como "trabalho rígido". Além disso, a distribuição pode trazer para o terreno do trabalho horas que não eram ocupadas anteriormente no labor de produzir valores. A flexibilidade de horas levou à incorporação ao território do trabalho de horários à noite, em fins de semana, dias feriados e outras possibilidades, ficando assim aberto o caminho para quaisquer horários existentes durante os 365 dias do ano serem convertidos em possíveis horários de trabalho. Lado a lado ao trabalho "rígido" e repetitivo das jornadas integrais, a flexibilidade de horários introduziu e passou a ocupar espaços "não utilizados" do território do trabalho. Os períodos de crise – embora a flexibilidade não se reduza a tempos de crise, apenas – são extremamente úteis para entender o funcionamento das horas flexíveis. Durante crises do capital, o desemprego aumenta, os níveis salariais caem e o trabalho em tempo parcial, o trabalho temporário, por diárias e outras modalidades de emprego flexível inflam o mundo do trabalho. É preciso captar as razões pelas quais a flexibilidade de horas opera, também, fora dos períodos de crise, ou seja, em geral. As horas laborais flexíveis permitem às empresas reduções de custos e ganhos novos mediante mecanismos que incidem na relação entre trabalho necessário e trabalho excedente, aumentando a parcela deste último, que pode ser convertida em algum tipo de mais-valor. Mais adiante neste capítulo faz-se um exercício de análise das diversas modalidades possíveis de flexibilidade, destacando como podem contribuir para a produção de novos valores.

A distribuição rígida ou flexível dos horários laborais afeta profundamente os próprios trabalhadores. Na realização de levantamento sobre jornadas, a entrevistadora que preenchia o questionário com um casal de trabalhadores assustou-se ante a ácida discussão travada entre marido e mulher sobre a admissibilidade do horário rígido ou do horário flexível. O marido, que trabalhava no setor público com contrato formal, bradava que a flexibilidade era uma ameaça aos direitos. A esposa, cujo contrato incluía flexibilidade de horário de entrada e saída, defendia vigorosamente o trabalho flexível, ciente que estava de como a compensação de horas permitia deixar e apanhar o filho na escola ou levá-lo a uma consulta médica. A briga entre o casal de entrevistados mostra que a distribuição de horários não é assunto trivial, especialmente quando a relação envolve trabalhadores e empregadores, direitos e práticas de trabalho e vida. O marido que não cuidava das crianças divergia da mulher, que sobreacumulava trabalho, atividades domésticas e cuidado dos filhos, para os quais chegar ao trabalho mais tarde e sair também mais tarde representava uma distribuição de horários mais conveniente. Isso no que se refere ao olhar do trabalhador e da trabalhadora. Existe outra questão, sob a ótica da empresa e do empregador, como será exposto detalhadamente mais adiante.

A distribuição de horários, pois, se relaciona com a produção de valor. Modificações na distribuição dos horários resultam em alterações quantitativas e qualitativas da produção de valor não por algum poder mágico inerente ao horário, mas porque o trabalhador e a trabalhadora produzem mais ou menos mercadorias, conforme são planejados e distribuídos os horários laborativos ou quando são incorporados novos tempos de trabalho. Emerge, assim, a questão: quais são as formas de distribuição dos tempos laborais que convergem mais eficazmente com a produção de valor ou que mais a impedem?

A literatura de ciências sociais e de administração convencionou dividir as distribuições de horários, empregadas pelas empresas, em duas maneiras: uma de horários com distribuição repetitiva, na maior parte das vezes, diária e semanalmente; a outra em que os horários são alocados de forma variável ao dia, por semana, e assim por diante. A análise da distribuição cíclica ou periódica, modificável ou alterável, pareceria insípida, não fosse aquilo que tais classificações escondem. Pois alocações padrão, *standard* ou jornada em tempo integral, assim como distribuições variáveis, também envolvem conquistas (ou derrotas) seculares realizadas pelas lutas dos trabalhadores e regulamentadas por dispositivos legais ou consensuais no decorrer da história. Tal afirmação não implica uma tomada de posição a favor das modalidades de trabalho flexível, indicando apenas um caminho para a análise e a necessária precaução na tomada de decisões políticas a favor de uma ou de outra. A jornada de tempo integral e que se repete diariamente consome a nata e a flor das horas de vida dos trabalhadores. Estabeleceu-se durante toda a história do capitalismo como a forma mais adequada de distribuir as horas laborais ao longo de horários predeterminados por converter em tempos de trabalho todo o tempo que os trabalhadores e as trabalhadoras tinham a seu dispor. Com esses horários, diz o relato, eles e elas não teriam tempo para usufruir do ócio e da preguiça, "embriagar-se", aprender "coisas ruins", quiçá até roubar. Aprenderiam a construir o desenvolvimento para as futuras gerações. Por meio de tais estratégias, os trabalhadores foram socializados em jornadas longas e duras. Eles e elas construíram processos de industrialização e a globalização em meio aos quais estamos hoje.

Todavia, a acumulação capitalista alcançou um momento em que os horários em tempo integral e repetitivos passaram a ser questionados e representar dificuldades.

Trabalho rígido ou flexível

A proposta de flexibilidade passou a integrar as teorias de organização do trabalho no último quartel do século XX[11], quando a teoria keynesiana perdeu a posição hegemônica que ocupava relativamente ao processo de crescimento econômico[12]. A proposta de

---

[11] Ver William K. Roche, "The Chimera of Changing Employee Time Preferences: Working Hours in British Industrial Relations Since World War II", em Karl Hinrichs, William Roche e Carmen Sirianni (eds.), *Working Time in Transition: The Political Economy of Working Hours in Industrial Nations* (Filadélfia, Temple University Press, 1991).

[12] Esse esquema histórico em que o trabalho rígido, incluindo a construção das jornadas de tempo integral com direitos, vigorou até os anos 1970 e a crise do petróleo, quando então prevaleceu o neoliberalismo, reflete a realidade dos países do centro capitalista e não se aplica de maneira idêntica aos países de capitalismo recente subdesenvolvidos ou em desenvolvimento.

flexibilidade fez parte do conjunto de ideias que foi denominado neoliberalismo, posição política que retomava princípios liberais do século XIX, em relação aos quais as versões atuais são "neo". Pois o princípio fundamental consiste na liberdade no campo da economia e da política. Liberar o capital de amarras que de alguma maneira interfiram em seu perfeito funcionamento. Tal princípio se expande à esfera do político. Entre os fatores econômicos que constrangem a liberdade do capital, a teoria neoliberal[13] inclui o Estado e os sindicatos. O Estado por seu papel condutor da economia, cuja interferência poderia impedir o funcionamento perfeito do mercado. Pela mesma razão, sobra ao sindicato idêntico destino. Nas proposições mais extremas, o sindicato é um elemento externo à liberdade plena de negócios e, assim como o Estado, seu papel também deve ser diminuído ou inteiramente extirpado. Os direitos do trabalho que se consagraram no período subsequente à Segunda Guerra Mundial não são inteligíveis sem a presença do Estado, dos sindicatos e dos movimentos sociais. As propostas neoliberais destinam-se a reduzir custos para as empresas, em relação ao que sacrificam direitos. Entre os direitos atingidos está o emprego em tempo integral, cuja duração em número de horas laborais semanais diminuíra através do tempo em função de negociações coletivas, de movimentos sociais e de intervenção do Estado. A flexibilidade de horas faz parte desse conjunto de propostas neoliberais que, com a crise da inflação e do petróleo, se tornaram hegemônicas no campo ideológico da economia capitalista, nos países tanto de capitalismo antigo como recente, embora a flexibilidade de horas se implantasse menos rapidamente em uns contextos do que em outros.

Na crise do petróleo de 1973, o poder de oligopólio dos países produtores elevou os preços do petróleo e gerou uma concentração gigantesca de capital financeiro. Os petrodólares acumulados eram de tal monta que formaram uma base firme para ulterior autonomização relativa do setor financeiro em relação ao conjunto da economia. A concentração e a circulação dos capitais financeiros pelos mercados mundiais livres dos controles estatais, a integração dos mercados

---

[13] Ver Friedrich Hayek, *Os fundamentos da liberdade* (São Paulo, Visão, 1983).

financeiros por meio de sistemas de comunicação on-line[14], a especulação desenfreada por meio de títulos inseguros e inconsistentes antecipam as crises posteriores dos papéis imobiliários no início do século XXI, pelo descolamento da base produtiva.

A crise iniciada em 1973 repercutiu agudamente sobre os países mais pobres. Nos anos subsequentes, apareceram como as crises das dívidas externas. Quem não se lembra da violenta inflação na economia brasileira, da redução dos salários, do desemprego desenfreado, do crescimento da informalização, das precárias condições de trabalho, da intervenção das agências reguladoras internacionais nas políticas internas com consequências não poucas vezes do agravamento do desempenho da economia? México, Brasil, Argentina, Rússia e diversos países da Ásia, entre outros, sofreram impactos profundos da não regulação[15] do sistema financeiro. Mas as crises são como uma tempestade contínua do sistema financeiro mundial não regulado que castiga e recastiga as regiões da periferia até atingir os centros, onde se instala e daí se espalha outra vez para subcentros e subunidades do sistema mundial. Todos aqueles impactos sentidos pelos países da periferia, desemprego, quebra de bancos e seguradoras, perda de aposentadorias, redução de salários, passam a exercer seu papel nos centros do capitalismo mundial.

Especialmente o crescimento do desemprego provocou a ação política dos governos dos países mais ricos no sentido de estimular a flexibilização do trabalho[16] como política social. Nos países centrais, foram realizados experimentos significativos de utilizar a potencialidade de arranjos flexíveis de trabalho para minorar o

---

[14] Manuel Castells, *A sociedade em rede* (São Paulo, Paz e Terra, 2002), sobre a compressão espaço-tempo ou, como o autor prefere escrever, "o limiar do eterno: tempo intemporal" (p. 523) ou, pouco mais à frente, "tempo, espaço e sociedade: o limiar do eterno" (p. 555).

[15] Paul Krugman, *The Return of Depression Economics and the Crisis of 2008* (Nova York, Norton and Company, 2009), sobre a crise financeira iniciada nos anos 2007-2008.

[16] Hinrichs, Roche e Sirianni (1991) destacam propostas de partilha de empregos – *job sharing* – que sindicatos europeus apresentavam para a solução do desemprego, enquanto os empregadores propunham arranjos flexíveis, tais como tempo parcial, trabalho temporário, contratos com termo fixo, turnos e diversificação de horários.

impacto social do desemprego e que ao mesmo tempo propiciavam o barateamento da mão de obra para as empresas e a perda de direitos. A flexibilização das jornadas de trabalho amplia-se muito e de maneira diversa, como será mostrado mais adiante, na análise dos casos dos Estados Unidos, do Canadá e da União Europeia. A crise financeira, econômica e social, iniciada nos anos 2007-2008, tendo por detonador a exploração sem base de valor de papéis imobiliários, abateu-se sobre o centro do capitalismo financeiro mundial. O desemprego tornou a se expandir nos mercados de trabalho dos países ricos, os salários foram rebaixados, as aposentadorias cortadas e modalidades flexíveis de distribuição de horários se generalizaram por países ricos e mais frágeis.

Marx e a flexibilidade laboral

Categoria própria dos séculos XX e XXI, a distribuição rígida de horários distingue-se de distribuição flexível, tal a importância dos horários na produção de valores. Como essas dimensões de rigidez ou flexibilidade da distribuição das horas laborais aparecem na teoria do valor-trabalho? Qual é o papel específico da distribução de horários na teoria do valor? A resposta a essas questões inicia-se por um exame da contribuição de Marx a respeito.

1. Na análise do mais-valor absoluto, Marx trata do grau de exploração da força de trabalho que envolve os dois componentes de tempo de trabalho necessário e de tempo de trabalho excedente[17]. Analiticamente, o processo de exploração e a taxa de mais valor é desenvolvido com base na duração da jornada. "O trabalhador gera mais-valor, que, para o capitalista, tem todo o charme de uma criação a partir do nada. A essa parte da jornada de trabalho denomino tempo de trabalho excedente [*Surplusarbeitszeit*], e ao trabalho nela despendido denomino mais-trabalho [*Mehrarbeit*]

---

[17] "A soma do trabalho necessário e do mais-trabalho, isto é, dos períodos em que o trabalhador produz o valor de reposição de sua força de trabalho e o mais-valor, constitui a grandeza absoluta de seu tempo de trabalho – a jornada de trabalho (*working day*)." Karl Marx, *O capital*, Livro I, cit., p. 304.

(*surplus labour*)"[18]. Entretanto, é imprescindível ver aí embutida também a distribuição, rígida ou flexível, do tempo de trabalho, porque é dentro de tais condições que o trabalho se realiza. O significado da distribuição das horas laborais reside, pois, na contribuição que ela aporta para esses dois componentes do tempo de trabalho, o necessário e o excedente, em particular o excedente[19]. A distribuição rígida ou flexível dos tempos de trabalho pode não alongar a duração da jornada, mas a torna mais eficaz, fazendo com que o trabalho renda mais em termos de mercadorias produzidas, qualidade dos produtos, acessibilidade aos consumidores e condições semelhantes, além de outros efeitos, como se verá mais adiante.

A distribuição flexível, até mais do que a rígida, exerce um efeito de fetiche, no qual o trabalho não parece estar presente e o valor "tem todo o charme de uma criação do nada".

2. Os investimentos em capital constante e meios de produção, sob o ponto de vista da criação do mais-valor, existem para possibilitar a ativação do trabalho e a extração do mais-valor. Quando não realizam tal papel, causam perdas para os capitalistas, razão pela qual as empresas prolongam o trabalho para além do que seria natural, envolvendo o período noturno. Dessa análise, Marx chega à conclusão de que "apropriar-se de trabalho 24 horas por dia é, assim, o impulso imanente da produção capitalista"[20]. Mas os trabalhadores têm uma capacidade limitada de labor e ficam exaustos após horas contínuas de trabalho. A exaustão reduz objetivamente a capacidade dos trabalhadores de produzir mercadorias. Como não conseguem trabalhar 24 horas ao dia, é necessária uma alternação entre os trabalhadores, uns trabalhando de dia e outros

---

[18] Ibidem, p. 293.

[19] A noção de valor excedente é tão importante que Marx a toma como "diferença essencial" entre os modos de produção: "O que diferencia as várias formações econômicas da sociedade, por exemplo, a sociedade da escravatura daquela do trabalho assalariado, é apenas a forma pela qual esse mais-trabalho é extraído do produtor imediato, do trabalhador". Idem.

[20] Ibidem, p. 329.

de noite. O sistema de revezamento[21] fartamente utilizado no século XIX incluía trabalho durante as 24 horas dos seis dias de trabalho da semana, assim como do domingo, e nele labutavam homens e mulheres, crianças, adolescentes, adultos e idosos.

Tal descrição mostra como funcionava a distribuição dos horários de trabalho na época de Marx. No presente seria interpretada como distribuição rígida dos horários de trabalho. As jornadas plenas de trabalho eram preenchidas por meio da distribuição repetitiva dos horários. A distribuição flexível de hoje acrescenta a essas práticas laborais horários flexíveis de entrada e saída, horários associais durante os quais ninguém gosta de trabalhar, horários vespertinos, horários de fins de semana, feriados, os trabalhos em tempo parcial, ocupações com duração prefixada, diárias, trabalhos por aluguel da força de trabalho durante dias, semanas ou meses, renovação de contratos por prazo determinado e outras formas flexíveis de trabalho que vão sendo inventadas com o passar dos anos e conforme a engenhosidade dos assessores intelectuais. Além dos horários rígidos, tal é a ocupação de horários diversificados e flexíveis que trabalho pode ser realizado a qualquer hora e a qualquer dia do ano. Essa é a grande façanha da modernidade e da globalização: fazer de qualquer momento da vida tempo rotineiro de trabalho.

3. Se o mais-valor absoluto provém do alongamento da jornada, o mais-valor relativo deriva do encurtamento do tempo de trabalho necessário e da alteração correspondente nos respectivos tamanhos dos dois componentes da jornada, o necessário e o excedente[22]. Vários fatores atuam para diminuir o valor da força de trabalho. Entre eles, incluem-se a elevação da produtividade do trabalho nos setores de atividade que produzem meios de

---

[21] Ibidem, capítulo X: "A jornada de trabalho", seção 4 "Trabalho diurno e noturno. O sistema de revezamento", p. 329 e seg. Marx descreve o sistema de revezamento na indústria britânica que usa trabalho diurno e noturno e no qual rapazes e moças trabalham lado a lado com homens e mulheres adultas. Nesse sistema, crianças são empregadas como se fossem aprendizes para disfarçar a idade.

[22] "[...] que deriva da redução do tempo de trabalho necessário e da correspondente alteração na proporção entre as duas partes da jornada de trabalho". Ibidem, p. 390.

subsistência e a quantidade de trabalho contida nos meios de produção da subsistência. O valor das mercadorias e da força de trabalho varia em razão inversa à produtividade do trabalho, no entanto o mais-valor relativo varia de forma diretamente proporcional ao aumento da produtividade, o que assegura ganho ao capitalista. Consequentemente, verificam-se uma inclinação e uma tendência constante a elevar a produtividade do trabalho para baratear as mercadorias e o próprio trabalhador[23].

Ao estudar o mais-valor relativo, Marx também considera três efeitos gerais da revolução da indústria moderna sobre o trabalhador. A maquinaria promove o emprego de mulheres e crianças menores de idade, como força de trabalho suplementar; ela induz o alongamento da jornada e, quando esse fator se torna inviável, recorre à intensificação[24], ao aumento da rapidez e à condensação do trabalho. A intensificação laboral ocorre em razão inversa ao alongamento da jornada. Quanto mais longa ela for, menor a rapidez do trabalho; quanto menor ela for, maior a aceleração do trabalho. Essa relação permite entender a situação na atualidade em que horas laborais são em menor número, mas a condensação do trabalho é maior. Isso[25] ocorre por meio do aumento da rapidez das máquinas e da colocação de maior número de máquinas sob controle de um mesmo trabalhador. A essência da intensificação do trabalho está naquilo que realmente ela é: "maior quantidade de trabalho".

Ao relacionar intensidade com flexibilidade de horários, a flexibilidade resulta como uma importante condição para intensificar ainda mais o trabalho. Com efeito, as formas de trabalho flexível

---

[23] "Vê-se, assim, o impulso imanente e a tendência constante do capital a aumentar a força produtiva do trabalho para baratear a mercadoria e, com ela, o próprio trabalhador". Ibidem, p. 394.

[24] "Em geral, o método de produção do mais-valor relativo consiste em fazer com que o trabalhador, por meio do aumento da força produtiva do trabalho, seja capaz de produzir mais com o mesmo dispêndio de trabalho no mesmo tempo.". Ibidem, p. 482.

[25] "Isso se dá de duas maneiras: pela aceleração da velocidade das máquinas e pela ampliação da escala da maquinaria que deve ser supervisionada pelo mesmo operário, ou do campo de trabalho deste último." Ibidem, p. 484.

criadas com as políticas neoliberais de emprego envolvem grande número de atividades de tempo parcial, diárias, substituições emergenciais, contratos com vigência determinada, e casos semelhantes não promovem a exaustão regular e continuada do trabalhador da mesma maneira que as distribuições de horários rígidos. O tratamento da exaustão do trabalhador é um aspecto delicado e merece observações adicionais. As jornadas de tempo integral promovem a exaustão continuada e regular do trabalhador. As jornadas flexíveis também promovem sua exaustão porque exigem intensidade crescente, mas operam em condições de distribuições flexíveis, entre as quais jornadas de menor duração, maior eventualidade, contratos com previsão de duração estabelecida etc. Dessa forma, as jornadas flexíveis possibilitam que as empresas façam economias de gastos nos investimentos de capital constante já realizados.

4. No capítulo sobre as mudanças no preço da força de trabalho e no mais-valor, Marx trabalha com várias combinações[26] que envolvem os fatores da duração da jornada, que é a magnitude extensiva do trabalho, a intensidade, que é a magnitude intensiva, e a produtividade do trabalho. Não há referência à dimensão da distribuição flexível ou rígida dos horários de trabalho nessa parte do primeiro volume d'*O capital*, em que é estudada a ação de vários fatores sobre o mais-valor.

5. Chega-se à lei geral da acumulação capitalista e às ilustrações sobre seu funcionamento. E nessa parte encontram-se elementos da flexibilidade laboral, embora o termo "flexibilidade" não seja mencionado. Assim, quando Marx trata das formas da superpopulação relativa, divide-as em três categorias: a flutuante, a latente e a estagnada. Essas formas induzem à distribuição flexível das horas de trabalho. Desse modo, nas fábricas automáticas e na moderna indústria "meninos são empregados até a idade da maturidade"[27], mulheres e crianças são exploradas

---

[26] Ibidem, p. 587-97.

[27] Ibidem, p. 767-9. No Livro III d'*O capital*, o autor analisa a contribuição do trabalho de mulheres e crianças para o mais-valor: "Devemos mencionar aqui também o

indicando a ação dos fatores de idade e sexo na distribuição dos horários flexíveis de trabalho. A exploração do trabalho de mulheres e crianças, que, em decorrência de suas condições, sistematicamente recebiam salários menores, quando recebiam, é uma realidade do trabalho flexível destacada pelo autor.

6. Marx observa e descreve, dentro do proletariado britânico, o sistema de gangues[28], constituído por dez a cinquenta pessoas, mulheres, pessoas jovens de ambos os sexos (entre treze e dezoito anos) e crianças (entre seis e treze anos), tendo à frente um mestre da gangue, que ia de fazenda em fazenda contratando serviços. Marx indica que os integrantes das gangues conseguiam serviço entre seis e oito meses por ano. Ora, as gangues obtêm emprego durante metade do ano ou ao longo de oito meses, o que conforma o critério de distribuição flexível do trabalho. Corresponde tipicamente ao trabalho temporário ou ao trabalho por empreitada, em que o empregado não consegue realizar jornadas plenas e de tempo integral.

7. Outra forma de trabalho com horários flexíveis é descrita por Marx sob o nome de população nômade[29]. São trabalhadores de origem rural, mas que realizam trabalhos majoritariamente industriais na Inglaterra: construção e drenagem, fabricação de tijolos, queima de cal, construção de ferrovias etc. Da mesma forma que outros grupos que circulam pela Inglaterra rural, a população nômade não tem trabalho fixo, nem jornadas plenas. Trabalha nas oportunidades que aparecem e nos horários possíveis, ficando sujeita a períodos maiores ou menores de desemprego.

---

emprego massivo de trabalho feminino e infantil, na medida em que toda a família tem de fornecer ao capital uma massa maior de mais-trabalho, ainda que ocorra um aumento da soma total do salário que lhe é pago, o que de modo nenhum é o caso geral". Karl Marx, *O capital*, Livro III: *O processo global da produção capitalista* (São Paulo, Boitempo, 2017), p. 272. Embora exíguas, essas são as referências encontráveis sobre distribuição flexível de horários nos Livros II e III de *O capital*.

[28] Karl Marx, *O capital*, Livro I, cit., p. 766. Além das gangues na Inglaterra, Marx descreve formas de trabalho flexível dos peões da Irlanda.

[29] Ibidem, p. 738-40.

Por isso, encaixam-se na conceituação de distribuição flexível dos horários laborais.

8. Em outro lugar, Marx[30] apresenta a taxa de exploração por meio da relação entre mais-valor/capital variável – em termos simplificados, mv/v. Ora, que modificação acontece nos valores dessa fórmula quando os horários de trabalho passam de rígidos para flexíveis? O trabalho flexível incide sobre v, que é o denominador, reduzindo o montante de capital variável investido e, com isso, propiciando elevação da taxa de exploração. Entre as maneiras possíveis pelas quais o trabalho flexível incide sobre o capital variável e reduz seu gasto, está a distribuição mais exata do trabalho conforme as necessidades do mercado. Tal caso dá origem a um sistema de adequação às exigências das empresas generalizado na sociedade.

Por outro lado, quando a flexibilidade incluir horas extras em sua definição, tese com a qual nem todos os autores concordam, ter-se-á um caso inequívoco de alongamento de jornada por meio da qual acresce a produção de valor.

Essa detalhada análise dos três volumes que compõem *O capital* conduz à conclusão, por um lado, de que Marx descreveu vários casos de distribuição flexível do trabalho e, portanto, não desconhecia o problema da distribuição dos horários laborais – o sistema de revezamento de trabalho incluindo atividade dia e noite e atuação de homens e mulheres, moços e moças e crianças; a exploração generalizada do trabalho de mulheres e crianças no sistema industrial e agrícola; a utilização do sistema de gangues para o trabalho rural e de população nômade para atividades industriais – e, por outro, de que não tratou sistematicamente da questão da alocação dos horários laborais em termos teóricos quando desenvolveu os conceitos de duração da jornada, intensidade e produtividade do trabalho e suas possíveis inter-relações.

A distribuição rígida dos horários laborais é pressuposto geral na obra de Marx. A tendência do capital é ou estender a duração da jornada ou elevar sua intensidade, dentro dos horários usuais de

---

[30] Ibidem, capítulo IX.

trabalho daquela época, que eram horários longos, jornadas integrais, acrescidas não raramente de cargas adicionais de horas extras. A razão para isso parece residir no fato de que se usava uma única forma de distribuição dos horários laborais, aquela que é hoje reconhecida pelo adjetivo de rígida ou repetitiva, que compreendia todas as demais distribuições e que, por conseguinte, sendo única, podia ser tomada como pressuposto. A partir das três últimas décadas do século XX, a divisão social do trabalho progrediu para a incorporação de outras modalidades de contratos de trabalho pelos quais os trabalhadores eram conectados ao mundo do trabalho. Após a metade do século XX, ancorada nas inovações tecnológicas informacionais, a organização neoliberal do trabalho lançou mão de formas de distribuição flexível dos horários, modalidades pelas quais podia responder a flutuações do mercado, à redução de custos com capitais constantes investidos. Para os trabalhadores, a flexibilidade trouxe consigo, na maioria dos casos, desregulamentação, precarização e desigualdades.

Modalidades flexíveis de distribuição das cargas laborais e valor

O tratamento histórico da transição dos esquemas rígidos para a flexibilidade não proporciona uma formulação suficiente da teoria do valor, sendo necessária uma análise específica das diversas modalidades de trabalho flexível.

A introdução da flexibilidade no processo de trabalho pode representar avanços na capacidade de organizar racionalmente a distribuição dos horários laborais de maneira a fortalecer a acumulação de capital. A flexibilização de horários suscita, todavia, contradições e resistências dos trabalhadores. Na análise de diversas modalidades de trabalho flexível, empregam-se critérios próprios à teoria do valor, tais como: a) reduzir os tempos perdidos (tempos mortos); b) produzir novos valores, aumentando a intensidade laboral; c) aumentar a produtividade do trabalho realizado; d) produzir mais valores por meio do alongamento dos tempos de trabalho; e) produzir mais valores em espaços de tempo não usuais e que foram incorporados ao território do trabalho; e f) reduzir o valor da força de trabalho, diminuindo o valor das mercadorias consumidas pelos trabalhadores e trabalhadoras, possibilitando um tempo excedente maior. O objetivo é lançar luz sobre facilidades e obstáculos para a produção de valores que determinadas modalidades de flexibilidade laboral geram.

Horas extraordinárias[31] são horas de trabalho adicionais às jornadas regulares realizadas pelo trabalhador. São uma instituição antiquíssima do sistema capitalista e tem como objetivo prolongar as jornadas laborais e o tempo de trabalho excedente. As horas extraordinárias dilatam a duração do trabalho. Em relação à produção de valor, mantêm as mesmas características das jornadas ordinárias, exceto uma: quando chegam às horas extraordinárias, os trabalhadores e as trabalhadoras estão cansados, muitas vezes exaustos, e, consequentemente, seu trabalho tende a render menos. As horas extras são, pois, equivalentes a horas ordinárias com rendimento decrescente. O rendimento decrescente do trabalho inexoravelmente articulado com as horas extras é contrabalançado pela supervisão da empresa mediante o incentivo da remuneração adicional.

As horas extras são remuneradas ou não. Em ambos os casos, contribuem para o aumento da produção de mais valor absoluto. No caso de não remuneração, a apropriação do mais-valor resulta em maior acumulação para as empresas, pois elas se apropriam de valor produzido e não remunerado. Nesse sentido, e essa é a razão fulcral pela qual as empresas as adotam, contribuem para a ampliação da produção de mais valores por alongamento da jornada-padrão ordinária. Por outro lado, as horas extras constituem intrinsecamente um problema para o capital. Elas são realizadas por trabalhadores já desgastados pela faina do dia ou da noite. O rendimento do

---

[31] Em inglês, *overtime*. Diversos autores, em geral progressistas, a exemplo de Isik Urla Zeytinoglu, *Flexible Work Arrangements*, cit., bem como de Karl Hinrichs, William Roche e Carmen Sirianni, *Working Time in Transition*, cit., consideram por razões políticas e de ética que horas extras não devam ser incluídas no rol das modalidades de trabalho flexível. Eles interpretam, acertadamente, que a jornada integral com direitos representou um fato marcante na evolução do trabalho humano. Nós as trataremos como parte das modalidades de trabalho flexível excessivo, pois, de modo contrário, a análise empírica a ser descrita na Parte II deste livro seria afetada, além de ser uma modalidade histórica amplamente utilizada nos dias de hoje, sem a qual não seria possível compreender a questão política do trabalho excessivo.

trabalhador é inferior ao rendimento médio da jornada integral. O recurso a tempos mortos são as defesas dos trabalhadores contra o excesso do trabalho.

Disputas históricas surgiram em torno da normalização das horas extras, dado o fato de implicar aumento das horas laborais e, consequentemente, sobre as relações entre trabalho e não trabalho. Remete-se o leitor às histórias das lutas conhecidas contra o trabalho excessivo[32].

No Brasil, as disputas laborais pelo controle das horas em excesso são marcantes e antecedem a existência da CLT, que reconheceu legalmente o instrumento leonino de exploração do trabalho. Por isso, os defensores do capital jamais concordam em modificar, por pouco que seja, a regulação laboral das horas extras.

As empresas já encontraram a maneira de superar o problema constituído pelos tempos mortos nas jornadas: desenvolveram o mundialmente conhecido sistema do banco de horas[33].

Até o advento do banco de horas, havia no Brasil uma contradição que se interpunha entre trabalhadores e empresas. Os trabalhadores almejavam realizar horas extras pelo ganho adicional que auferiam. Os sindicatos lutaram arduamente para aumentar o pagamento das horas extras. Quanto mais aumentava o preço da hora extra, mais trabalhadores e sindicalistas aderiam ao mecanismo. Então, a despeito da literatura acadêmica mostrar os riscos de longas horas extras sobre a saúde, perpetuava-se sua vigência. O banco de horas aperfeiçoou, a favor das empresas, o sistema de expurgo dos tempos mortos do interior das horas extras. Agora, pagam somente aquilo que for estritamente trabalho adicional e incida na geração de mais valores, por vezes nem mesmo estes.

O *trabalho em tempo parcial* é uma modalidade extremamente eficaz de flexibilização das horas laborais. Opera muito diversamente do trabalho excessivo, das horas extras. Exerce duas funções ímpares:

---

[32] Ver Cândida da Costa, *Morte por exaustão no trabalho* versus *direitos humanos* (livro apresentado em cumprimento ao programa de pós-doutorado do Departamento de Sociologia, Brasília, Universidade de Brasília, 2014).

[33] Sadi Dal Rosso, "Flextempo. Flexibilização da jornada à brasileira", em Mário César Ferreira e Sadi Dal Rosso, *A regulação social do trabalho* (Brasília, Paralelo 15, 2003).

diminui tempos mortos, objetivo dificilmente atingido pelo trabalho em horário integral e, em particular, do trabalho excessivo por causa da exaustão do trabalhador; e possibilita intensificar o trabalho ao presentear o empregador com mão de obra descansada e, portanto, altamente ativa, incidindo dessa maneira imediatamente sobre a produção de mais valores. O trabalho em tempo parcial também é reconhecido como eficiente pelos empregadores por outra forma de intensificação laboral, a saber, permite que os empregados desempenhem em tempo parcial as mesmas atividades do que quando ocupavam empregos em tempo integral. Combina-se, ademais, efetivamente com a adoção de inovações tecnológicas que tendem a alçar o mais-valor relativo.

O *trabalho temporário* desempenha papel específico muito semelhante ao do trabalho em tempos parciais: reduz tempos perdidos e possibilita intensificar o labor. A diferença é que o trabalho em tempo parcial tem continuidade e, às vezes, até contrato formal. Já o trabalho temporário preenche necessidades emergenciais de suprimento de mão de obra, não atendidas pela força de trabalho contratada pela empresa.

As modalidades do trabalho por horas e por diárias representam casos análogos do trabalho temporário, e seu papel é muito semelhante.

A miragem da fome é o aguilhão que afronta o trabalho temporário. Se nem trabalho temporário alcança obter, o trabalhador arrisca ser domesticado pela fome[34].

O *trabalho em fins de semana* desempenha o papel específico de trazer para dentro do processo de produção de valores determinados tempos que haviam, historicamente, sido conquistados para o mundo do não trabalho. Está-se, pois, dentro da luta pela preservação do

---

[34] Um quase empresário que tentava firmar-se como fazendeiro sentiu-se incomodado pela ação do Movimento dos Trabalhadores Rurais Sem Terra (MST) nas cercanias de sua fazenda. No ano 2015, a crise aprofundou-se no Brasil, colocando as armas de que o quase fazendeiro precisava para embalar seu discurso domesticador de mão de obra. E disse: "Agora, eles" – referia-se ao MST – "vão ver! A fome vai chegar e eles vão aprender a não mexer com a propriedade dos outros". O quase fazendeiro pensava a fome como a mais eficaz de todas as disciplinas e despejava todo o seu ódio contra os trabalhadores que ameaçavam sua propriedade. Fonte: diálogo de dois fazendeiros em frente ao autor, 2015.

mundo do não trabalho e contra sua inclusão no processo de produção de valor. Setores de comércio, restauração, lazer, turismo e assemelhados fazem uso frequente de trabalho em fins de semana, feriados em horários vespertinos. Uma razão alegada para incluir no processo de produção de valor fins de semana, assim como feriados e trabalho noturno, provém do argumento de que eles favorecem o consumidor. Mas nada impede que o trabalho em fins de semana venha a se estender para áreas da produção industrial, agrícola, consoante a tendência mundial de converter todo o dia do ano em um possível dia de trabalho.

Representa um importante instrumento de flexibilização e de produção de valor, pois estão em jogo cerca de cem dias de trabalho por pessoa ao ano. Embora abra a possibilidade de produzir novos valores, o trabalho em fins de semana não oferece garantias quanto à ação dos tempos mortos.

Como os finais de semana habitualmente são reservados ao descanso semanal, sendo pelo menos um dia, o domingo, sancionado religiosamente, enfrentamentos também são frequentes nesse espaço de flexibilização.

O *trabalho em dias feriados* é um instrumento de flexibilização de alcance mais reduzido; em que pese a diversidade entre países e povos, são poucos dias no curso do ano. Opera de forma análoga ao trabalho em fins de semana, a saber, aumenta a produção de novos valores pelo aumento dos tempos de trabalho sobre os tempos de não trabalho ou de lazer, também sem oferecer garantias antecipadas de evitar os tempos mortos. Por outro lado, pode reduzir custos de investimentos em capital variável já realizados pelo empregador.

Assim como o trabalho em fins de semana e feriados, o *trabalho noturno*[35] constitui instrumento voltado para a transferência de tempos de não trabalho ou descanso para tempos de produção de valores, tal qual ocorre com o trabalho em fins de semana, trabalho verpertino e trabalho durante dias feriados. O papel específico que

---

[35] Karl Marx, *O capital*, Livro I, cit., p. 329 e seg., trata amplamente do trabalho noturno quando descreve o sistema dos turnos de revezamento (*relay system*) que opera com alteração dos trabalhadores de dia e à noite.

exerce é o de aumentar a produção de valores e parece estar mais sujeito a tempos mortos do que o trabalho diurno.

Trata-se de um meio de flexibilizar horas de importante alcance, embora encontre forte resistência dos trabalhadores, porquanto é considerado tempo que "naturalmente" deve ser dedicado ao descanso. Os supermercados são reconhecidamente as empresas comerciais que mais introduziram o uso do sistema de trabalho noturno em anos recentes no Brasil e que foram obrigadas, em muitos casos, a recuar no emprego desse tipo de flexibilização, em razão da baixa procura e dos elevados custos em manter infraestrutura operando com baixo rendimento.

O *banco de horas* tem o objetivo específico de erradicar tempos mortos de dentro das jornadas laborais. É o principal instrumento de redução de custos que as empresas têm a seu dispor. Teoricamente não objetiva produzir novos valores na economia. É empregado em diversos países do mundo, tendo sido introduzido no Brasil desde o início da CLT; seus limites de operação foram ampliados pela Medida Provisória 1.779-11, de 1999.

Contratos anuais ou quinquenais de trabalho com uso flexível das horas compõem, em tese, a modalidade que possibilita às empresas alcançar os objetivos básicos tanto de diminuir ou eliminar tempos mortos quanto de produzir mais valores. O jogador profissional de futebol insere-se nesse modelo de reorganização dos tempos laborais. Pode assinar contrato com um time para jogar durante um ano ou durante três, quatro ou cinco anos seguidos. Chegando ao time, ajusta-se ao esquema de jogos do clube, os quais são mais intensos em uns períodos e menos em outros, conforme os campeonatos que o clube disputa. Esse contrato de longo prazo com distribuição flexível é algo bem diferente de um contrato para disputar uma partida por semana ou quatro partidas por mês. Mas o tipo de contrato não garante que o clube terá sucesso, uma vez que pode errar nas estratégias de disputas dos campeonatos ou cometer outros erros que levem a resultados negativos.

Tal modalidade de contrato está sujeita a forte resistência dos trabalhadores por transferir a capacidade de decisão sobre os tempos de trabalho para as mãos dos empregadores e dos planejadores técnicos.

Os contratos flexíveis anuais ou quinquenais caminham na direção da *flexibilidade total* e aspiram a atingir a flexibilidade total. A total flex supõe contratos de trabalho pela vida. André Gorz brincou com essa questão[36], ao propor para os países ricos a jornada total de 15 mil horas durante a vida de cada trabalhador. Seria algo como a cota cidadã de trabalho. É claro que Gorz não incorpora nesse seu socialismo das horas de trabalho as jornadas dos países mais pobres. Em *O direito à preguiça*[37], sugere-se uma jornada diária de três horas laborais. Calculando a proposta de três horas diárias para um trabalhador que tem que labutar durante 35 anos e para uma trabalhadora que necessita oferecer trinta anos de sua vida no altar do trabalho, chega-se ao total de 22 mil horas para homens e 19 mil para mulheres, aí não incluídas as horas do trabalho doméstico. Tais números da avançadíssima proposta de *O direito à preguiça*, à época, estão bem acima das 15 mil horas da jornada pela vida sugerida por Gorz.

As jornadas pela vida e a flexibilização total apresentam dois pontos de disputa: o número total de horas a cumprir durante a vida e a autonomia para decidir quando realizar as horas de trabalho. A autonomia surge como questão fulcral.

Nas teorias de organização do trabalho, o taylorismo e o fordismo aproximam-se do que poderia ser pensado como *flexibilidade zero* ou *nula*, como rigidez total. O taylorismo por transferir, em primeiro lugar, para as mãos de engenheiros e planejadores as decisões sobre a maneira mais eficiente de realizar uma atividade e, em segundo, por atribuir a capatazes o controle da realização do trabalho. O fordismo segue os mesmos princípios, com a diferença de que prescinde de um exército de capatazes e supervisores, conferindo às máquinas e ao rodar das esteiras a determinação do ritmo do trabalho.

O conceito de flexibilidade nula não se encaixa no toyotismo, pois ele se vale da flexibilidade de horários na forma de horas extras, quando necessárias para atender a demandas dos consumidores e ao cumprimento de datas de entrega de produtos, o sistema conhecido como *just in time*. O princípio do trabalho em equipe é atrapalhado

---

[36] André Gorz, *Misères du present, richesse du possible* (Paris, Galilée, 1997).
[37] Paul Lafargue, *O direito à preguiça* (São Paulo, Hucitec, 1999).

em seu funcionamento se participantes das equipes faltarem ao serviço, o que pode ser antecipado e previsto pelos grupos de discussão. Por fim, a característica mais marcante do toyotismo, e que o diferencia dos sistemas rígidos, é a aplicação prática do princípio da polivalência, pelo qual o trabalhador é flexível para realizar simultaneamente mais de uma tarefa. Esses elementos deixam o toyotismo distante dos sistemas rígidos de trabalho.

A flexibilidade zero está presente nos primórdios da Revolução Industrial, quando os trabalhadores detinham mínimo controle e mínimos direitos sobre horários e tempos de trabalho. Tal era o domínio empresarial sobre os trabalhadores que instituíam bairros operários para ampliar o controle dos trabalhadores em aspectos relacionados também com a vida fora do trabalho.

Há grande divergência entre autores sobre as empresas conseguirem operar utilizando apenas trabalho flexível. Existem alguns que argumentam que o conceito de firma não o permitiria, dada a necessidade de atender às atividades rotineiras e repetitivas. Outro autor[38], por sua vez, propõe a flexibilidade total, pois só dessa maneira seria possível resolver impasses entre os interesses dos trabalhadores e das empresas.

Mais-valor absoluto ou relativo?

Até este ponto, estivemos envolvidos com modalidades de trabalho flexível, explorando possíveis articulações com a teoria do valor. Essa lista não é exaustiva. Novas formas de trabalho flexível deverão surgir, levando ao extremo a tendência de apagar as fronteiras entre trabalho e não trabalho, o que seria plausível em setores em que as aplicações do trabalho intelectual e imaterial e das tecnologias de informação e comunicação estão muito presentes.

Desse exame da relação entre flexibilidade laboral e teoria do valor, resultam três situações. A primeira, denominada *just in time*

---

[38] Lonnie Golden, "The Effects of Working Time on Productivity and Firm Performance: a Research Synthesis Paper", *Conditions of Work and Employment Series*, n. 33 (Genebra, ILO, 2012). O autor não emprega flexibilidade total em um sentido geral, amplo, absoluto. Permanece no reino de uma flexibilidade do possível.

generalizado, tem seu efeito na adequação do trabalho ao ciclo das exigências do capital. A flexibilidade consiste em deslocar o trabalho em tempo integral para horários mais convenientes aos consumidores e às empresas, durante o dia e a noite e fins de semanas. A segunda é muito conhecida da literatura e seu efeito ocorre por meio do alongamento da jornada, produzindo seu impacto sobre o mais-valor absoluto. A produção de valor ocorre mediante o acréscimo de horas para além do necessário a fim de cobrir o custo de reprodução da mão de obra. São as horas extras. E a terceira consistiria na transferência de tempos de não trabalho para a esfera do trabalho, de TNT para T. Seu efeito tomaria lugar mediante a capitalização, a mercadorização e a comodificação dos tempos de não trabalho, transformados em tempos de trabalho. Passam da subsunção formal à subsunção real ao capital. Que há relação entre essa modalidade de flexibilidade e mais-valor, não restam dúvidas. Permanece a questão conceitual se a flexibilidade se insere na forma do mais-valor absoluto ou relativo ou ambos, aberta para os pesquisadores.

Se o tempo médio socialmente necessário para cobrir a reprodução da força de trabalho é reduzido, criando-se um tempo excedente pelo barateamento das mercadorias consumidas pela força de trabalho, está-se diante do mais-valor relativo. Esses seriam os casos em que a modalidade de trabalho flexível ocorre em função do acréscimo de tecnologias que diminuem os custos dos bens de consumo necessários à reprodução da força de trabalho, como acontece com os trabalhos em *call centers*, em comunicação e informação e pelo avanço das tecnologias em todas as esferas da produção.

A flexibilidade foi aportada durante a crise do petróleo de 1973 e difundida em escala mundial pelo neoliberalismo, a partir da década de 1980, sendo aplicada em todos os setores de atividade, mas especialmente nos mais modernos, tais como atividades financeiras e bancárias, telecomunicação, telefonia celular e processamento de informações. Esse argumento converge para uma relação de proximidade entre flexibilidade e mais-valor relativo. Avançando para uma análise mais precisa, o caso dos contratos laborais feitos por quinquênios ou decênios com distribuição de horários flexíveis sob controle dos empregadores reforça a noção de mais-valor relativo, assim como os contratos cujas fronteiras entre trabalho e não trabalho quase desapareçem. Eles operam no sentido de reduzir o custo da reprodução da mão de obra, diminuindo no longo prazo o custo geral das mercadorias e dos serviços consumidos pelos trabalhadores. Está em ação o mais-valor relativo.

Ao se examinar com detalhe distribuições dos horários laborais, conclui-se que elas desempenham papéis insubstituíveis nos processos de produção de valor. Não há produção de valor que não ocorra em determinados horários. As cargas horárias distribuem-se por alocações de várias naturezas. Essas alocações podem elevar ou reduzir tempos mortos, bem como alterar a intensidade laboral e os ritmos do trabalho. Consequentemente, tais distribuições dos horários laborais incidem sobre os tempos médios necessários, modificando-se quantitativa e qualitativamente, contribuindo com a formação do mais-valor absoluto e com a formação do mais-valor relativo.

Tal fundamento teórico das distribuições das cargas horárias no interior da teoria do valor-trabalho permite que se observe criticamente o surgimento da sociedade flexível, dos tempos de trabalho flexíveis, dos trabalhadores flexíveis. Com efeito, a flexibilização da jornada apresentou-se para a sociedade contemporânea com um bojo prenhe de problemas[39], contradições e perplexidades. Destaco o embate entre autonomia e heteronomia relativamente a quem controla os tempos de trabalho, a invasão dos tempos de trabalho sobre os tempos de não trabalho alargando o espaço da mercantilização da força de trabalho, a imputação de cargas de discriminação e de desigualdade entre categorias divididas por gênero, idade, classe, condição de educação, condição de migração, raça/etnia/cor e outras. O

---

[39] Lehndorf já antecedeu esse problema ao denunciar *flex time traps*, bem como os *standard hours traps* – em outras palavras, o trabalho flexível em tempo parcial pode gerar um emprego, além de pagar menos e não ser desejado. Lonnie Golden, "The Effects of Working Time on Productivity and Firm Performance: a Research Synthesis Paper", cit., escreve de maneira suave sobre "mismatches", desencontros, entre as necessidades das empresas e o desejo e a vontade dos trabalhadores. Para ele, a solução desses desencontros está na flexibilização total, na qual a vontade dos trabalhadores seja inteiramente atendida. E os interesses empresariais também. A OIT está decididamente envolvida na campanha em favor de *decent flex hours*, uma variante de sua proposta de *decent work*.

estudo da flexibilização das horas laborais perfaz uma agenda enorme de problemas em aberto para investigações futuras.

Efeitos da flexibilidade

Para concluir e resumir esse tópico, lança-se mão de uma situação hipotética – com a cláusula de *coeteris paribus* – para alcançar compreender a ação da flexibilidade. Suponha-se um grupo de pessoas trabalhando para uma empresa: as pessoas são iguais em todas as condições de trabalho, exceto que metade trabalha em horários rígidos e a outra metade o faz em horários flexíveis. O que muda no trabalho em termos de produção de valor com a introdução da flexibilidade?

Alguns efeitos são largamente conhecidos. A flexibilidade de horas extras provoca a produção de mais valores por alongamento da jornada, em que pese o efeito negativo do cansaço do trabalhador. E o efeito de intensificação significa que, exercido de modo mais denso, o trabalho produz mais valores. O mecanismo de controle do banco de horas aumenta a densidade do trabalho. Também é conhecido o efeito de tempos mortos, pelo qual a flexibilidade preenche tempos perdidos do trabalho aumentando a densidade.

Considerando a produção de mais valor e, portanto, a efetivação de mais trabalho, a flexibilidade de distribuição de horários produz o efeito de mudanças das fronteiras entre tempos de trabalho e tempos de não trabalho. O efeito de alteração das fronteiras significa que tempos de não trabalho são transformados em tempos de realização de trabalho. E nesses momentos o trabalho flexível responde pela produção de mais valores. A inovação tecnológica é pressuposto para o trabalho flexível, em setores como bancos, finanças, comunicações, transportes, serviços e, generalizando, nos demais setores da economia e da sociedade. A inovação é a pedra de toque. Dela procede a condição de mais-valor relativo porque a inovação possibilita a redução do tempo de trabalho necessário para a reprodução da força de trabalho.

Efeitos diversos podem ser captados mediante a combinação do alongamento de horas, da intensificação, da produtividade e da flexibilidade.

Após essa inserção teórica na relação entre distribuição flexível e repetitiva e teoria do valor, passa-se para uma seção de cunho mais empírico absolutamente necessária para esse trabalho de investigação, no qual se busca apresentar elementos factuais provenientes de países de capitalismo antigo e de capitalismo mais recente. O leitor poderá achá-la mais agradável, o que pode ser verdade, embora ela não deixe de abrir um enorme emaranhado de fatos, dados e argumentos que o estudo da flexibilidade nos tempos contemporâneos demanda.

PARTE 2
TENDÊNCIAS MUNDIAIS

V
TENDÊNCIAS EM PAÍSES CAPITALISTAS DE CENTRO

Este capítulo trata da evolução da flexibilidade de horas laborais, começando pelos países que compõem o círculo central do capitalismo mundial porque neles já se realizou a construção do regime de trabalho de tempo integral com direitos, cuja dissolução indica a passagem para as formas de trabalho flexível pós-regulamentadas. Em capítulo subsequente, será analisado o contexto fora dos países mais beneficiados.

Periodização do processo de flexibilização das horas por meio das crises

Os relatos apresentados, ainda que divergentes em aspectos, estabelecem a gênese da flexibilização laboral nos países de capitalismo mais antigo, no final do período de forte crescimento econômico após a Segunda Guerra Mundial. A crise do petróleo de 1973 e a crise econômica em torno dela constituem referências históricas para interpretar como a flexibilidade passou a ocupar lugar como política de Estado.

Crises exercem papel marcante nos estudos sobre flexibilização de horas em razão de elevarem as taxas de desemprego e de afetarem as condições de acumulação. As duas grandes crises mundiais do capitalismo constituem pontos cruciais para uma periodização da transição entre empregos com horários de tempo integral e direitos e trabalhos com horários flexíveis. Em ambos os casos, houve incentivo por parte dos governos e por meio de acordos de empresas com sindicatos para introduzir formas flexíveis de distribuição das horas. A crise dos anos 1970-1980 representa o colapso das propostas políticas keynesianas para o crescimento econômico do capitalismo e o fim dos Trinta Anos Gloriosos. As propostas keynesianas de intervenção do Estado perderam espaço para o pensamento neoliberal, que defende a liberdade plena de mercado e sua condução pelo crivo frio da razão, tendo como sujeitos os indivíduos e as empresas. A flexibilidade de horários faz parte da liberdade de mercado, ficando ao encargo das empresas distribuir as horas conforme lhes forem mais convenientes. Depois da crise do keynesianismo, formou-se a primeira grande onda de flexibilização de horas, que se difundiu entre as décadas de 1980 e 2000.

Além das crises maiores do sistema capitalista mundial, é preciso realçar as chamadas crises da dívida externa, decorrentes da elevação dos preços do petróleo e do aumento das taxas de juros, que afetaram mais as economias que exercem papel de subcentros regionais, entre os quais México, Brasil, Argentina, Rússia e outros. Tais crises incidiram sobre o aumento do desemprego e o rebaixamento dos salários; o crescimento econômico desses países foi contido pela aplicação de políticas radicais de ajustes e formação, a qualquer preço, de fundos para o pagamento das dívidas. Nesse momento, o Fundo Monetário Internacional (FMI) e as instituições financeiras mundiais que capitaneavam de fora para dentro as políticas de ajustes impuseram medidas de privatização, de abertura para o mercado e de desregulamentação, entre as quais a flexibilização das horas, políticas implementadas pelos governos nacionais. Em função desses momentos de crise e ajustes, países que estão fora do círculo central do capitalismo e que não haviam sequer construído a prática dos empregos assalariados de jornadas integrais com direitos, passaram também a adotar políticas de flexibilização de horas, mundializando de alguma forma a flexibilidade laboral.

As inúmeras crises da dívida externa anunciaram e prepararam o estouro da maior crise de especulação financeira no circuito central do capitalismo mundial, a partir de 2007. Como o motivo deflagrador foi a incapacidade de pagamento dos financiamentos de imóveis pelos compradores, os empréstimos financeiros de alto risco, e especialmente a gigantesca especulação com papéis, como os fundos alternativos, *hedge funds*, *swaps*, derivativos e toda a parafernália de papéis futuros nos grandes centros do capital financeiro, a crise que se instalou inicialmente no centro do capitalismo daí derramou-se para boa parte do sistema mundial. Se a crise da década de 1970 levou de roldão a política keynesiana do papel subsidiário do Estado ao crescimento econômico capitalista, a crise de 2007-2008 foi típica da política neoliberal da mais ampla liberdade de mercado. Seu controle implicou que governos nacionais, e não os institutos transnacionais, despendessem bilhões e até trilhões de dólares para evitar a debacle do setor financeiro.

É preciso esclarecer que sempre houve, nos países de centro[1], espaços maiores ou menores de flexibilidade. Nas franjas dos sistemas, multidões efetuando atividades precárias, milhões de migrantes e integrantes de grupos sociais menos favorecidos trabalhando em condições temporárias e passageiras, atividades de diaristas, autoempregos, trabalhadores por conta própria, trabalhadores em tempo parcial, trabalhadores em jornadas extraordinárias e membros do lumpesinato. A flexibilização contemporânea distingue-se pelo fato de que muitas formas são implementadas por políticas públicas, ocupando espaços significativos do mercado do trabalho e representando uma estratégia própria de acumulação.

Crises são partes inerentes do modo de produção capitalista. Da relação entre crise e flexibilidade emerge a questão sobre as maneiras como a crise de 2007 a 2017, seja nos países centrais, seja naqueles em desenvolvimento, afetou a flexibilidade laboral. Períodos de crise constituem momentos durante os quais as empresas e os governos testam medidas de reorganização do trabalho, entre as quais as de flexibilização.

A presença da flexibilidade nas crises suscita outra questão: Qual seria a posição das empresas em relação ao trabalho flexível, após uma possível retomada do crescimento econômico? Retornariam aos empregos e às condições laborais do trabalho-padrão, *standard*, de tempo integral, ou continuariam com as modalidades de trabalho flexível? Dadas as vantagens que o trabalho flexível oferece, não seria de admirar se empresas mantivessem, não todas, mas as formas

---

[1] E, por suposto, nos demais círculos que compõem o sistema mundo, também.

bem-sucedidas de flexibilidade. Assim, a retomada do crescimento econômico poderia acontecer com volume de trabalho flexível equivalente aos períodos de crise.

Realiza-se a análise de países de capitalismo mais antigo, os países "industrializados" por meio da revisão de literatura relativamente abundante existente para esses contextos. Informações estatísticas, estudos sobre regulação laboral, *surveys* sobre a condição social e econômica dos trabalhadores em geral e flexibilizados em particular, sobre a atuação sindical, sobre as empresas como contratantes e determinadoras das distribuições flexíveis ou rígidas dos horários laborais, discussões sobre os componentes teóricos subjacentes pavimentam o percurso da análise, durante a qual será destinada atenção especial à preservação ou à retirada dos direitos dos trabalhadores, bem como ao lugar da mão de obra na produção de valores.

1. Estados Unidos

A construção dos direitos do trabalho nos Estados Unidos advém de lutas históricas dos trabalhadores, consolidando-se em legislação após a grande crise de 1929. As lutas pela determinação estatal de um padrão socialmente aceitável da jornada de trabalho geralmente antecedem os processos mais amplos de regulamentação laboral. A reivindicação histórica dos trabalhadores pelo padrão de oito horas diárias que ganhou unanimidade no cenário internacional toma formas práticas no século XX com a Revolução Russa de 1917, com as Convenções da OIT, organização que emergiu da Liga das Nações, com o Tratado de Versalhes (Paris), de 1919. Os eventos da Revolução Russa e da OIT não têm força suficiente para descartar as empolgantes narrativas das lutas travadas dentro dos limites dos Estados-nação e pesquisar os detalhes de seus desenvolvimentos, o que *de per si* constitui um exercício intelectual instigante. A variedade de situações internas, as razões das decisões, as manobras, os avanços e os recuos, cabe à história esclarecer detalhadamente esses fatos na maioria dos países. Noutros casos, a história desses movimentos tem que ser construída. E em outros, ainda, a regulação estatal da jornada-padrão aguarda para ser feita.

Nos Estados Unidos, a adoção do trabalho com jornadas padronizadas e com duração reduzida foi alcançada a partir do século XIX com as lutas por oito horas diárias. Ainda que a jornada viesse declinando década após década desde o século XIX, o Fair Labor Standards Act (FLSA) só se tornou possível, entre outros fatores, depois da tragédia provocada pela morte de 146 operárias em meio a um incêndio na Triangle Factory, em Nova York, em 1911, e da Grande Depressão de 1929. O fator a ser considerado consistiu no reconhecimento de que, com a elevação dos rendimentos do trabalho, por meio da introdução de técnicas de administração da mão de obra, um padrão de trabalho com menor número de horas poderia render mais do que uma jornada mais extensa em horas e, consequentemente, mais cansativa. O FLSA inclui as quarenta horas semanais, o salário mínimo, as horas extras à base de uma vez e meia a hora normal e a proibição ao trabalho de menores.

O impacto das mortes de operárias que não puderam abandonar os espaços de trabalho por estarem as portas da fábrica trancadas e se situarem no alto de um prédio de dez andares foi muito forte dentro do movimento sindical. Maior ainda na opinião pública, cujo senso moral não podia entender que trancar as portas fosse atributo exclusivo de decisão do empresariado e de seus administradores. Um clamor pelo estabelecimento de regras pelos governos local, estadual e federal levantou-se e formou-se um conceito no seio da população favorável a que a regulação do trabalho e de suas condições principais de exercício fosse retirada do controle exclusivo do empresariado e das mãos de seus administradores e passasse a ser exercido pelo poder público. Ainda assim, o impacto sobre o senso de dignidade moral da sociedade conduziu os governos locais a tomar medidas, não obstante o governo federal não tenha se movido imediatamente no mesmo sentido. Passaram-se mais de trinta anos até que o FLSA fosse aprovado pelo Congresso e sancionado, dando origem ao trabalho regulado nos Estados Unidos, sob o governo de Franklin Delano Roosevelt. A regulação estatal do trabalho significou uma grande vitória para os trabalhadores e para a população em geral.

Possivelmente mais complicada seria a aceitação, pelo empresariado, da regulação de um padrão geral de trabalho. Havia uma tendência na economia estadunidense no sentido de intensificar o esforço do trabalho, mediante o estudo sistemático das condições de seu exercício. A prova decisiva do método taylorista de trabalho consistiu na apresentação dos enormes ganhos de resultados do trabalho com a aplicação de suas técnicas científicas de alcançar a melhor maneira de realizar uma ação, em termos do tempo consumido e dos movimentos realizados. Aos avanços obtidos pela introdução de rígida disciplina do trabalho, somaram-se, próximo aos anos 1930, as propostas de Henry Ford de produção em massa, por meio do sistema de esteiras rolantes, com trabalhadores especializados em uma só função. Para estimular o desempenho no trabalho, assim como Taylor, Ford também alçou o salário à vista dos trabalhadores, além de pregar a ética da frugalidade e da disciplina social, procurando controlar o comportamento dos empregados sobre os atos da vida cotidiana. O salário mais elevado deveria preencher igualmente a função de ampliar um mercado comprador de produtos industriais, inaugurando o ingresso dos Estados Unidos na fase de consumo de massa. Juntos, taylorismo e fordismo, o americanismo da expressão de Antonio Gramsci[2], elevaram a intensidade do esforço colocado pelo trabalhador nas atividades diárias.

Tal descrição mostra como foi possível, pelo menos para a economia estadunidense, absorver a diminuição das horas de trabalho, sem que isso representasse uma perda de mercados para as empresas na competição nacional e internacional. A elevação da intensidade do trabalho e a consequente produção de maiores resultados tornavam possível a redução de jornada acompanhada de crescimento econômico e acumulação. O estabelecimento de uma norma comum disciplinadora das condições de exercício também criava um padrão de trabalho consistente com o crescimento da economia capitalista: duração de oito horas diárias, durante cinco dias por semana e com horas extras controladas. A regulação do trabalho por meio da intervenção do Estado não se opunha aos interesses maiores nem das empresas isoladamente nem do conjunto da economia. Ao contrário, estabelecia uma regulação que fornecia um suprimento de trabalho em quantidade crescente e rigidamente regulado. A regulação estatal de um padrão rígido de trabalho atendeu aos objetivos do

---

[2] Antonio Gramsci, *Americanismo e fordismo* (São Paulo, Hedra, 2008).

crescimento econômico capitalista, naquelas condições de expansão industrial, com sistematicidade, crescimento do emprego e de uma oferta indiscutivelmente grande de trabalho.

Na década de 1950, já a grande maioria dos trabalhadores dos Estados Unidos operava dentro de padrões de trabalho rígido que formou um processo inesgotável de produção de valores, uma alavanca do desenvolvimento econômico capitalista e de transformação do país na principal potência econômica do mundo ocidental. Tal alavanca alcança seus limites quando o processo de crescimento econômico capitalista conhece sua grande crise no início dos anos 1970, momento em que começa a ser questionado teórica e praticamente o padrão rígido de distribuição das horas laborais, acrescido de direitos.

O crescimento de arranjos flexíveis de trabalho nos Estados Unidos é avaliado como aparentemente inevitável por alguns autores[3]. Nada a admirar, uma vez que aquele país esteve envolvido nos primeiros experimentos e decisões políticas sobre flexibilidade. Na verdade, a experiência japonesa de flexibilidade, representada pelo toyotismo e outras formas de reorganizar o trabalho e, consequentemente, de produzir mais valores, constituiu um forte desafio para a economia estadunidense. São fartamente conhecidas a experiência japonesa de estudar o sistema de organização do trabalho dos Estados Unidos e a acerba crítica dirigida ao fordismo-taylorismo, em seus aspectos de organização do trabalho que conduziam à subprodução de valores, à presença sindical na negociação das condições de trabalho, à burocratização, ao desperdício de materiais e à relação frágil com o mercado. Na construção dos princípios do toyotismo, a crítica aos erros do fordismo-taylorismo exerceu importante papel na profunda reformulação da organização laboral nos estabelecimentos industriais japoneses. Nos anos 1980, os Estados Unidos voltam-se para o Japão em busca de inspiração[4] para elevar os rendimentos do trabalho, que

---

[3] Stanley D. Nollen, *New Work Schedules in Practice. Managing Time in a Changing Society* (Nova York, Van Rostrand Reinhold, 1999, p. 21).

[4] James P. Womack, Daniel T. Jones e Daniel Roos, *A máquina que mudou o mundo* (Rio de Janeiro, Campus, 1992), chamam esse método de trabalho de "a máquina que transformou o mundo".

apenas sob a forma da inserção de mais tecnologia não alcançava fechar o fosso que dividia as duas grandes economias.

Como em outros países, nos Estados Unidos algumas modalidades de flexibilidade estão em crescimento e outras não. Entre as que estão em crescimento, apontam-se os trabalhadores temporários fornecidos por agências (trabalho terceirizado), que em doze anos quase teriam triplicado de número, terminando em 1997, e que representavam quase 2% de todos os empregos. Outra modalidade que cresce bastante é a formada pelos arranjos flexíveis de trabalho, os quais se estendiam para 28% dos empregados em tempo integral naquele ano. A terceira modalidade com alto crescimento é a telecomutação, que chegava a representar 3% dos empregos em 1997. As outras duas modalidades de flexibilização que o autor[5] estuda e que não apresentaram crescimento entre 1985 e 1997 são o trabalho em tempo parcial e o autoemprego. Independentemente de crescimento ou não, o autor avalia que, em razão de sua participação no total de empregos, "empregados em tempo parcial, trabalhadores temporários e terceirizados são agora essenciais e críticos para a estratégia de negócios". Uma avaliação de necessidades do sistema – "essenciais e críticos". A razão por trás de tal avaliação parece estar no fato de que esses trabalhadores conferem às companhias flexibilidade para "adequar a força de trabalho à carga de trabalho".

Grupos distintos estão compreendidos entre trabalhadores temporários. Os temporários de agências representavam entre 1 e 2,5 milhões de trabalhadores em 1997, prevalecendo entre eles empregos administrativos, operadores de máquinas e trabalhadores manuais. Seriam especialmente mulheres, negros e jovens, com menor grau de escolaridade e menor chance de estarem matriculados em escolas. Seus rendimentos são menores que os de outros empregados em geral, tanto os rendimentos por semanas como aqueles por horas de trabalho. Mas os profissionais contratados por agências apresentam rendimentos por hora superiores ao dos demais. A proporção de contratados com seguro-saúde é inferior a 10%, com plano de aposentadoria pago pelo empregador é menor do que

---

[5] Stanley D. Nollen, *New Work Schedules in Practice. Managing Time in a Changing Society*, cit., p. 22-3.

5% e com férias pagas é de 10%. Exceto no caso de profissionais, os contratados por agências constituem o grupo mais precarizado entre os trabalhadores temporários[6].

Os "trabalhadores por chamada"[7] seriam quase 2 milhões em 1997. Não se diferenciam demograficamente dos empregados tradicionais. Recebem rendimentos semanais e benefícios sociais, entre os quais seguro-saúde e plano de aposentadoria pagos pelo empregador, em proporções um pouco superiores à dos empregados de agências de terceirização de mão de obra, mas não alcançam os rendimentos dos trabalhadores contratadores independentes[8].

O maior grupo é representado por trabalhadores que são contratadores independentes ou empregados alugados por empresas terceirizadas. Somariam 8 milhões em 1997 e trabalhariam em empregos de vendedores, gerentes e empregos técnicos. Apresentam as características de serem especialmente homens, brancos e de mais idade. Seus rendimentos são também superiores aos de outras categorias[9].

Os telecomutadores ou teletrabalhadores são uma modalidade em forte crescimento nos Estados Unidos. É definida em geral em função de o trabalho regular ser feito em domicílio ou em localização atendida por satélite. Conforme a definição empregada, a proporção de empregos em teletrabalho varia de 1% a 10% de todas as pessoas que trabalham. O número de pessoas que trabalhavam em casa em 1997, incluindo primeiro e segundo empregos, empregados e trabalhadores por conta própria, somava 11 milhões, sendo a maioria de gerentes, profissionais e vendedores e distribuindo-se de forma equitativa entre homens e mulheres, com esmagadora maioria de brancos em relação a negros e a hispânicos.

O emprego em tempo parcial é definido em 35 horas semanais de trabalho ou menos pelo estudo aqui empregado como base. Em 1997, envolvia 25 milhões de trabalhadores, um forte esteio, portanto, da

---

[6] Descritos por Stanley D. Nollen, *New Work Schedules in Practice. Managing Time in a Changing Society*, cit., p. 30, com dados referentes a 1995.
[7] Mais conhecidos pela expressão inglesa *on-call workers*.
[8] Ibidem, p. 30.
[9] Idem.

economia estadunidense. O emprego em tempo parcial cresceu entre os anos 1970 e 1985, estabilizando-se a partir daí em diante até 1995. A maioria dos trabalhadores em tempo parcial é representada por mulheres, jovens e idosas. Entre as ocupações prevalecem serviços e comércio. Os trabalhadores em tempo parcial recebem salários por hora inferiores ao dos trabalhadores em tempo completo, quer no total do grupo, quer quando comparadas as ocupações dentro do grupo. Gerentes, profissionais, técnicos, trabalhadores de serviços, operadores e trabalhadores manuais que têm contratos em tempo parcial recebem menos por horas do que trabalhadores em ocupações análogas e com contratos de tempo integral. O mesmo pode ser afirmado em relação a benefícios, tais como férias pagas e seguro-saúde pago pelo empregador[10].

A avaliação do autor claramente se inclina em favor do processo importante em gestação na estrutura da sociedade estadunidense. "Arranjos flexíveis de trabalho [...] são parte essencial da gestão de negócios. Eles vieram para ficar!"[11]. E continua assertando em termos sociológicos "a crescente centralidade e o elevado perfil dos arranjos flexíveis de trabalho". Todavia, não se furta a estabelecer limites para o processo de flexibilidade: "Embora pareça existir muito espaço para a expansão de inovações tais como os horários flexíveis de trabalho, a expansão de trabalho temporário e contingente de tempo parcial e de teletrabalho é limitada pelo próprio conceito de firma[12]".

Verificam-se tendências de crescimento, entre 1980 e 2000, de algumas modalidades de trabalho flexível – trabalhadores temporários fornecidos por agências, horários flexíveis de trabalho e telecomutação –, indicando que não é qualquer flexibilidade que encontra respaldo entre empregadores e consegue enraizar-se nas práticas laborais de acumulação. Trabalho em tempo parcial e trabalho por conta própria[13] não apresentaram tendência de crescimento nos Estados Unidos entre 1980 e 1997. As razões precisam ser ainda analisadas.

---

[10] Ibidem, p. 35-37.
[11] Ibidem, p. 37.
[12] Idem.
[13] Conhecido também como autoemprego ou *self employment*, em inglês.

Entretanto, o fato parece demonstrar limites do emprego do trabalho flexível. Pode ser entendido que o capital não se reproduz apenas com o uso do trabalho flexível, e sim por meio de combinações de flexibilidade com trabalho repetitivo, de tempo integral com tempo parcial.

Até agora, os autores não mencionaram outras modalidades mais brutas de flexibilização de trabalho existentes em determinados locais que funcionam como verdadeiros mercados de compra e venda de força de trabalho. Esses locais não são operados por empresas, como à época em que escravos eram vendidos à entrada dos portos, aos quais navios negreiros conduziam a cobiçada mercadoria da força de trabalho humana. Hoje em dia, os mercados de oferta de mão de obra operam todos os dias na parte da manhã até que haja esperança de conseguir contrato de uma diária, de alguns dias ou um contrato mais longo. São mercados no sentido estrito, ainda que operem informalmente. Os contratadores chegam motorizados e apresentam sua demanda de pintores, pedreiros, carregadores, pessoal de limpeza e outros profissionais. À mínima informação de que alguém está contratando afluem imediatamente dezenas de trabalhadores desempregados em disputa frenética para tentar uma vaga. Alguns conseguem, outros não. Alguns aceitam as ofertas de salários, outros não. Comprada a quantidade de mercadoria desejada, os contratadores partem. Resta aos que não conseguiram empregos permanecer à espera por mais tempo ou regressar ao mercado no dia seguinte[14].

---

[14] Mercados de força de trabalho existem em muitas cidades do Brasil e também do exterior. A bela cidade de Austin, Texas, nos Estados Unidos, na passagem do milênio de 1999 para 2000, tinha em pleno funcionamento uma instituição desse tipo. Observada em visita *in loco* pelo autor na convergência da East Cesar Chavez com a San Marcos Street, ambas no lado leste da Highway 290, em 1998. Por ironia, a rua leva o nome de Cesar Chavez (1927-1993), o grande líder da organização dos trabalhadores rurais mexicanos nos Estados Unidos.
Na gigantesca Cidade do México, capital do país, um mercado de mão de obra opera na Plaza San Jacintho, Colônia San Angel, Delegación Alvaro Obregon. Todas as manhãs, entre 100 e 150 trabalhadores do sexo masculino, de origem indígena e mestiços em sua maioria, com suas inevitáveis mochilas nas costas, onde guardam alimentos, instrumentos profissionais e pertences, aguardam por uma oferta de trabalho de algum contratador que passe pelas ruas da praça. A capacidade de negociação de salários e condições laborais por parte dos trabalhadores é bastante reduzida. Em uma cidade tão grande quanto a Cidade do México, existem não apenas um, mas vários desses mercados,

São formas de flexibilização de empregos[15]. Entretanto, os estudos sociológicos sobre elas, que analisam as condições laborais, as razões da existência desses instrumentos de atendimento de demandas do mercado de mão de obra e questões conexas, são escassos.

A maior economia do planeta defrontou-se com a grande crise econômica[16] do início do século XXI, alterando o campo social, cortando empregos, modificando as condições de trabalho. A crise não respeitou fronteiras nacionais e invadiu as mais sólidas economias do centro capitalista, exigindo dos governos intervenções para conter os múltiplos estragos provocados pelo cataclisma. Empregos, salários, duração e flexibilidade das horas laborais, intensificação do trabalho, são componentes do sistema de produção e acumulação de valores. Por que razões[17] esse enorme sistema capitalista de alcance global deixou de funcionar e entrou em recessão? Que papel exerceriam os horários flexíveis no contexto da crise?

---

observados pessoalmente pelo autor em visita a campo durante os meses de março a julho de 2015. Vale destacar que frequentemente os meios de comunicação noticiam no México a liberação de grupos de trabalhadores em condições análogas às de escravos. Brasília, Distrito Federal, Brasil, ostenta seus pontos de chapas, que são barracos onde podem ser contratados trabalhadores que exercem a função de chapas, ao longo das duas margens da rodovia Brasília-Goiânia, na cidade de Samambaia, e Brasília--Cristalina, em Valparaíso. Essa instituição opera desde 2000. Nos últimos anos, a instituição assumiu uma modernização. Em vez de aguardar nos barracos à beira da rodovia, os trabalhadores deixam ali pendurados os números de seus telefones celulares, por meio dos quais podem ser contatados.

[15] Esses exemplos, que podem ser multiplicados em cidades maiores e menores, tanto do Brasil como do exterior, não são mencionados pelos autores, possivelmente em razão da inexistência de informações estatísticas para serem analisadas, dado o grau de informalidade com que funciona esse mercado de força de trabalho.

[16] Chamada de Grande Depressão pelo Conselho dos Assessores Econômicos: "Em 2008, a economia dos Estados Unidos colidiu com [...] a Grande Depressão, a mais severa crise econômica em uma geração". Counsel of Economic Advisers, *The Labor Force Participation Rate since 2007: Causes and Policy Implications*, Executive Office of the President of the United States, 2014, p. 2.

[17] Ben Fine e Alfredo Saad-Filho, em *El capital de Marx* (México, Fondo de Cultura Economica, 2013), suscitam uma série de questões e sugerem pistas para as razões da crise ao final do livro.

O Conselho de Assessores Econômicos dos Estados Unidos[18], ao examinar a queda da taxa de participação da força de trabalho, de 65,9%, em 2007, para 62,8%, em 2014, aponta três fontes da queda: envelhecimento da população, declínio cíclico da economia e outros fatores. Menciona a força do desemprego, mas não confere nenhum papel à flexibilização das horas laborais. Em que pesem os assessores econômicos, a flexibilização chegou e se reforça em ambientes de crise, de baixo crescimento e de recessão. Uma razão para interpretar tal expansão encontra-se na redução salarial que a flexibilidade implica para a força de trabalho agregadamente ao trabalho mais maleável para enfrentar os turbilhões da conjuntura, sem que diminua a quantidade de trabalho ofertada.

A flexibilização de horas vem recebendo tratamento pela academia em relação ao controle dos trabalhadores e à flexibilidade de entrada e de saída dos locais de trabalho, bem como aos desencontros entre necessidades dos empregadores e interesses dos trabalhadores por jornadas flexíveis de trabalho. Artigos sobre diferenciais de gênero[19], raça ou etnia e status migratório também são frequentes, mas falta estudo sistemático da evolução das formas de trabalho flexível nos anos recentes, de suas tendências e modalidades, o papel exercido pela flexibilidade na atualidade e suas perspectivas. Isso porque, sendo a economia dos Estados Unidos a mais forte da constelação capitalista mundial, qualquer mudança no uso da força de trabalho que lá ocorra repercute e influencia em âmbito mundial.

Uma das principais modalidades de flexibilidade de horas que já vinha se consolidando desde a década de 1970 era o trabalho em tempo parcial, definido pelo indicador de 35 horas laborais ou menos

---

[18] "Partindo do último trimestre de 2007, o índice de participação da força laboral caiu de 65,9% para 62,8% no segundo trimestre de 2014 [...] as três razões principais: envelhecimento da população, declínio cíclico (trabalhadores em potencial optam por adiar a procura por emprego até que a economia se recupere) e outros fatores, que podem incluir tendências que precedem a Grande Recessão e consequências do rigor particular da Grande Recessão." Counsel of Economic Advisers, *The Labor Force Participation Rate since 2007*, cit., p. 3.

[19] Karen S. Lyness, Janet C. Gornick et al, "It's All about Control: Worker Control over Schedule and Hours in Cross-National Context", em *American Sociological Review*, v. 77, n. 6, 2012.

por semana. A proporção de trabalho em tempo parcial tende a seguir a evolução cíclica da economia. Em períodos de recessão, a participação aumenta e, em períodos de crescimento econômico, se contrai. Na grande recessão atual, a participação de pessoas empregadas que labutavam em jornadas parciais[20] era de 17% em 2007 e ascendeu para 20% em 2009, aí permanecendo, uma vez que o horizonte não apresenta luz ao fim do túnel da crise. Os autores arguem que o nível de participação em trabalho de tempo parcial não é não usual[21] a outras recessões pelas quais a economia estadunidense passou. Assim, em 1976, a taxa de participação era de 16,8%; em 1981, durante a crise do petróleo, subiu para 18,4%; em 1995, alcançou 19% e, em 2010, 19,7%. O argumento de que a evolução do nível de participação do trabalho em tempo parcial "não é não usual" implica também não conferir a ele o papel "não usual" de ser uma modalidade nova de flexibilidade da qual a grande economia capitalista precisa lançar mão para enfrentar a crise e seguir o processo de acumulação. Há outras modalidades de trabalho não padrão no imenso mercado laboral dos Estados Unidos. O trabalho temporário pode ocorrer individualmente, embora seja mediado com mais frequência por agências que gerenciam a mão de obra temporária. Os empregos temporários, além de terem qualidade menor, podem envolver, em alguns casos, condições análogas às de trabalho escravo e servil.

Uma conjectura a respeito da participação do trabalho temporário[22] em relação ao conjunto da força de trabalho empregada é de 8% para os Estados Unidos e de 14% para a Europa. Migrantes,

---

[20] "A parcela de indivíduos empregados que trabalham em tempo parcial subiu de aproximadamente 17% em 2007, pouco antes da recessão, para quase 20% em 2009, e ficou próxima a esse nível até meados de 2013." Rob Valletta e Leila Bengali, "What's Behind the Increase in Part-Time Work?", em *FRBSF Economic Letter 2013-24*, August 26, 2013, p. 1-5.

[21] "Demonstramos que a ocupação de tempo parcial não é anormalmente alta em relação a níveis já observados, sobretudo no rastro da recessão de início dos anos 1980." Ibidem, p. 4.

[22] "Uma parcela substancial de toda a população trabalhadora, que vai de 8% nos Estados Unidos a 14% na Europa, tem empregos temporários." Hans De Cuyper, "Temporary Workers/Temporary Agency Workers", em *Human Resource Management*, v. 5, 21 jan. 2015 (on-line). Abstract.

especialmente ilegais, são fonte infinita de oferta de mão de obra para as modalidades de trabalho em tempo parcial, para trabalho temporário e para trabalho sazonal, ocupando geralmente as posições mais rebaixadas da escala profissional. Em anos recentes, a polícia interna tem agido duramente contra migrantes não documentados. Dois milhões e meio de mexicanos americanos não documentados foram expulsos[23] dos Estados Unidos entre 2008 e 2015. Não se pretende mencionar apenas a quantidade, mas também os problemas criados, como a ruptura de laços familiares, a separação de membros da família, a expulsão de pessoas que viveram sua infância no país do Norte e de repente são dele expulsos.

O trabalho sazonal é outra modalidade flexível que ocupa migrantes, pessoas desocupadas e estudantes e envolve situações de trabalho muito duras com intensidade e duração de horas exacerbadas.

As modalidades de trabalho flexível representam proporção considerável do mercado de trabalho estadunidense e vêm crescendo nos anos mais recentes. As formas de flexibilização conhecem em períodos de crise seu momento mais propício de construção, dado que os trabalhadores que desempenham atividades flexíveis e aqueles que são candidatos a elas se encontram em condições muito desfavoráveis relativamente à negociação de normas laborais, a salários, à escolha dos tipos de trabalhos que são oferecidos e precisam ser aceitos, à autonomia e à dependência. Mas exercem papéis diretos ou indiretos importantíssimos, documentados ou não, nos processos de produção e de circulação de valores.

Revisando as modalidades de trabalho flexível, concluímos que em sua quase totalidade apresentam nítidas tendências de crescimento no período examinado, restando dúvidas, apenas, em relação ao trabalho de tempo parcial, que apresentou tendência de estabilidade pouco antes da virada do milênio. A crise de 2007 em diante inverte tendências. Já as demais formas, como o teletrabalho,

---

[23] Agradeço o qualificado depoimento feito ao autor por Gustavo Verduzco, professor e pesquisador do respeitável El Colegio de México, especialista em migração de mexicanos para os Estados Unidos e problemas correlatos. Depoimento datado de 10 de junho de 2015, quarta-feira, em El Colegio de México, Cidade do México.

o trabalho terceirizado, o trabalho por chamada para vagas que surgem, os contratados de agências de mão de obra, assim como os mercados informais de mão de obra que se estabelecem em determinadas ruas ou praças das grandes cidades, são componentes estruturais do mercado de trabalho flexível dos Estados Unidos e estão em crescimento.

A crise iniciada em 2007 provoca a intervenção de autoridades públicas em relação à adoção pelas empresas de modalidades (ou tipos) de flexibilidade, tal qual a possibilidade de variar horários de entrada e saída dos lugares de trabalho. O pedido do presidente Barack Obama, feito em 24 de junho de 2014, às empresas para que facilitassem a vida dos trabalhadores e, em especial, das trabalhadoras, com a adoção de "políticas de flexibilidade nos locais de trabalho que permitissem aos empregados lidar melhor com as demandas de paternidade e cuidados", repercutiu fortemente na imprensa nacional e internacional. "O centro de suas observações focalizou a licença remunerada para os pais e para aqueles que servem como cuidadores de membros de família... O presidente Obama informou que assinaria um memorando presidencial que exigiria de toda a agência federal que estabelecesse horários flexíveis de trabalho e que desse aos empregados o direito de requerer horários flexíveis de trabalho"[24].

A jornalista que escreveu a matéria acrescenta que o presidente elogiou publicamente três empresas por implementar "políticas inovadoras": a JetBlue, por facilitar o trabalho em domicílio; a Google, por ter aumentado licenças para reter mulheres empregadas que estavam deixando a empresa; e a Cisco, por ter poupado US$ 275 milhões por permitir o teletrabalho. A derradeira razão indica o motor das empresas para a adoção de políticas de flexibilidade.

2. Canadá

A economia e a sociedade canadenses representam uma mistura de influência inglesa, mais liberal quanto às relações industriais, e de

---

[24] Kathryn Dill, "Obama Pushes for Paid Parental Leave, Workplace Flexibility", *Forbes*, 24 jun. 2014, disponível *on-line*.

ascendência francesa, mais regulacionista. Economia desenvolvida, mantém a adesão ao princípio do respeito aos direitos do trabalho.

A economia canadense adotou a flexibilização do trabalho em proporção que supera a de outros países, segundo autores. "O emprego 'típico' de tempo integral, permanente, nove às cinco, segunda a sexta, com um empregador, é agora o arranjo de trabalho para somente um terço da força de trabalho canadense." "Estatísticas sobre a força laboral mostram que, particularmente desde 1982 até 1998, a incidência de arranjos como tempo parcial, trabalho sob chamada, turnos de trabalho, arranjos de contrato e trabalhos temporários cresceu fortemente. O autoemprego sem empregados também cresceu substancialmente desde o início dos anos 1990."[25] Nesse sentido geral, a experiência canadense de incisivo crescimento do trabalho flexível não difere daquela dos Estados Unidos nem dos países da Europa, como se verá mais adiante.

Em meio às convergências das práticas canadense e estadunidense, há um aspecto divergente. O crescimento geral da flexibilidade enquanto prática do mercado e da organização do trabalho é reforçado. No entanto, a modalidade específica do trabalho em tempo parcial, que, segundo os relatos, é componente importante da organização laboral das empresas, estancou o crescimento ao final dos anos 1990 nos Estados Unidos, ao passo que no Canadá continuou crescendo. "Em 1976, a porcentagem de emprego em tempo parcial era de 12,5% e, em 1997, tinha aumentado para 19%."[26] Nos Estados Unidos, o período de forte crescimento econômico sob o governo Bill Clinton na década de 1990 incidiu na criação de outros tipos de empregos que não os de tempo parcial.

A participação dos empregados em trabalhos de tempo parcial alcançou 19,2% em 1993 e 19,4 em 2010, permanecendo desde então em torno de 19%. Não há, pois, sinal de redução do trabalho em tempo parcial após a crise. Ocupantes de empregos em tempo parcial são jovens, inclusive estudantes, idosos e mulheres. O trabalho

---

[25] Isik Urla Zeytinoglu, *Flexibility in Workplaces: Effects on Workers, Work Environment and the Unions*. Genebra, Iira/ILO, 2005, p. 41, escreve, com apoio em estudos de outros autores, referindo-se aos anos 1990.

[26] Ibidem, p. 44.

em tempo parcial no Canadá é ocupado em maior proporção por mulheres adultas; o mesmo acontece nos Estados Unidos, porém são mulheres jovens e idosas. Não há sinal de redução do trabalho em tempo parcial depois da crise.

Outra modalidade de flexibilidade é composta pelo trabalho temporário e o trabalho com contrato determinado, que estaria em crescimento desde o final dos anos 1980. Tal flexibilidade é antiga na história do trabalho e encontrável em quaisquer outros países do mundo, dado seu caráter embrionário de pagamento do trabalho por um salário, ficando benefícios e direitos na dependência das práticas nacionais, regionais ou locais. O trabalho temporário chega a ocupar 10% da força de trabalho no Canadá por volta de 1995, uma proporção elevada e que indica o papel que essa modalidade ocupa no mundo do trabalho daquele país.

O trabalho que tem por base o domicílio pode envolver formas muito tradicionais de emprego, assim como outras extremamente modernas, propiciadas pelos avanços tecnológicos. Conforme o censo canadense de 1996, 6% da força de trabalho empregada exerce as atividades em domicílio.

Dessa breve exploração da adoção de formas de trabalho flexível podem-se reter a velocidade e a continuidade do processo de flexibilização em curso naquele país. Todavia, é necessário verificar qual o impacto da crise financeira internacional sobre o mundo do trabalho também no Canadá.

Os autoempregados, que eram 12,1% em 1976, aumentaram sua participação até 17% em 1998; houve queda para 15,3% em 2002, mas eles permaneceram na casa dos 15% até anos mais recentes. Não se manifesta, pois, um aumento do autoemprego no Canadá durante a crise que perdurou de 2008 a 2015.

Informações sobre trabalhadores temporários, que incluem trabalho por contrato e trabalho estacional ou empregos com data de término especificada, começaram a ser levantadas a partir de 2000 no Canadá[27]. Naquele ano, representam aproximadamente 10%

---

[27] Philip Cross, "The Recession's Impact on Canada's Labour Market", em *The School of Public Policy Research papers*, v. 8, n. 28, 2015, p. 5, escreve: "As estatísticas canadenses

da força de trabalho e ascendem para 12,5% em 2012. O trabalho flexível, composto pela soma dos trabalhos de tempo parcial com os trabalhos temporários, já apresentava um comportamento de crescimento forte entre 1976 e 1993 e permanece estável a partir de então[28]. Na década de 2000, trabalho temporário mais trabalho em tempo parcial representaram um terço da força de trabalho do Canadá. Essa proporção atravessa a crise de 2008 e se mantém até hoje, indicando que há um papel específico desempenhado pelo trabalho flexível, que é o de ocupar as posições mais frágeis e mais precárias na economia.

A introdução do trabalho flexível no Canadá suscitou resistências. Mencionamos apenas um caso, muito próximo ao Brasil, para encerrar a análise da evolução da flexibilidade naquele país. Trabalhadores de uma mineradora canadense de níquel, comprada pelos capitais brasileiros da empresa Vale do Rio Doce, realizaram greve de *onze* meses[29] para manter direitos do trabalho e empregos. Os capitais brasileiros entraram em choque com os trabalhadores canadenses, acostumados ao padrão do Estado de bem-estar social, com trabalho de tempo integral com direitos, e tiveram de recuar depois de quase um ano de enfrentamento. É o choque do trabalho rígido ante a realidade do trabalho flexível que retira direitos.

3. União Europeia

Ao reorganizar o trabalho e reduzir seu custo, a flexibilização laboral foi um dos fatores para a saída da crise do petróleo de 1973

---

começaram a diferenciar ocupações em cargos permanentes e temporários em 2000, sendo que os últimos incluem trabalho sazonal ou ocupações com prazo definido de término".

[28] Há um dissenso de interpretação entre autores sobre tendências do trabalho flexível no Canadá. Uma autora (Zeytinoglu) afirma que o trabalho em tempo parcial apresentaria tendência de crescimento. Já para Cross, o trabalho em tempo parcial teria crescido até certo ponto e aí estabilizado. Mas ninguém nega que o trabalho flexível é uma realidade naquele país. Ademais, o Canadá passou pelo impacto da crise econômico-social iniciada em 2007-2008 e, durante crises, elevam-se as demandas por mão de obra barata e flexível (tempo parcial) em vez dos contratos de tempo integral com direitos.

[29] Segundo a revista *Exame* (versão on-line) de 5 jul. 2010, matéria intitulada "Vale faz acordo para fim de greve no Canadá". Capitais brasileiros também chegaram ao Canadá por meio da empresa Gerdau.

e a retomada do processo de acumulação de capital. Alguns fatos permaneceram como símbolos desse processo de reestruturação, que, aliás, é bem conhecido das publicações. São enfrentamentos entre sindicatos de mineiros e o governo de Margaret Thatcher, na Inglaterra, entre o sindicato de controladores de tráfego aéreo e o governo de Ronald Reagan, nos Estados Unidos, e entre petroleiros e o governo de Fernando Henrique Cardoso, no Brasil. As políticas relativas ao desemprego, à perda da proteção ao trabalho e à seguridade social, à intensificação do ritmo e da velocidade do trabalho, ao incremento do uso de modalidades de empregos flexíveis, por meio dos quais um enorme contingente de mulheres e jovens foi incorporado ao mercado de trabalho, todos esses elementos reestruturam o sistema de produção de valores. A partir desse ponto, passa-se a examinar como foram empregadas as modalidades de trabalho flexível na reestruturação do sistema de produção de valores.

Inicia-se a análise com informações[30] sobre a forma de trabalho flexível conhecida como emprego em tempo parcial que já era adotada em alguns países da União Europeia em 1973, mas em pequenas proporções. Na Holanda, Dinamarca, Alemanha, Suécia e Inglaterra, o trabalho flexível representava mais de 10% dos empregos totais. A modalidade de trabalho em tempo parcial já fazia parte do sistema de empregos, embora ocupando posição secundária. Diante do desemprego e da falta de crescimento econômico, os governos daqueles países europeus começaram a lançar mão em maior escala de formas de flexibilização laboral.

Segundo Delsen,

> na última década, uma política de desregulamentação e descentralização do mercado de trabalho foi aplicada nos Estados-membros da União Europeia. Os fatores da política europeia consideram a descentralização e a flexibilização do mercado de trabalho importantes instrumentos para criar novos empregos e reduzir o desemprego. Uma opção escolhida na década de 1980, notadamente na Europa continental, foi a remoção parcial de proteção do emprego, desenhada para tornar mais atrativa aos

---

[30] Lei Delsen, "Changing Work Relations in the European Union", em Isik Urla Zeytinoglu (org.). *Changing Work Relationships in Industrialized Economies* (Amsterdã/Filadélfia, John Benjamins, 1999), p. 102.

empregadores a contratação de trabalhadores com pagamentos mais baixos ou em certas formas de emprego, tais como tempo parcial ou contratos de tempo fixo.[31]

Em razão das ações governamentais de retirada de proteção social e de incentivo a maneiras de trabalho atípico, ocorreu, entre 1973 e 1996, forte crescimento do emprego em tempo parcial na maioria dos países europeus, exceto na Itália. Em 1996, essa modalidade já representava mais de 10% dos empregos em nove países, o que significa que o trabalho flexível se tornou um componente mais importante, que passou a desempenhar um papel mais relevante dentro do esquema de produção de valores da União Europeia.

Quanto aos empregos temporários, eles não ocupam muito espaço no mercado de trabalho europeu, do mesmo modo que acontece nos Estados Unidos. Esses empregos alcançaram crescimento significativo em dois países (Espanha e França, em razão de sua situação econômica específica e das políticas de atuação do Estado), de tal forma que, para o conjunto dos países da União Europeia, "o crescimento dos empregos temporários, como um todo, foi limitado"[32].

Outras formas de trabalho flexível, particularmente o teletrabalho, estariam em processo de mobilização, demonstrando a complexidade do processo de expansão do trabalho atípico: "Arranjos de emprego não padrão, como tempo parcial, trabalho temporário/casual, teletrabalho e autoemprego, estão se tornando predominantes nas economias industrializadas do mundo"[33].

Surveys sobre flexibilidade

Levantamentos amplos de dados abastecem a discussão sobre flexibilidade na União Europeia e são realizados especialmente pela

---

[31] Ibidem, p. 99.
[32] Ibidem, p. 106.
[33] Isik Urla Zeytinoglu e Jacinta K. Muteshi. "Gender, Race and Class Dimensions of Nonstandard Work", *Relations Industrielles / Industrial Relations*, v. 55, n. 1, 2000, p. 133-67.

Fundação Europeia para a Melhoria das Condições de Vida e de Trabalho[34] – Eurofoundation, ou simplesmente Eurofound.

Em 2005, a Eurofoundation, realizou um *survey* a respeito do comportamento das empresas em relação à flexibilidade de horários nos países que pertenciam, naquele ano, à União Europeia. O *survey* envolveu entrevistas com 21.031 gerentes de pessoal e 5.232 representantes de trabalhadores, por telefone[35]. Há diferenças relevantes entre os números de entrevistas efetuadas com gerentes e com representantes de trabalhadores, o que leva a entender que o *survey* estava voltado para captar a posição das empresas mais do que a dos trabalhadores em relação à flexibilidade de tempo. Outro problema consiste na decisão de estabelecer o ponto de corte das empresas que fariam parte do levantamento em um mínimo de dez empregados, por excluir da pesquisa estabelecimentos com menor número de empregos.

O relatório foi escrito e publicado em 2007, antes de explodir a crise de 2008. A pesquisa não tinha por objetivo a evolução da flexibilidade, por isso o relatório não conseguiu captar e discutir o sentido das tendências da flexibilidade das condições laborais na União Europeia. Percebe-se, ademais, a intenção de demonstrar, no relatório, que a solução "win-win"[36] procede dos dados empíricos:

> As empresas almejam ganhar uma vantagem competitiva fazendo o tempo de produção e horas de abertura mais flexíveis. Dos trabalhadores espera-se hoje em dia que mantenham e garantam sua empregabilidade melhorando as qualificações "duras" e "moles", seu capital humano, trazendo dessa forma valor adicional para a organização. O moderno empregado, sinteticamente, tem que vir a ser um empregado empreendedor[37].

O principal resultado da pesquisa consiste numa tipologia de flexibilidade de tempos de trabalho conforme os perfis das empresas.

---

[34] European Foundation for the Improvement of Living and Working Conditions, a que se faz referência neste livro como Eurofoundation.

[35] O relatório do *survey* intitula-se *Establishment Survey on Working Time and Work-Life Balance* (ESWT) (Dublin, Eurofound, 2007), p. 2-3.

[36] Uma solução "win-win" é favorável tanto à empresa como ao trabalhador. Exclui ganhadores e perdedores.

[37] Eurofoundation, ESWT, cit., p. 1.

Distinguem-se empresas com perfis de alta, média e baixa flexibilidade. As empresas de alta flexibilidade dividem-se em dois grupos: 1) flexibilidade orientada para os trabalhadores, compreendendo 14% dos estabelecimentos; 2) flexibilidade orientada para a empresa, em 22% dos estabelecimentos. As empresas que apresentam perfis de flexibilidade intermediária subdividem-se, por sua vez, em quatro categorias: 1) flexibilidade durante o curso da vida, com 18% dos estabelecimentos; 2) flexibilidade dia a dia, com 7% dos estabelecimentos; 3) flexibilidade de horas extras, com 18%; 4) finalmente, o perfil de baixa flexibilidade, que compreende 21% das empresas[38].

Nas empresas com elevada flexibilidade, a flexibilidade orientada para os trabalhadores (14%) é menor do que para as empresas (22%). Essa peça de informação esclarece as razões pelas quais as empresas adotam formas de trabalho flexível: são orientadas para seus interesses. A tipologia assume, ainda, que horas extras são mais favoráveis aos trabalhadores do que aos empregadores. Por quê? Horas extras, na teoria do valor, materializam o mais-valor absoluto e são indicadores de exploração desmesurada do trabalho. A flexibilidade, na forma como está implantada, fica longe de ser uma modalidade "win-win" para ambos, empregadores e trabalhadores, mostrando-se mais favorável ao interesse das empresas.

Vinte e um por cento das empresas adotam formas reduzidas de flexibilidade[39]. Como o relatório tem uma posição de princípio

---

[38] Ibidem, p. 57.

[39] As formas de flexibilidade laboral sobre as quais foram levantadas informações são: a) opção para os trabalhadores – variação de tempos de trabalho: horas ou horários flexíveis de trabalho, banco de horas, horas de trabalho em tempo parcial (reduzidas ou aumentadas); – esquemas de aposentadoria: licença dos pais (maternidade, paternidade, adoção); licença para cuidados (para a família), sabáticas ou paradas na carreira; licença para estudo ou treinamento; – esquemas para aposentadoria: aposentadoria flexível, aposentadoria antecipada; e b) opções para as empresas – flexibilidade de tempo de trabalho: horas ou turnos flexíveis de trabalho (horas variáveis), banco de horas, horas de trabalho em tempo parcial (reduzidas ou aumentadas); horas de trabalho não usuais (noites, fins de semana); horas extras; – trabalho temporário: contratos por tempo determinado; trabalho terceirizado temporário; outros contratos temporários; esquemas de aposentadoria: aposentadoria flexível, aposentadoria antecipada. Como

muito favorável à flexibilidade, esse fato apresenta uma dificuldade para interpretação. "Para prosperar no século XXI, a Europa necessita tornar-se muito mais flexível nos seus processos fundamentais econômicos, sociais, culturais e empresariais. Assim, terá que redesenhar suas operações básicas de trabalho."[40] A Europa, que ofereceu ao mundo o protótipo do Estado de bem-estar social, com jornadas plenas e direitos integrados, terá de buscar, para seu desenvolvimento, aumentar ainda mais a flexibilidade, condição que, ironicamente, precariza o trabalho.

Além disso, conceber como modernidade a flexibilidade representada por horas extras é uma decisão arrojadíssima para o futuro da União Europeia. Horas extras existiram durante toda a história do trabalho em seus aspectos mais negativos de sobretrabalho, trabalho excessivo e superexploração sob a prevalência do trabalho rígido.

Como o relatório da pesquisa sobre a flexibilidade nas companhias europeias[41] não oferece elementos para captar tendências da flexibilização laboral, recorre-se ao *survey* de 2010[42], que, embora não direcionado à questão da flexibilidade, contém inúmeras informações sobre modalidades específicas de flexibilidade, suas características e tendências, tais como a organização do trabalho; tempos de trabalho; equilíbrio entre trabalho e vida; trabalho e gênero. Esses temas são desagregados segundo as variáveis de relação de trabalho (empregados assalariados e trabalhadores por conta própria), gênero, idade, setor de atividade e ocupação, pelo menos. No interior dessa pletora de informações, importa analisar aquelas que oferecem conhecimentos sobre tendências da flexibilidade laboral, sem repetir o que já foi examinado anteriormente sobre a relação entre as formas de flexibilidade com a teoria do valor trabalho.

---

se pode observar do esquema apresentado, as opções são praticamente as mesmas para trabalhadores e empresas. Mas na hora de implementá-las podem surgir divergências e conflitos em função das necessidades e dos interesses específicos.

[40] Ibidem, p. 1.

[41] Idem.

[42] Eurofoundation, *Working Time and Work-life Balance in a Life Course Perspective* (Dublin, Eurofound, 2012).

1. O trabalho em tempo parcial[43] é realidade para mais de 20% dos trabalhadores em nove países e para mais de 10% em treze outros países europeus. O *survey* de 2010[44] define como parcial o trabalho com duração de 34 horas e menos por semana. A imagem que se retira desses dados é de um processo bastante difundido. Esse *survey* oferece informações que possibilitam analisar a tendência do processo de incorporação do trabalho em tempo parcial. O emprego de tempo parcial, que era de 17%, nos doze países que participaram da primeira pesquisa em 1991, passou para 27% em 2010, tanto em sua manifestação de tempo parcial "curto" (vinte horas ou menos por semana) como de tempo parcial "substancial" (de 21-34 horas semanais)[45]. A tendência é, pois, de aumento do trabalho em tempo parcial, no contexto desses doze países, pelo menos.

A crescente flexibilidade do trabalho em tempo parcial na União Europeia tem uma dimensão de diferença de gênero, ocupando mais mulheres do que homens. Educação, saúde, serviços sociais, outros serviços, pequeno e grande comércio são os setores de atividade em que empregos de tempo parcial estão mais presentes[46].

2. Os contratos temporários são mais empregados em solo europeu, onde, segundo o *survey* de 2010, eles atingem mais de 20% dos trabalhadores em quatro países e mais de 10% em catorze outros países. Nos Estados Unidos, eles ocupam 8% da força de trabalho.

3. As horas atípicas de trabalho envolvem, em primeiro lugar, o trabalho em fim de semana. Os resultados alcançados pela pesquisa indicam que esse tipo de trabalho estava pouco menos presente em 2010, com tendência de leve decrescimento, do que em meados de 1990[47].

---

[43] Conforme tabela 1, ibidem, p. 17, que emprega dados de Eurostat, LFS, 2012.
[44] Eurofoundation, *Working Time and Work-life Balance in a Life Course Perspective*, cit.
[45] Ibidem, p. 33.
[46] Ibidem, p. 34.
[47] Ibidem, p. 41.

Relatórios de pesquisa e a literatura empregam o "teletrabalho" e a "telecomutação" como manifestações da modernidade. O relatório do *survey* sob análise constrói um indicador de "nômades eletrônicos", que são "trabalhadores que não trabalham o tempo todo nos estabelecimentos dos seus empregadores ou dos próprios negócios e que usam Tecnologia de Informação e Comunicação (TICs)". Um quarto dos trabalhadores europeus seriam "nômades eletrônicos"[48].

"Na média, 'nômades eletrônicos' trabalham mais horas, mais frequentemente em domingos e em fins de tarde do que outros trabalhadores. 'Nômades eletrônicos' também afirmam que têm que trabalhar mais durante seu tempo livre do que a média."[49] A conclusão geral sobre tempo de trabalho feita pelo *survey* é de que "as horas de trabalho ficaram mais intensas, mas que os trabalhadores labutam menos horas (na Europa). A extensão de horas atípicas de trabalho, tais como trabalho noturno, trabalho em turnos e trabalho em fins de semana pelo menos uma vez por mês, decresceu. Ao mesmo tempo, os trabalhadores tendem a trabalhar mais intensivamente."[50] Aqui, manifesta-se a presença dessa combinação de que o trabalho em horas mais reduzidas ao mesmo tempo é mais intenso, mais demandante, mais pleno e com menos tempos mortos. Esta é uma das grandes contribuições do trabalho flexível: oferecer força de trabalho mais descansada, de maneira que o trabalho possa aumentar em concentração, intensidade e desempenho.

Com relação à flexibilização dos tempos de trabalho, nem todas as modalidades de trabalho aumentaram em termos relativos através do tempo. Trabalho em tempo parcial e teletrabalho apontam tendências de aumento, enquanto o trabalho em fins de semana parece ter decrescido em decorrência da contradição que impõe ao trabalhador, que é trabalhar em horários preferenciais da vida social e cultural. Para interpretar o crescimento de formas de flexibilidade laboral, prevalece a hipótese de que contribuem para reduzir tempos mortos, adensar o trabalho, dado que boa parte dos trabalhadores

---

[48] Ibidem, p. 95.
[49] Ibidem, p. 96.
[50] Ibidem, p. 128.

flexíveis labora por jornadas com menor duração, adequar a relação entre necessidade de força de trabalho e carga de trabalho e criar condições para a produção de mais valores em horários e em dias em que anteriormente não existia trabalho.

Em 2015, a Eurofoundation lançou um manifesto, intitulado *Unleashing the Potential – Working Time Flexibility* [Liberando o potencial – flexibilidade de tempo de trabalho], no qual descreve fatos com base em reduzidíssimas estatísticas e apresenta uma proposta política idílica para a adoção de formas de flexibilidade. Em meio à imensa crise econômica que vem roendo a economia europeia desde 2007, o documento faz uma convocação para as empresas europeias adotarem flexibilidade de tempos de trabalho, pois isso contribuirá para a produtividade dos negócios e também o equilíbrio entre vida e trabalho para os empregados. Os tipos de flexibilidade de tempo recomendados são: horas extras, trabalho em tempo parcial, tempo flexível[51] e horas de trabalho fora do padrão. As informações abaixo citadas são provenientes desse documento, enquanto as avaliações políticas são do autor. As horas extras empregadas por dois terços das empresas aumentam a produtividade e a flexibilidade e, na maior parte, são compensadas financeiramente. O documento não justifica o uso do trabalho em tempo parcial para as empresas, embora seja uma modalidade utilizada tão amplamente quanto as horas extras (dois terços) e excepcional para compensar tempos perdidos, realizar tarefas imprescindíveis (para as quais o trabalho em tempo integral representaria prejuízos) e captar força de trabalho a mais baixo custo, acentuando as oportunidades de criação de empregos precários. Tempos de trabalho flexíveis são adotados por 56% das companhias, quer por meio do sistema de banco de horas, quer pelo emprego de outros sistemas, tais como a variação das horas de trabalho dia a dia. As empresas são beneficiadas com a redução do absenteísmo e da rotatividade de empregos. Os trabalhadores são favorecidos com maior adequação dos tempos de trabalho às condições de vida. Por

---

[51] Refere-se à modalidade específica que, em inglês, é chamada de *flexitime* e significa "trabalho com horas flexíveis". *Flexitime* inclui inúmeras possibilidades de horas mutáveis, a exemplo de chegada e saída em horários variáveis, conforme o dia.

último, a modalidade das horas de trabalho fora de padrão, atípicas, nas quais prevalecem o trabalho noturno e o trabalho em fins de semana. Quarenta e quatro por cento das empresas europeias fazem uso desse tipo de horas. Por seu intermédio, estão reconvertendo o sábado, que fora liberado do trabalho à custa de secular luta dos trabalhadores, em dia normal de trabalho. Segundo o manifesto, os domingos e o trabalho noturno ainda não são alvos da gana das empresas. Mas, quando os sábados forem convertidos em dias normais de trabalho, as novas fronteiras serão o domingo, o trabalho noturno e os dias feriados (os poucos que ainda restam no século XXI). O manifesto, em sentido geral, contém um entendimento teórico de que as empresas capitalistas poderiam operar inteiramente em esquemas de trabalho flexíveis, se levados em consideração os direitos dos empregados, e de que a produção e a circulação de valores poderiam ser efetivadas dentro desses esquemas. Tal visão idílica confronta com outros aspectos da realidade, como se tentará demonstrar adiante por meio de análise mais detalhada sobre implicações da crise em relação ao emprego de trabalho flexível.

Outras modalidades que o manifesto menciona, embora sem analisar seu papel, são os bancos de horas, interrupções na carreira, autoinclusão em listas de turnos e troca de turnos. O banco de horas e teletrabalho em tempo parcial são instrumentos a favor das empresas. Por isso, não é de admirar que o manifesto conclua com esta afirmação distorcida a favor delas: "Estas e outras opções inovadoras (de flexibilidade) podem oferecer oportunidades adicionais para aumentar a produtividade das empresas"[52].

A apelos da Eurofoundation somam-se decisões efetivas tomadas por governos em favor da generalização da flexibilidade, tal qual ocorreu no Reino Unido, em 30 de junho de 2014. O ato legislativo do Reino Unido está muito à frente do apelo lançado pelo então presidente estadunidense Barack Obama e deverá ter impacto sobre outros países. O jornal britânico *The Guardian*[53] noticiou com força

---

[52] Eurofoundation, *Unleashing the Potential – Working Time Flexibility* (Dublin, Eurofound, 2015), p. 2.

[53] Cf. "Flexible working extended to all employees in UK", *The Guardian*, 30 jun. 2014.

o fato da mudança legislativa no horizonte: "Milhões de empregados terão direito de solicitar trabalho flexível a partir de segunda-feira".

Lideranças[54] de entidades sindicais prestaram apoio à medida com o argumento, entre outros, de que os "trabalhadores que quiserem tirar licença para treinar, voluntariar-se em projetos comunitários ou simplesmente evitar viagem em horas de pico estarão aptos a transformar sua vida". E acrescentaram crítica à legislação por não estabelecer possibilidade de reação do empregado à decisão negativa do empregador ante pedidos de flexibilizar horários laborais: "Patrões antigos, que esperam que todo o corpo de funcionários se adeque ao mesmo horário rígido de horas dia após dia e que estejam sempre no escritório, não ficarão muito satisfeitos. Os empregadores ainda acharão muito fácil bloquear qualquer pedido para maior flexibilidade. Desgraçadamente, o direito é apenas de pedir direitinho. Não há nada que impeça os empregadores de dizer não!".

Manifestações de autoridades políticas[55] são significativas por explicitarem os motivos e as razões da aprovação da nova lei do trabalho flexível. Seriam ganhos para os negócios, produtividade, moral da equipe e preservação de talentos nas empresas: "O negócio moderno sabe que o trabalho flexível impulsiona a produtividade e a moral da equipe e contribui para manter os melhores talentos de tal forma que possam crescer".

De onde procedem tanta força e certeza? Os argumentos expressos por meio de apelos de presidentes, decisões parlamentares, estudos empíricos, assessoria a empresas, entre outros, parecem tornar inexorável a adoção da flexibilidade laboral no caminho do capitalismo contemporâneo. Como visto na recapitulação estadunidense, canadense e da União Europeia, nem todas as modalidades de flexibilidade, quando colocadas à prova da prática, apresentam tendências de crescimento. Problemas de funcionalidade, de não aceitação por parte dos trabalhadores e das trabalhadoras, de horários laborais não sociais, sem mencionar políticas que são contraditórias ao processo de

---

[54] O mesmo artigo do jornal cita o secretário-geral do Trade Union Council (TUC) conferindo apoio crítico ao projeto de lei.

[55] *The Guardian* cita o vice-primeiro-ministro do Reino Unido, na época, Nick Clegg, pertencente ao Partido Liberal, que fazia parte do poder em união com os *tories*.

acumulação de capital, são razões que explicam por que o pacote da flexibilidade, embora tenha vindo para ficar, não assegura de antemão vantagens para as empresas.

Flexibilidade de horas e crise econômica

O mundo vive em época de crises econômicas, que se sucedem no tempo e no espaço. Para fins de análise da relação entre crise e flexibilidade, recorre-se ao relatório da Eurofundation[56] sobre o impacto da crise nas relações industriais e nas condições de trabalho na Europa. O relatório foi elaborado tomando por base a literatura do campo, à qual foram adicionados relatórios solicitados a especialistas e escritos com o objetivo de estudar a realidade de países específicos com relação a impactos da crise econômica[57]. O relatório, que contém subsídios expressivos sobre flexibilidade laboral em geral e sobre modalidades específicas, cobre centralmente os anos 2008 a 2012. A abrangência territorial compreende os 27 países que fazem parte da União Europeia no período[58]. O período de 2008 a 2012 abrangido pelo relatório representa um limite, uma vez que a crise financeira, econômica e social não se encerrou em 2012, desdobrando-se até os dias em que este livro foi escrito e seus impactos ainda incidem sobre a realidade social das nações estudadas.

Os autores apontam que a crise, em termos gerais, incidiu em menos trabalho, que se manifesta em menos horas médias de trabalho e em menor quantidade de horas de trabalho totais. As crises

---

[56] Eurofoundation, *Impact of the Crisis on Industrial Relations and Working Conditions in Europe* (Dublin, Eurofound, 2014).

[57] "A Parte 2 baseia-se não em trabalho empírico de campo, mas na varredura, comparação e interpretação de dados existentes e de pesquisas empreendidas em nível nacional ou europeu. Ela recobre os 27 Estados-membros da União Europeia e a Noruega, e baseia-se na contribuição especializada dos correspondentes da Eurofound em cada país, em resposta a um questionário estruturado sobre o assunto, submetido aos respondentes no outono de 2012." Eurofoundation, *Impact of the Crisis on Industrial Relations and Working Conditions in Europe*, cit., p. 4.

[58] "O foco desse relatório é o mapeamento de impactos e consequências da crise financeira, econômica e de dívida pública sobre as relações industriais e as condições de trabalho em nível nacional nos 27 Estados-membros da União Europeia de 2008 até o fim de 2012", Ibidem, p. 3.

no capitalismo apresentam generalizadamente este componente repetitivo: redução das atividades, redução da produção de valores e, por necessidade, redução da utilização do trabalho, do qual depende a criação de valores. Ao liberar o trabalho, as crises do capital, pois, voltam-se contra ele. Atacam-no generalizadamente em todas as suas dimensões, tanto em suas formas rígidas de distribuição dos tempos como nas flexíveis[59]. O relatório diagnostica um processo generalizado de precarização do trabalho, cujas características gerais mais destacadas são: menos trabalho, menos horas totais de trabalho, mais desemprego, congelamento e corte de salários, crescentes insegurança e estresse no trabalho, aumento da informalidade.

Em contexto de crise, a flexibilização em geral e a flexibilização de horários em particular demonstram o papel que podem desempenhar. O emprego da flexibilidade laboral expandiu-se a países do Leste Europeu, de regiões que aderiram tardiamente à Unidade Europeia e a países em que o trabalho flexível não era usual. Arranjos flexíveis[60], em especial aqueles que envolviam redução de tempos de trabalho, passaram a ser generalizadamente empregados. Com a crise, aumentou a flexibilidade laboral.

Havendo menor uso do trabalho e mais desemprego, como incidem os impactos da crise sobre as modalidades de flexibilidade de horas de trabalho especificamente?

---

[59] "O padrão é de menos trabalho, reduzidas horas gerais de trabalho, menos horas extras, crescente insegurança empregatícia, menos opção para os trabalhadores, congelamento salarial e cortes salariais. Há também maior intensidade de trabalho, piora no equilíbrio vida-trabalho, maior estresse no trabalho, maior risco de assédio/ *bullying*, menos absenteísmo, crescimento da economia informal e mudanças nos padrões migratórios." Idem.

[60] "Em vários dos Estados-membros, as reações à crise consistiram sobretudo em mudanças nos arranjos dos horários de trabalho. De modo geral, essas mudanças resultaram em flexibilização maior dos arranjos dos horários de trabalho [...] Em alguns países, as mudanças nos tempos de trabalho, assim como na organização do trabalho, foram acordadas visando o aumento da produtividade. Em vários países europeus, uma das principais reações à crise foi a introdução de 'arranjos de trabalho de curto prazo voltados para manutenção dos empregos, através do estabelecimento de um marco para a redução coletiva das horas de trabalho e através da provisão, a trabalhadores e patrões, de compensação financeira por meio de fundos públicos (seguro-desemprego)'." Ibidem, p. 36.

Foi diagnosticado aumento do uso do trabalho em tempo parcial[61]. Na crise, o aumento do emprego em tempo parcial assume a forma de amortecer o desemprego do trabalho de tempo integral. O relatório indica que o aumento ocorreu na modalidade de tempo parcial não desejado pelo trabalhador, assumindo ele um emprego em tempo parcial em razão de não conseguir um trabalho em tempo integral. É necessário, entretanto, observar que o emprego de tempo parcial vinha crescendo antes do estouro da crise, fato já detectado por levantamentos realizados entre 2005 e 2010. Isso indica que o papel do trabalho em tempo parcial é maior do que o de amortecer o desemprego do trabalho em tempo integral. Ele exerce um papel específico na produção de valores, ao reduzir tempos mortos e aumentar a intensidade, pois o assalariado labuta em trabalhos de menor duração. O desgaste físico, emocional e intelectual e o cansaço se acumulam no decorrer da jornada. Quanto mais longa a jornada, menor a probabilidade de manter continuadamente elevado o padrão de desempenho. Dessa forma, a possibilidade de manutenção de elevado desempenho durante todo o período de trabalho é maior para o trabalhador de tempo parcial do que para o trabalhador de tempo integral. Essa é a razão principal pela qual, superada a crise, o trabalho em tempo parcial deverá continuar como uma importante opção para as empresas.

---

[61] "No geral, a crise resultou em menos trabalho e corte de empregos. A primeira fase (2008-2009) da crise também foi caracterizada pela redução nas horas de trabalho e mais trabalhos de tempo parcial, dado que havia menos atividade econômica. Na segunda fase (2010-2012), houve avanços divergentes nas médias das horas de trabalho, conforme o grau dos efeitos da crise em cada país. A maioria dos Estados-membros também informou queda nas horas extras, principalmente horas extras pagas. Em alguns países houve aumento de horas extras sem remuneração. As políticas dos esquemas de trabalho de curta duração e banco de horas tiveram impacto adicional na redução das horas médias de trabalho." Ibidem, p. 1.

"Tanto as contribuições nacionais quanto as estatísticas da Eurostat informam crescimento nas ocupações de tempo parcial durante a crise. Esse aumento também foi observado na análise de levantamentos da EWCS entre 2005 e 2010. Essa tendência ascendente fica mais clara no emprego de tempo parcial involuntário (pessoas que trabalham meio período porque não conseguem encontrar um emprego de tempo integral)." Ibidem, p. 59.

O relatório aponta ainda desigualdades de gênero e idade[62]. Trabalho em tempo parcial é emprego mais comum para mulheres, jovens e idosos, tanto no período da crise como fora dele. Não foram observadas reduções nas desigualdades de gênero durante o período da crise. Observou-se apenas que homens formam o maior grupo que reclama por não ter emprego em tempo integral.

O uso de horas extras[63] declinou durante a crise e, em alguns países – admire-se –, aumentaram as horas extras não pagas. Horas extras são empregadas como forma de aumentar a produção de valores. Entretanto, como já observado, durante horas extras tende a diminuir a produtividade do trabalho e aumentar o seu preço, de tal modo que nem sempre se tornam atrativas para os empregadores em períodos de crise. Porém, o aumento de horas extras não pagas representa um fato inusitado, pois expressa a transferência direta do valor do trabalho das mãos dos empregados para os bolsos dos empregadores.

---

[62] "A ocupação de tempo parcial tradicionalmente é mais comum entre mulheres e assim permaneceu durante a crise. Contudo, também se vê um aumento tanto para homens quanto para mulheres. Quando se observa a evolução das ocupações involuntárias de tempo parcial, os números de homens sempre excedem os de mulheres e também se vê um maior crescimento no trabalho de tempo parcial involuntário entre homens durante a crise.

Em termos de diferenças entre faixas etárias, o emprego de tempo parcial parece ser tradicionalmente mais comum entre trabalhadores jovens (15-24 anos); em geral, o emprego de tempo parcial cresceu mais entre empregados jovens no período mais recente da crise." Eurofoundation, *Impact of the Crisis on Industrial Relations and Working Conditions in Europe*, cit., p. 60.

[63] "A evolução da hora extra durante a crise também pode esclarecer parte do impacto da crise nos horários de trabalho. Embora nem todos os correspondentes nacionais tenham informado esse aspecto, pode-se discutir alguns resultados gerais. Como sugerido acima, a maioria dos Estados-membros informou o declínio da hora extra, sobretudo da hora extra paga. Em alguns países (Dinamarca, Eslovênia e Reino Unido), essa queda na hora extra paga aparentemente foi acompanhada do aumento na hora extra não remunerada, embora na Dinamarca o crescimento da hora extra não remunerada esteja vinculado ao crescimento das folgas compensatórias. Alguns Estados-membros do Leste europeu (Estônia, Letônia e Eslováquia) relataram aumento nas horas extras, mas nesses países os limites aplicados à hora extra não tinham sido elevados [...]. Por fim, em alguns países, as mudanças na hora extra parecem vinculadas a setores específicos. Na Itália, a hora extra teve queda no geral, mas houve um pico de horas extras no setor da construção civil em 2009 – vinculado ao efeito da crise geral, dado que obras tiveram que ser encerradas à toque de caixa." Ibidem, p. 62.

Agora, consideramos o trabalho em horas não sociais. Na conclusão do relatório, aponta-se a direção divergente da evolução das horas não sociais[64]. O trabalho em fins de semana, sábados e domingos, em horário vespertino e aqueles que já haviam apresentado sinais de elevação segundo os levantamentos de 2005 e 2010, torna a manifestar essa tendência de crescimento, embora o trabalho noturno, em dias feriados, em turnos, também compreendidos na expressão não social, não apresentou sinais de aumento, contrariamente ao que poderia esperar o raciocínio empirista ou reducionista, de que toda e qualquer forma de flexibilidade deveria prevalecer na contemporaneidade, a época do trabalho flexível.

Mudança significativa ocorreu no sistema das negociações[65], que compreende também as negociações sobre distribuição das horas laborais. A descentralização da negociação para o nível das empresas ou mais abaixo ainda para o nível de unidades das empresas é um

---

[64] "O trabalho em horas não sociais não se ampliou durante a crise [...] Pode-se detectar mudanças mínimas na adoção média de horas não sociais". Ibidem, p. 77.

Trabalho em horas não sociais. "A quarta leva e a quinta leva da EWCS (em 2005 e 2010, respectivamente) identificaram uma tendência ascendente de trabalho nos fins de semana e trabalhos noturnos ao longo da última década. Essas tendências aparentemente tiveram continuidade durante a crise, enquanto outras modalidades de regimes de trabalho não sociais tenderam a permanecer relativamente estáveis durante a crise. Devido a mudanças na estrutura econômica, em função da crise, alguns países passaram por mudanças na adoção média de horas não sociais, principalmente por consequência da contração do setor manufatureiro e, portanto, da redução de trabalhos noturnos e por turno (na Bélgica e na Itália, por exemplo). No geral, todavia, a crise aparentemente não teve impacto notável em horas de trabalho não sociais." Ibidem, p. 61.

[65] "Aparentemente, o impacto maior da crise em termos de nível de barganha foi um movimento em direção a aprofundar a descentralização. É um processo que está em curso já há algum tempo em muitos países, mas a crise aparentemente acelerou e reforçou essa tendência – mobilizada pela meta de alguns atores de gerar mais flexibilidade, particularmente no nível de cada empresa. É evidente [...] que a maioria dos Estados-membros da União Europeia sofreu maior descentralização, seja dos níveis nacionais para o setor de atividade e de negociação ao nível da empresa, ou do nível do setor à negociação na empresa." Ibidem, p. 20.

"Outro resultado da pesquisa da Eurofound, talvez o mais evidente, é o da tendência à descentralização nas negociações coletivas em muitos Estados-membros. Pode-se dizer que essa é uma tendência que está em curso há décadas, em muitos países, e que a crise meramente serviu para exacerbar e acelerar o processo devido à demanda de maior flexibilidade e maior adaptação dos acordos às circunstâncias particulares de cada empresa." Ibidem, p. 41.

pressuposto básico do neoliberalismo. Com efeito, o neoliberalismo, que está na raiz da introdução do processo de flexibilização no interior dos negócios, propugna o princípio de que o sindicato é um elemento externo à pura relação de mercado e, portanto, as negociações com sindicatos deveriam ser restritas e mesmo eliminadas do processo de planejamento empresarial. Como o pressuposto de que o sindicato, as centrais, as federações e as confederações sindicais não são um ator legítimo, a tendência na direção da descentralização da negociação já vinha se manifestando antes da crise. Com o estourar dela, esse processo de flexibilização se amplifica de maneira significativa em direção às empresas, e não mais regional ou nacionalmente.

Afetado o caráter mais centralizado, também a cobertura da negociação coletiva e a amplitude de mecanismos correlatos são atingidas[66]. Com a crise, a atitude perante a validade e a permanência de cláusulas negociadas, a continuidade da prevalência dessas cláusulas após o término de sua contratação, a abrangência territorial, assim como dos grupos de trabalhadores aos quais se aplicam determinadas cláusulas, e outros elementos, modificam-se em desfavor dos trabalhadores.

Como dito anteriormente, as crises do capital apresentam o componente essencial de serem contra o trabalho. A mão de obra é mais demitida e o número total de horas de trabalho se reduz. Os salários são congelados e reduzidos[67]. E ganhos salariais praticamente desaparecem do cenário das negociações.

Esses elementos sobre estabilização do crescimento do trabalho em tempo parcial na década de 1990-2000, encontrados em território europeu, bem como nos Estados Unidos, enquanto a mesma

---

[66] "Outra mudança paradigmática na crise se deu em relação à cobertura de negociações coletivas e seus mecanismos relacionados que ou ampliaram ou reduziram o escopo de aplicação de acordos coletivos: mais mecanismos de extensão, mais cláusulas para encerramento ou derrogações nos contratos, menor favorabilidade e não-prosseguimento de acordos coletivos após o término do prazo." Ibidem, p. 42.

[67] "O nível de aumentos de salário negociados em acordos coletivos caiu em muitos países em função das circunstâncias econômicas severas. [...] A crise foi um período de aumentos salariais por acordo coletivo a taxas reduzidas ou, mais comumente, moderadas na maioria dos Estados-membros da UE. [...] Acertaram-se pausas e congelamento dos salários em diversos Estados-membros, particularmente (embora não exclusivamente) no setor público, como modo de cortar custos." Ibidem, p. 34-35.

modalidade de flexibilização das horas de trabalho se expandia no Canadá, podem ser atribuídos a regulamentações e práticas internas da economia dos países. Os achados "divergentes" dos pesquisadores podem indicar limites ao uso de modalidades ou do próprio trabalho flexível em si. Tais limites indicam que nem todas as modalidades de flexibilização laboral são equivalentes entre si ou são igualmente cumulativas umas às outras relativamente ao seu impacto sobre o processo de acumulação de capital. Nem todas as modalidades de flexibilidade são adequadas às necessidades específicas e às conjunturas vividas pelas empresas. E nem todas as necessidades das empresas são atendidas pelas mesmas combinações de modalidades de tempos flexíveis. Distintas modalidades de flexibilidade produzem impactos divergentes sobre a condição da economia capitalista e sobre o funcionamento das empresas.

Da mesma maneira, na fase da regulação, quando prevaleciam nos países desenvolvidos contratos de trabalho de tempo integral, de horário pleno, das nove às cinco, era incompreensível o funcionamento do sistema de trabalho em tempo integral sem a contribuição das horas extras, dos trabalhos temporários, dos trabalhos em tempos parciais, dos trabalhos por conta própria e de outras modalidades que antecederam o período do trabalho regulado, chamado pelos seus opositores de trabalho rígido, inflexível, invariável e termos análogos. De forma semelhante, se a flexibilidade laboral se tornar predominante em escala mundial, nos países de capitalismo central e nos países de capitalismo periférico, não deixará de utilizar o trabalho regulado em horário pleno, porquanto imprescindível. O capitalismo utiliza combinações diversas de fontes de trabalho para alavancar a produção de valor na sociedade e alcançar o objetivo de gerar mais-valor.

Flexibilização das jornadas e produtividade

O economista estadunidense Lonnie Golden realizou uma síntese de estudos[68] acerca dos efeitos do tempo de trabalho sobre a

---

[68] Golden revisou aproximadamente duzentos estudos escritos entre 1980 e 2010. O autor teve acesso a textos escritos em inglês, basicamente, o que impediu o acesso a

produtividade. Acentuou a diversidade de marcos teóricos existentes nas distintas áreas do conhecimento que têm as questões de tempo como objeto de pesquisa. Na economia, a pesquisa convencional sobre demanda de trabalho parte do pressuposto de que as horas de trabalho refletem respostas voluntárias[69] dos trabalhadores, e não imposição das empresas. Os modelos concebem a possibilidade de compensar horas, ou, mais genericamente, condições de trabalho e renda. Trabalhadores que labutam em jornadas não desejadas são compensados com rendas mais altas enquanto aqueles que têm seus horários atendidos recebem rendas mais baixas. Assim funcionaria o mercado de trabalho e haveria pouca margem de intervenção. O estudo sociológico e de outras áreas do conhecimento sobre horas extras permite assegurar que os trabalhadores sofrem restrições constritivas, por meio das quais são obrigados a oferecer mais horas do que desejariam. Em economia, trabalho flexível vem associado a um prêmio de renda em razão da elevação da produtividade e as companhias que empregam se beneficiam de retornos do uso de tempos flexíveis de, pelo menos, alguns de seus empregados. Em que pese o prêmio da recompensa, mesmo assim permanece o gargalo da voluntariedade dos trabalhadores.

Da maneira análoga, não é regra geral o fato de que, sendo flexível o trabalho, o resultado de sua aplicação será inexoravelmente positivo para a empresa. Estudos revisados no presente livro mostram que certas flexibilidades de horário – trabalho temporário em alguns casos, trabalhos em horários atípicos noutros –, apresentam tendências de estagnação e mesmo decrescimento no tempo. "Praticamente não há achado de pesquisa de que empregados trabalhando em tempos flexíveis tenham flexibilidade menor do que aqueles em horários tradicionais de tempo fixo"[70], não há produtividade menor em trabalhos flexíveis. Ora, esse é um dado empírico de capital relevância para interpretar a distribuição flexível dos trabalhos. Na base da

---

estudos em outras línguas e em outros contextos de nações.

[69] Lonnie Golden, "The Effects of Working Time on Productivity and Firm Performance: a Research Synthesis Paper", cit., p. 2.

[70] Ibidem, p. 3.

flexibilidade, encontram maior produtividade. Só que a questão não pode parar nessa constatação e precisa ser levada até a raiz dos valores e sua apropriação desproporcional entre trabalhadores e empresas. Em economia produtividade não se distingue de intensidade. E trabalhos flexíveis encerram dimensões de intensidade laboral, que projetam luz sobre o processo da exploração do trabalho sob o rótulo de "produtividade". Além do mais, a expressão *working on flexitime* não deve incluir conceitualmente horas extras, remuneradas ou não remuneradas, bem como atividade em horários não sociais, porque tais modalidades podem não se relacionar positivamente com a elevação da produtividade.

A ideia de que o trabalho flexível não apresenta menor produtividade do que o trabalho distribuído em horários fixos tradicionais não implica que os trabalhadores tenham controle sobre as decisões de horários rígidos ou flexíveis. Dados sobre o controle dos horários, nos Estados Unidos, entre 2005 e 2006, indicam que "somente 15% sentem que podem determinar livremente seu horário de trabalho" e, na Austrália, "somente 11% se sentiram inteiramente livres para decidir"[71].

Efeitos diretos e indiretos da duração do tempo de trabalho sobre a produtividade e a performance das firmas são analisados com base em estudo[72] de dezoito setores de atividades nos Estados Unidos, que sugere a diminuição da produtividade média com o uso de horas extras em quase todos os setores analisados. Estudo semelhante sobre dezoito países europeus[73] relaciona negativamente a produtividade com o aumento de horas de trabalho. É do conhecimento de todos que o trabalho excessivo tende a minar a performance do trabalhador e a produtividade por hora.

* * *

---

[71] Ibidem, p. 3-4.
[72] O estudo de Shepard e Clifton, 2000, é citado por Lonnie Golden, 2012.
[73] Conduzido por Gilbert Cette, Samuel Chang e Maty Konte, *The Decreasing Returns on Working Time: An Empirical Analysis on Panel Country Data*, n. 315, Banque de France, 2011. "Os resultados das estimativas empíricas fornecem evidência inicial da existência de retorno decrescente nas horas de trabalho e sugerem confirmação parcial da hipótese de que esses retornos decrescem conforme o tempo de trabalho." Ibidem, p. 10.

Estudos feitos na Europa enfatizam a importância de o trabalhador ter controle sobre a distribuição dos horários laborais. Askenazy, economista francês, em artigo de 2004, sustenta que, "em recompensa a salários por hora mais elevados, os sindicatos consentem em maior flexibilidade controlada pela administração. A flexibilidade de hora, em troca, conduz a uma deterioração das condições de trabalho, incluindo uma intensificação do esforço, que se torna aceitável aos trabalhadores somente quando o tempo de trabalho é reduzido. Nesse modelo, jornada de trabalho mais curta não reduz o efeito geral dos trabalhadores e pode até mesmo elevá-lo"[74].

Horários flexíveis podem agir sobre o clima do trabalho da organização e dessa forma alterar o envolvimento do trabalhador com ela e, consequentemente, agir sobre o desempenho. Keliher e Anderson afirmam que "trabalhadores flexíveis registram níveis mais elevados de satisfação com emprego e de envolvimento organizacional do que suas contrapartes não flexíveis"[75]. Mas, ao mesmo tempo, apresentam níveis mais elevados de intensificação laboral, aparecendo "intensificação como um ato de reciprocidade ou troca", o que indica um efeito indireto da flexibilidade sobre o desempenho nos empregos e, em decorrência, sobre a produtividade. A interpretação é que os empregados trocam "flexibilidade por esforço". Essa interpretação pode se aplicar mais a profissionais que são objeto do estudo, com maior espaço de controle sobre flexibilidade. Mas não parece generalizável.

A adoção de formas de flexibilidade centradas em demandas dos trabalhadores pode exercer um efeito positivo sobre a produtividade no trabalho, ainda que a duração do trabalho seja maior. A tal ponto que o economista citado escreve: "A disponibilidade de horários flexíveis é um fator crucial"[76]. Nem trabalho excessivo, nem labor em horários não sociais são incluídos nessa afirmação.

---

[74] Philippe Askenazy, "Shorter Work Time, Hours Flexibility, and Labor Intensification", em *Eastern Economic Journal*, v. 30, n. 4, 2004, p. 603.

[75] Clare Kelliher e Deidre Anderson, "Doing More with Less?: Flexible Working Practices and the Intensification of Work". *Human Relations*, v. 63, n. 1, 2010, p. 83.

[76] Lonnie Golden, "The Effects of Working Time on Productivity and Firm Performance: a Research Synthesis Paper", cit., p. 12.

A questão seguinte tem a ver com custos para a empresa com a adoção de modalidades de flexibilidade. Modalidades diversas de flexibilidade incidem em custos diversos para as empresas e esses custos podem ser contornados ou não, dependendo do impacto que a flexibilidade opera sobre o desempenho dos trabalhadores e da empresa.

Uma das modalidades de flexibilidade chama-se "semanas comprimidas". A percepção da flexibilidade faz a diferença para os trabalhadores. No Brasil, a modalidade semanas comprimidas é pouco usada. Entretanto, os regimes prolongados de jornadas laborais e de descanso são empregados por empresas em razão da redução dos custos administrativos e de gestão de turnos e de outros custos, tais como alimentação e passagens, que são reduzidos com a existência de menos turnos. Jornadas laborais e de descanso prolongadas constituem uma isca para trabalhadores, especialmente aqueles que recebem salários menores, uma vez que possibilitam segundos e até mesmo terceiros trabalhos, o que lhes propicia aumento de renda, ainda que a um custo de mais horas laborativas. No caso de dois ou três empregos, o trabalhador coloca mais horas de seu trabalho em ação e, a depender da produtividade e intensidade, produzindo mais valor.

Como os horários flexíveis podem incidir sobre ausência, sobre licenças médicas e sobre a prática de chegar atrasado ao trabalho? Foram encontrados estudos em que há efeitos da flexibilização de horários de trabalho sobre a diminuição das licenças médicas e da incapacidade relacionada ao trabalho. O estudo é também um apelo à flexibilidade do lugar de trabalho por contribuir com a saúde do empregado. As informações provêm de uma companhia multinacional:

> maior grau de flexibilidade estava associado com reduzida ausência por doença e impedimentos relacionados ao trabalho e melhor envolvimento com o trabalho no período de um ano. Além disso, o equilíbrio trabalho-família parcialmente mediou os efeitos de flexibilidade sobre dano e envolvimento com o trabalho, mas não sobre ausência por doença. Esse estudo reforça a evidência sobre os efeitos benéficos para a saúde da flexibilidade no local de trabalho e sugere que as organizações ganham ao construir uma cultura de flexiblidade na organização.[77]

---

[77] Patrick R. Casey e Joseph G. Grzywacz, "Employee Health and Well-Being: The Role of Flexibility and Work-family Balance", em *The Psychologist-Manager Journal*, v. 11,

A síntese dos efeitos da adoção de flexibilidade sobre a produtividade e a performance das empresas aqui citada relegou a segundo plano discussão a respeito das modalidades de trabalho temporário, bancos de horas, turnos prolongados de trabalho e de descanso, que são modalidades mais empregadas nos países com menor estágio de crescimento econômico. Foram privilegiadas as pesquisas realizadas nos países capitalistas avançados e nenhum estudo é mencionado em relação a países com renda *per capita* mais baixa.

O artigo apresenta dificuldade de lidar com temas polêmicos e críticos. O autor não opera com questões relevantes, como gênero, uma variável crucial para o entendimento da desigualdade de horas laborativas, raça e cor do trabalhador e da trabalhadora, a condição de migrantes e a estrutura de classe.

Tais dificuldades expandem-se para a bibliografia selecionada, que, conquanto ampla, deixou de lado estudos significativos, tais como a punição aplicada à excelente coletânea organizada por Isik Zeytinoglu[78], um dos primeiros textos a tratar de flexibilidade laboral criticamente.

Síntese sobre flexibilidade nos países centrais

Este capítulo acabou de examinar tendências de flexibilização nos Estados Unidos, no Canadá e em países da União Europeia, que fazem parte do círculo hegemônico do capitalismo, embora sem pretensão de esgotá-lo, mediante análise de literatura que contivesse informações empíricas pertinentes. Resta agora sintetizar os achados mais relevantes por meio de algumas proposições.

Verificou-se que está em curso nos países examinados um processo de flexibilização laboral geral, inspirado nos princípios do neoliberalismo, que altera as relações e as condições de trabalho e transforma as práticas laborais, distanciando-as do trabalho-padrão com direitos. Por essa razão, instituições como a OIT e a Eurofoundation, assim

---

n. 1, 2008, p. 31.

[78] Isik Urla Zeytinoglu, *Flexibility in Workplaces: Effects on Workers, Work Environment and the Unions*. Genebra, Iira/ILO, 2005.

como autores[79] individualmente, manifestam-se em prol de uma flexibilidade segura, entendida como uma flexibilidade com direitos. O problema de tal proposição consiste no fato de que a introdução da distribuição flexível do trabalho rompe, sistematicamente, com direitos conquistados. Dessa forma, para os trabalhadores e para as trabalhadoras, abre-se, com a flexibilidade, uma frente de lutas.

A chave da flexibilidade esconde-se na capacidade que cada modalidade de flexibilidade tem para produzir valores excedentes e acumuláveis. Alguns tipos de flexibilidade, teletrabalho e trabalho em tempo parcial, apresentam tendências de aumento continuado, enquanto outros, como empregos temporários, variam: em alguns lugares crescem, em outros não. A pesquisa econômica enfatiza que flexibilidade está sistematicamente relacionada de maneira positiva com produtividade. Estudos europeus sobre flexibilidade nas empresas dão conta de que o futuro está por aí. Pesquisas de psicologia do trabalho vão ainda mais longe e apontam para efeitos da flexibilização sobre saúde, satisfação no trabalho e envolvimento organizacional e para o fato de que as empresas se beneficiariam com a construção de uma cultura de flexibilidade. As associações positivas da flexibilidade interpretadas pela ótica do valor levam a que algumas modalidades de flexibilidade são capazes de reduzir tempos mortos e de elevar a intensidade laboral, aumentando com isso o excedente.

A despeito das variações verificadas, a tendência da flexibilidade de horários "veio para ficar", uma vez que conta com o beneplácito de governos, de empresas e, em casos, até de sindicatos. A proposição de que a flexibilidade veio para ficar não implica que o trabalho flexível vai eliminar o lugar do trabalho rígido. O capital parece não querer jogar na lata do lixo nenhum tempo de trabalho que produza valores acumuláveis, nem os trabalhadores querem abandonar o

---

[79] Ver o capítulo 7 do livro de Sangheon Lee, Deirdre McCann e Jon C. Messenger, *Working Time around the World. Trends in Working Hours, Laws and Policies in a Global Comparative Perspective* (Londres, Routeledge, 2009), p. 143-59. Esses autores defendem uma duração decente e salutar do trabalho, em benefício da família, construindo a igualdade de gênero, incrementando a produtividade nos países em desenvolvimento e abrindo possibilidades para escolha e influência no tocante à duração do trabalho.

trabalho-padrão construído por meio de lutas históricas. A eles e a elas interessa a redução da duração das jornadas.

Em períodos de crise, são promovidas desregulamentações das relações laborais, alteração dos regimes negociais e implementação de formas laborativas flexíveis tão profundamente que chegam a reintroduzir práticas já eliminadas do cenário laboral, como as horas extras sem pagamento, que reduzem o trabalho assalariado a condições análogas às de escravo.

Horários flexíveis exercem papéis de adequação da oferta de trabalho às demandas que o sistema de horas integrais com direitos enfrentava dificuldades para atender, exceto mediante o recurso à demissão de trabalhadores.

Examinadas as tendências da flexibilidade nos países centrais, resta outro desafio a enfrentar, a saber, como lidar com o problema da flexibilização laboral nos contextos de países que se localizam fora desse circuito originário do capitalismo. Convencionalmente a literatura assume que, em decorrência da abrangência global do sistema capitalista, o processo observado no contexto central se derramaria sobre os subcentros e as periferias. Mas a particularidade do desenvolvimento capitalista nos contextos fora do círculo central dos países ricos pode apresentar resultados inesperados.

PARTE 3
FLEXIBILIDADE LABORAL NO BRASIL

VI
DA FLEXIBILIDADE PRÉ-REGULAMENTADA AO TRABALHO DE TEMPO INTEGRAL COM DIREITOS E À FLEXIBILIDADE PÓS-REGULAMENTADA

A CONQUISTA de direitos do trabalho foi um processo árduo em qualquer lugar do mundo. Nos países centrais, a conquista de direitos e salários mais elevados ocorreu concomitantemente à construção de práticas de jornada de tempo integral com duração reduzida a 40 ou 45 horas de trabalho semanais. Foi nesse contexto que foram construídas as jornadas rígidas de tempo integral, repetitivas mas de duração reduzida, acrescidas de direitos garantidos. A proposta de flexibilização de horários laborais emerge contra esse padrão normal institucionalizado de jornada. Jornadas rígidas ou flexíveis são, antes de tudo, parte de um discurso de enfrentamento nas batalhas pelo controle da organização do processo laboral. O trabalho é apodado de rígido ou repetitivo, uma vez que se buscam a retirada de direitos e, simultaneamente, sua transformação em formas mais adequadas ao funcionamento das empresas, donde serem mais flexíveis.

Em países subimperiais, próximos ou integralmente inseridos à periferia, o processo de evolução do trabalho apresenta conotações diversas, a começar pelo fato de que não se pode afirmar peremptoriamente a construção de uma jornada de tempo integral reduzido e com acesso generalizado dos trabalhadores a direitos. De acordo com a situação específica de cada país e nação, a jornada pode estar em processo mais adiantado de inclusão de direitos e de redução da duração ou pode estar simplesmente em fase embrionária. Entretanto, também nos países de baixo da linha do equador verifica-se o crescimento do assalariamento; há setores da força de trabalho que conseguem ganhos, grandes empresas nacionais e internacionais, públicas e privadas, estão neles instaladas e trabalho em horários flexíveis também é encontrado. Isso requer que, conceitualmente, se opere com categorias, tais como flexibilidade pré e pós-regulamentada, flexibilidade não regulamentada, processo de transição em direção à construção de jornadas de tempo integral com direitos. Esses elementos tornam bem mais complexa a tarefa de analisar as condições reais de trabalho e as tendências de sua evolução. É tarefa a desenvolver.

Ademais, a flexibilização de horários laborais é portadora de contradições. A distribuição flexível dos horários laborais colide com os desejos de autonomia da força de trabalho, promove resistência dos assalariados, reforça a exploração dos trabalhadores, especialmente em setores de atividades criados por meio da inclusão de novas tecnologias e nos quais ainda não vigoram práticas assentadas de trabalho decente, e cria desigualdades com base em gênero, idade, cor e outros atributos, tarefas que também fazem parte da proposta de análise a efetivar.

É razoável supor que, na maioria dos países, os trabalhadores ainda não conseguiram construir um sistema majoritário de horários de tempo integral revestido de direitos e com abrangência da maioria da força de trabalho assalariada. Daí caber a pergunta da possível transição de horários rígidos para flexíveis, assim como questões em que estejam em jogo peripécias da construção da própria jornada de tempo integral e de distintas manifestações de flexibilidade horária e de desigualdades. A temática da flexibilidade não está ausente do trabalho fora dos circuitos mais ricos. Aqui também atuam grandes empresas públicas e privadas nacionais e gigantescas corporações multinacionais, que se pautam pelas mais modernas modalidades flexíveis de trabalho. Antevê-se, pois, nos países de capitalismo mais recente, a possibilidade de combinar processos com componentes diversos: um processo com jornadas integrais e direitos; outro, baseado em formas de flexibilidade pré-regulamentada existentes há mais tempo naquelas regiões; e um terceiro, com modalidades de horário flexível, típicas de sociedades altamente modernas.

O Brasil é um país que pode conter um quadro de tendências e condições concretas, diferente daquele encontrado no circuito de países de capitalismo industrializado. Com efeito, trata-se de um país com grande população e território, com base capitalista e sistema de assalariamento cada vez mais fortes, que se sobrepõem a atividades de autoemprego, organizadas por conta própria ou com a participação de membros da família. A estrutura capitalista de sua economia, embora com ideologia conservadora, procura manter-se em sintonia com os desenvolvimentos mais avançados do sistema capitalista mundial. O país apresenta movimento sindical considerável e outros tipos de movimentos sociais com capacidade destacada de atuação. Sua força de trabalho é constituída com participação expressiva de mulheres, que, entre outras condições, organizam-se em movimento feminista amplo e vigoroso; a força de trabalho se divide ao meio por características raciais e de cor, os movimentos negros e suas instituições cresceram amplamente em organização nas últimas décadas; conta ainda com classe de empresários e de trabalhadores assalariados, estes últimos organizados em ampla malha de estruturas sindicais. Essas características viabilizam não apenas estudar tendências do trabalho flexível, como também analisar como se manifestam concretamente as consequências da organização do trabalho sob a forma flexível.

Faremos uma incursão densa nos horários laborais vigentes no Brasil e suas divisões por condição de trabalho ou classe, gênero, cor e idade. Os horários laborais possibilitam estudar empiricamente peripécias das distribuições rígida e flexível. A análise da distribuição dos horários laborais toma por base a Constituição de 1988, que estabeleceu jornadas semanais de 44 horas para o trabalho em tempo integral no setor privado. Já o setor público tinha disposições de quarenta horas semanais de trabalho normal, desde antes daquela Constituição. Assim, o intervalo de 40 a 44 horas semanais representa o trabalho de jornada integral padrão (a). Com relação a esse padrão, têm-se dois desvios. O desvio para cima, a saber, 45 horas semanais e mais, constitui o tempo das horas extraordinárias[1], pagas ou não pagas (b). O desvio para baixo, 39 horas semanais e menos, é o tempo das horas insuficientes (c). O desvio superior mais o inferior (b + c) constituem o mundo das horas flexíveis nesse estudo empírico com dados censitários. Para o estudo dessas condições concretas, lançaremos mão de uma fonte oficial de informação, os censos demográficos de 2000 e 2010. Esses censos, assim como a Pesquisa Nacional por Amostra de Domicílios (PNAD), produzem informações sobre jornada de trabalho. Os censos coletam dados a cada dez anos, ao passo que a PNAD o faz anualmente. A coleta decenal, quando realizada adequadamente, torna-se uma fonte de informação que permite a análise de tendências e processos maiores que estão em curso na sociedade. Para realizar a análise de dados empíricos sobre a jornada com dados censitários do Brasil, as jornadas semanais serão divididas nas três categorias acima descritas – até 39 horas, de 40 a 44 horas, 45 horas e mais. A primeira categoria e a última – até 39 horas e 45 horas e mais – são empregadas pela literatura internacional[2] como indicadores de jornadas flexíveis, enquanto a categoria intermediária, de 40 a 44 horas semanais, representaria a jornada de tempo integral ou jornada-padrão. Convém acrescentar que outros elementos compõem as formas de flexibilidade laboral de horários, entre os quais o trabalho em tempo parcial, o trabalho temporário, o trabalho com contrato de tempo definido, os estágios, as aprendizagens, as entradas e saídas com horário variável, os horários em fins de semana, os horários vespertinos e noturnos, e por aí seguem as modalidades, conforme a imaginação dos empregadores. O emprego comparativo dos dois censos torna possível a análise de mudanças, tendências e diferenças.

Por último, as informações empíricas utilizadas para a descrição e para a análise feitas podem ser conferidas no fim deste livro.

---

[1] Há um debate internacional, desde o século XIX, sobre considerar ou não as horas extras como trabalho flexível. Ver as análises de Marx sobre a duração da jornada de trabalho, os argumentos de Zeitinoglu e as práticas dos *surveys* da Eurofoundation. Em nosso estudo, mantemos as horas extraordinárias como flexibilidade, por evidenciar uma forma de produzir mais-valor por alongamento das jornadas.

[2] Ver capítulo 6 do livro de Sangheon Lee, Deirdre McCann e Jon C. Messenger, *Working Time around the World. Trends in Working Hours, Laws and Policies in a Global Comparative Perspective* (Londres, Routeledge, 2009).

Da flexibilidade laboral ao trabalho rígido

A década neoliberal

O longo caminho empírico que se inicia aqui tem por objetivo a busca por diferenças na distribuição de horas laborais segundo classe social, idade, sexo e cor e as respectivas tendências que são detectáveis com o respaldo das informações, de modo a destacar a condição dos países dos círculos intermediários e periféricos em relação aos países centrais.

Nossa fonte de informação, o Censo Demográfico de 2000, capta a realidade do trabalho do ano 2000 e anos anteriores. Na década de 1990, o país estava no auge das políticas neoliberais e foram introduzidas algumas medidas de flexibilização das horas[3], sendo a principal delas o banco de horas, que abre a possibilidade de compensar horas e desempenha o papel efetivo de eliminar tempos mortos no processo de trabalho.

As informações censitárias de 2000 colocam as pessoas com dez anos de idade ou mais ocupadas prevalentemente no bloco das jornadas laborais mais longas. A maioria das pessoas ocupadas (42,4%) trabalhava 45 horas por semana ou mais, na ocupação principal, significando que quatro em cada dez pessoas faziam trabalho extraordinário e para além da jornada integral prevista na Constituição. Um terço (ou 34%) das pessoas sobre as quais o Censo fornece informações trabalhava de 40 a 44 horas semanais, a duração da jornada integral prevista pela legislação, proporção que fica muito aquém dos padrões dos países da Europa, dos Estados Unidos e do Canadá revistos. Outro terço das pessoas, enfim, labutava de 1 a 39 horas semanais, distribuindo-se em um grupo um pouco maior (ou 10,4%) entre 30 e 39 horas semanais, um segundo grupo com 8,4% das pessoas ocupadas entre 20 e 29 horas semanais e, finalmente, um grupo bastante menor (4,7%) entre zero e dezenove horas.

Sumarizando o cenário da distribuição das pessoas ocupadas por categorias de horas de trabalho encontrado no Brasil no ano 2000, chega-se ao panorama de um país prevalentemente "flexível" em relação às horas laborais. São 66% de pessoas ocupadas em horários

---

[3] Ver os *Anais do Fórum Internacional de Flexibilização do Direito do Trabalho*, organizado pelo Tribunal Superior do Trabalho (Rio de Janeiro, UniverCidade, 2003).

"flexíveis", em contrapartida a 34% em horários "rígidos", o que indica um paradoxo. Consequência do elevado grau de informalidade do trabalho no país e do descaso com a legislação do trabalho existente e reguladora, as jornadas excessivas são um indicador da produção de valor a ferro frio, isto é, pelo emprego descomunal de horas extras, neste país. Tal flexibilidade para cima e para baixo parece ser uma característica de países em que a construção dos direitos do trabalho está em andamento, donde procede a imagem de uma transição "incompleta", sendo uma representação quente do grau desmesurado de exploração da força de trabalho.

A preciosa "estimativa global de trabalhadores laborando mais de 48 horas" do livro de Lee, McCann e Messenger[4] serve para se efetuar um confronto com dados brasileiros. A média da amostra envolvendo 54 países é de 23,3%; com a participação de 125 países, incluindo China e Índia, é de 22% das pessoas ocupadas realizando 48 horas ou mais de trabalho. A proporção média para o Brasil, no ano 2000, contando 49 horas e mais de trabalho por semana, é de 25%. Tais informações demonstram como o trabalho ocupa lugar central na vida das pessoas em todo o mundo. E o Brasil não fica fora dessa fábrica mundial.

Neodesenvolvimentismo ou neoliberalismo

O cenário do Censo Demográfico de 2010 difere bastante daquele do Censo de 2000 por uma razão, basicamente: as jornadas de tempo integral começam a impor-se como padrão para o trabalho brasileiro, embora não ocupem sequer a metade das pessoas que trabalham. Com efeito, somente 46% das pessoas ocupadas labutam semanalmente em jornadas de 40 a 44 horas semanais. O país deixa de ser a terra da flexibilidade laboral pré-regulamentada e passa a convergir em direção ao padrão de horários de tempo integral.

Essa mudança parece ter ocorrido, fundamentalmente, em função do deslocamento de pessoas com cargas horárias mais elevadas, a

---

[4] Sangheon Lee, Deirdre McCann e Jon C. Messenger, *Working Time around the World*, cit., p. 55.

partir de 49 horais semanais ou mais, para os níveis considerados de tempo integral. A proporção das pessoas ocupadas que faziam parte do grupo das 49 horas caiu de 25% em 2000 para 15,4% em 2010. A mudança também foi resultado do deslocamento no intervalo de 45 a 48 horas semanais, tendo a proporção diminuído de 17% em 2000 para 12,7% em 2010.

No agrupamento de 39 horas semanais e menos, quando consideradas globalmente, as mudanças foram menores. A proporção de pessoas ocupadas no intervalo, que era de 23,5% em 2000, ascendeu levemente para 25,8%. Mas se verificam alterações significativas ao desagregar os grupos de horas trabalhadas. Assim, o grupo de pessoas ocupadas que trabalham em jornadas de dezenove horas ou menos dobrou: de 4,7% em 2000 para 9,6% em 2010. Mais 5 milhões de pessoas passam a trabalhar em horários extremamente reduzidos semanalmente no intervalo desses dez anos. Trata-se de um fato novo. Um tipo de trabalho temporário reduzidíssimo, durante o qual dificilmente se pode retirar um sustento adequado para a vida. Quem são os trabalhadores e as trabalhadoras ocupados em horários reduzidíssimos? Que papel desempenham? A que setores de atividade pertencem? De que relações laborais participam? São assalariados? São trabalhadores por conta própria? São apenas auxiliares em atividades familiares não remuneradas? As questões fervilham. Nesse intervalo de menos de dezenove horas semanais pode caber a representação de muitos grupos sociais. Parece, entretanto, que, em sua maior parte, são ocupações novas e não antigas, decorrentes desse neoliberalismo mitigado que requer trabalho intermitente. Seria o caso da absorção de jovens em atividades de estágio, trainees (quadros que apresentam perspectivas de liderança), tutores, monitores, professores e milhares de outras ocupações em atividades de curta duração, tão demandadas em setores como finanças, bancos, comunicação, escolas particulares e até instituições públicas? Se essa ideia for correta, reforça-se um precariado em formação que colocou sua existência à luz do dia nos movimentos de rua de junho de 2013 e nos meses que o antecederam.

VII
HORÁRIOS E CONDIÇÃO NO TRABALHO

A categoria de "condição no trabalho" e a comparabilidade das informações nos censos

A COMPARABILIDADE entre censos ou quaisquer outros instrumentos de levantamento de informações depende da aplicação dos mesmos critérios de definição e classificação das categorias sociais envolvidas. Seja em 2000, seja em 2010, a pergunta feita ao entrevistado de "quantas horas trabalha habitualmente por semana?" é a mesma e preserva a distinção entre trabalho principal e demais trabalhos, de modo que a comparabilidade é garantida em ambos os critérios. A segunda dificuldade encontra-se na comparabilidade entre as categorias sociais que fazem parte da classificação de "condição no trabalho" dos censos demográficos. As sete categorias por "condição no trabalho" principal, em 2010, foram reduzidas a quatro, mediante a inclusão de militares e servidores públicos junto a empregados do setor privado, formando uma só categoria denominada empregados assalariados ou simplesmente empregados. Empregados, empregadores, autônomos e auxiliares não remunerados da família são as quatro categorias construídas da condição social no trabalho a partir dos censos demográficos e que serão utilizadas doravante para a análise. As mesmas quatro categorias foram construídas com as informações relativas ao Censo de 2000, de forma a manter a comparabilidade e a permitir a análise de tendências. Naquele ano, o censo contém a distinção entre empregados com carteira assinada e empregados sem carteira assinada, assim como empregado doméstico com ou sem carteira assinada. Essa distinção não foi mantida, porquanto o objetivo principal do livro é analisar a condição geral de empregado e a evolução das horas laborais nessa categoria.

Empregado, empregador, conta própria e/ou autônomo e auxiliares não remunerados são categorias que não correspondem integralmente à divisão por classe social discutida em Sociologia[1], a começar pela categoria de auxiliares não remunerados da família. E mesmo as demais categorias apresentam dificuldades, tal como a classe em que incluir gestores que são empregados assalariados. E mais: não haveria uma aproximação de classe entre empregados e autônomos por meio do critério de exploração? As informações censitárias sobre "condição no trabalho" podem ser analisadas de modo a aproximar o conceito de classe social, o que excede o propósito deste livro. Fazendo análise de discurso, a "condição no trabalho" do Censo Demográfico não corresponde a "classe social" em Sociologia. São termos diversos e compreendem realidades que não se ajustam. Nem mesmo a instituição que coleta as informações censitárias é uma agência de Sociologia, embora sociólogos nela trabalhem e possam ter influenciado a classificação. Diante do fato de que não se trata de um livro sobre classes, serão aplicados os termos categoria, grupo social, agrupamento, conjunto e também classe social, especialmente no caso de empregadores e empregados.

Em 2000, havia no Brasil 65,5 milhões de pessoas com dez anos ou mais de idade, ocupadas no trabalho principal, na semana de referência. Dez anos mais tarde, são 86,4 milhões – um aumento de 20,7 milhões de pessoas, ou 31,6%. Se a classificação dos censos não resolve a centenária disputa sociológica sobre classes, a divisão dos censos demográficos fornece um instrumento para o conhecimento de relações sociais constantes, entre empregadores e empregados, por exemplo, e um grande grupo social fornecedor de mão de obra

---

[1] Erik Olin Wright, *Classe, crise e Estado* (Rio de Janeiro, Zahar, 1981); Dalton Conley e Annette Laureau, *Social Class: How does it Work?* (Nova York, Russel Sage Foundation, 2008).

assalariada, que são os trabalhadores por conta própria ou autônomos. Dos 65,5 milhões de pessoas ocupadas no trabalho principal, no ano 2000, 43,7 milhões ou 66,6% são empregados, 1,9 milhão ou 2,9% são empregadores; os demais estão em relações de trabalho não assalariadas, dos quais 17,4 milhões ou 26,6% são autônomos ou trabalham por conta própria. Dois terços (66,6%) da força de trabalho já em 2000 é formada por assalariados, que labutam em relações de trabalho próprias do capitalismo. A proporção dos assalariados cresce em função da conversão de trabalhadores por conta própria, auxiliares não remunerados da família, bem como de pessoas que estão fora do mercado em vendedores de força de trabalho. A seguir será abordada a distribuição dos assalariados por horários de trabalho.

A distribuição dos empregados por grupos de horas de trabalho mostra a prevalência das jornadas longas até a virada do milênio no Brasil. Tem-se que 41,2% dos empregados labutam durante 45 horas por semana ou mais, com forte presença do que poderia ser descrito como trabalho excessivo envolvendo aqueles sujeitos que trabalhavam 49 horas ou mais por semana. Nas jornadas integrais reguladas por lei, isto é, 40 a 44 horas semanais, trabalhavam 37,9% dos empregados, o que representa um grupo relevante, sem, entretanto, constituir maioria. E 20,8% das pessoas trabalhavam em tempos parciais e jornadas iguais a 39 horas ou menores que isso. O que mostra esse quadro sobre a flexibilidade de horas entre pessoas empregadas? Ele informa que, entre os sujeitos que são empregados com salário, prevalece, na virada do milênio, o trabalho variável em relação ao trabalho-padrão.

A distribuição das horas de trabalho dos empregados públicos e privados serve de modelo para os trabalhadores por conta própria e autônomos em razão de ser um grupo muito mais expressivo. Com efeito, a maior proporção deles, exatamente 45,3%, trabalha além das jornadas plenas de tempo integral. Quase um terço dos autônomos labuta em jornadas-padrão e quase outro tanto labuta em jornadas de 39 horas por semana ou menos. De tal modo que a distribuição das horas laborais não difere essencialmente entre empregados assalariados e trabalhadores por conta própria, nesse momento da história e no contexto econômico e social brasileiro.

A expectativa é diferente quanto à classe dos empregadores. Por um lado, existe o senso comum de que o empregador, por ser rico e dono de negócios, leva a vida ociosamente e sem trabalhar. Ele cuida dos negócios e, em razão desse interesse, labuta durante jornadas muito extensas: 60,9% deles trabalham 45 horas ou mais por semana e apenas um menor grupo de empregadores (ou 12%) atende ao dito popular, trabalhando 39 horas ou menos no período em questão. Longas horas não impedem o empregador de gozar das benesses que essa condição e o trabalho dos assalariados e dos autônomos lhe possibilitam.

Os trabalhadores familiares e auxiliares não remunerados da família distribuem-se em jornadas menores, como bem se poderia esperar dessa categoria de pessoas e como a porcentagem de 50,4% deles mostra laborarem jornadas de 39 horas e menos por semana. O restante da porcentagem aponta para o fato de que, em inúmeras unidades de trabalho ou produção[2] organizadas com base na força de trabalho familiar, labutam-se jornadas com duração tão longa que parecem referir-se a ambientes que antecedem a Revolução Industrial, isso em pleno Brasil do século XXI.

Em suma, em nenhuma das classes ou categorias sociais, construídas segundo critérios definidos pelos planejadores intelectuais do Censo e válidas para o ano da virada do milênio, labuta-se, majoritariamente, em jornadas de tempo integral, o que dirá com direitos adscritos. Na sociedade brasileira, o modelo das jornadas de tempo integral ainda está distante no horizonte, já que não faz parte da prática laboral prevalente de nenhum de seus grupos sociais.

A apreciação do Censo de 2010 mostra alteração significativa na estrutura de grupos censitários. A proporção de empregados assalariados aumenta seu espaço social de 66,6% para 70,8%, à custa

---

[2] Ver "A persistência da informalidade no polo de confecções do Agreste de Pernambuco" em Roberto Véras de Oliveira e Marco Aurélio Santana, *Trabalho em territórios produtivos reconfigurados no Brasil* (João Pessoa, Editora da UFPB, 2013), assim como "A informalidade na atualidade: casos, indicadores e tendências" em Roberto Véras de Oliveira, Darcilene Gomes e Ivan Targino (orgs.), *Marchas e contramarchas da informalidade do trabalho. Das origens às novas abordagens* (João Pessoa, Editora Universitária, 2011).

dos trabalhadores por conta própria. Já os trabalhadores familiares também aumentam em número, mas seu papel é limitado à representatividade de apenas 5,7% das pessoas ocupadas.

Na história brasileira do trabalho, as estatísticas de 2010, pela primeira vez, colocam a modalidade da jornada-padrão de tempo integral em proporção majoritária quanto à distribuição das horas laborais. Empregados públicos e privados que trabalham em regimes de jornadas de 40 a 44 horas semanais somam, em números absolutos, 31 milhões e, em números relativos, 50,7% em 2010. Com efeito, no ano 2000, essa proporção é de apenas 37,9%. Esse movimento em direção às jornadas-padrão ocorre fundamentalmente em razão da diminuição, em termos absolutos e relativos, do número de pessoas que trabalhavam em jornadas excessivas, já que sua proporção cai de 41,2% em 2000 para 27,3% em 2010. A importância dessa mudança numérica entre assalariados de tempo integral é indiscutível: revela como se aprofunda o processo de capitalização, que absorve essencialmente trabalho assalariado; socialmente representa a domesticação da tradicional barbárie da sociedade brasileira de impor jornadas desmesuradas sobre os ombros de seus trabalhadores; diminui a incidência de problemas de saúde e de acidentes laborais; e repercute sobre práticas de horas laborais das demais classes sociais.

O movimento de flexibilização nos grupos de jornadas de 39 horas ou menos apresenta elevação nas jornadas de menor duração, aquelas que consomem de uma a dezenove horas semanais de trabalho e cuja porcentagem variou de 3,3% em 2000 para 7,3% em 2010. Essa informação refere-se a empregados para os quais há ocupação em jornadas semanais muito curtas. São pessoas que trabalham por diárias, pessoas que só conseguem trabalho de poucas horas por semana, como é o caso dos professores no setor privado que conseguem algumas horas-aula por semana, ou também de estudantes universitários que realizam estágios ou trabalhos remunerados por algumas horas por semana. Muito embora o autor seja intrinsecamente favorável à redução da jornada de trabalho, nesses casos parece colocar-se uma situação típica de precarização do trabalho por insuficiência de horas e de remuneração, além de superexploração do labor.

Autônomos e pessoas que trabalham por conta própria estão sendo drenados para empregos públicos e privados, como efeito da política, vigente no país, de crescimento dentro dos marcos do neodesenvolvimentismo liberal. Ainda não se afirma a situação de que o grupo está a caminho da extinção, mas se verifica uma perda importante entre 2000 (26,6%) e 2010 (21,5%), significando que um grande número de pessoas em trabalho por conta própria foi drenado para o sistema de assalariamento. Das pessoas que proveem os próprios trabalhos, pode-se aguardar que sigam de modo geral o comportamento das pessoas empregadas por salário, tal como aconteceu em 2000. Assim, em 2010, a maioria (37%) dos sujeitos autônomos e por conta própria trabalhavam entre 40 e 44 horas semanais, resultado da transferência (em 2000 eram 45,3% e, em 2010, 33%) de pessoas em jornadas extremamente elevadas para jornadas-padrão, fato verificado também entre empregados, como já visto e descrito.

O grupo social composto por trabalhadores familiares e auxiliares não remunerados da família está ocupado em jornadas de 39 horas semanais ou menos na proporção de 63,2%, reforçando tendência na mesma direção já presente em 2000. Tornamos a enfatizar que essa porcentagem não elimina a existência, também constatável empiricamente, de pequenas unidades produtivas ou prestadoras de serviço que trabalham em jornadas excessivas e exercem papel importante no desenvolvimento regional.

Por último, os empregadores, que numericamente são um pequeno grupo, mas representam a força do capital, também seguem, grosso modo, a tendência dos seus empregados no que tange à distribuição das jornadas laborais. Embora, em 2010, a maioria deles (47,2%) continue a laborar em horários excessivos, a saber, 45 horas e mais por semana, essa proporção já diminuiu (em 2000 era de 60,9%). Os empregadores – quem diria? – também apontam em direção à prática das jornadas-padrão (39,2% dos casos em 2010, contra 27,1% em 2000). Como explicar esse comportamento dos empregadores? A razão mais provável é que eles passaram a acompanhar o movimento da sociedade em geral no que diz respeito à adoção das práticas das jornadas-padrão e no cumprimento retardado à duração das 44 horas semanais previstas na Constituição de 1988, em que pese a ideologia da frugalidade e do trabalho prolongado.

Na estrutura brasileira de classes sociais, os empregados assalariados, que constituem numericamente de longe a maior classe social (70,8%) segundo dados de 2010, estão, pela primeira vez na história, dando o norte para as práticas de duração e de distribuição das horas de trabalho. Trabalhar, majoritariamente, entre 40 e 44 horas semanais é uma prática dos sujeitos empregados assalariados e para a qual aponta a tendência entre empregadores e aqueles que atuam por conta própria. Somente a categoria estatística dos trabalhadores familiares e auxiliares não remunerados das famílias, um grupo socialmente pequeno, apresenta um regime de distribuição das horas com tendência diferente, concentrado em jornadas de 39 horas semanais e menos.

A despeito dos números e proporções, a prática social de distribuição de horas laborais apresentada pelos sujeitos empregados ainda não realizou uma transição plena em direção às jornadas-padrão, pois 17 milhões deles seguem em condições laborais excessivas. Se trabalhar em horários excessivos constitui uma medida de risco para a saúde, o país ainda coloca um contingente muito elevado de seus trabalhadores em condições críticas nesse aspecto.

Distribuição das horas laborais: giro pelos setores de atividade

Agropecuária: reserva de mão de obra e nicho de jornadas excessivas

O setor primário no Brasil continua sendo grande empregador de mão de obra. Em 2000, cerca de 10 milhões de pessoas trabalhavam na agropecuária. Desse total, 5,7 milhões eram camponeses, colonos, meeiros, parceiros, trabalhadores por conta própria e autônomos e 4,2 milhões eram empregados assalariados. No ano 2000, pois, a mão de obra do setor primário ainda não havia sido, majoritariamente, transformada em mercadoria.

Entre 2000 e 2010, uma multidão de 1,8 milhão de pessoas deixou o setor primário, proveniente, em sua maioria, do grupo social dos trabalhadores por conta própria e autônomos. Expulsos das atividades do setor primário, dirigiram-se às cidades em busca de outros meios de viver e de trabalho. O crescimento do Movimento dos Trabalhadores Rurais Sem Terra (MST) é prova viva dessa mudança nas relações de trabalho. Quem conhece as regiões de *agrobusiness* em qualquer lugar do país, no Sul, Sudeste, Nordeste, ou Centro-Oeste, percebe a profunda transformação da agropecuária que abastece o mercado interno e exporta e que expulsa de seu interior moradores, parceiros, meeiros, colonos e pequenos proprietários, num processo cuja intensidade e truculência saltam aos olhos do observador. Se a experiência dos países capitalistas ricos serve de algum ensino, embora avançado, esse processo não se concluiu, está em pleno andamento. Quatro milhões de pessoas ainda ganham a vida e produzem excedentes na agropecuária, pesca, extração vegetal, atividades de preservação do meio ambiente e similares.

O avanço da agricultura capitalista sobre a floresta, o cerrado e outros sistemas agroecológicos tomou lugar sem que aumentasse o número de empregados, indicando uma elevação acentuada da composição orgânica do capital investido no setor primário. Basta lançar os olhos sobre os empreendimentos agrícolas para ver a quantidade de máquinas, tratores, colheitadeiras, aplicadores de produtos químicos, caminhões, aviões, computadores e aparelhos de comunicação utilizados, sem mencionar secadores, silos, garagens, galpões e outros capitais fixos que cada unidade produtiva mantém.

A diminuição de camponeses, do número de colonos, pescadores e outros trabalhadores por conta própria, familiares e autônomos nas inúmeras atividades realizadas no setor primário não ocorreu sem produzir impactos notáveis na distribuição das horas laborais. Assim, no ano 2000, a agropecuária, a pesca e a extração desempenhavam o papel de setor de atividades que mantinha, proporcionalmente, o maior número de pessoas trabalhando em regimes de cargas excessivas de trabalho. Nesse ramo de atividades, os trabalhadores e as trabalhadoras mourejavam desde antes de o sol nascer até depois de ele pousar. E as jornadas se desdobravam por dez ou doze horas ao dia, invadindo frequentemente sábados e domingos.

As cargas laborais excessivas constituíam a realidade cotidiana dos dois grupos que forneciam mão de obra, os trabalhadores por conta própria e os empregados assalariados. Todos eles cumpriam cargas laborais semanais longuíssimas na agropecuária, na extração vegetal, na mineração e nas outras atividades do setor primário. Do interior dessas atividades foram e continuam sendo libertados até os dias de hoje trabalhadores em condições análogas às de escravos. A devastadora expansão do capitalismo na agropecuária não aconteceu sem o recurso ao trabalho escravo[3], lado a lado com os investimentos em capital constante, as agressões ao meio ambiente, a derrubada das matas e o assoreamento dos rios.

Examinando informações relativas ao ano 2010, os assalariados constituem, pela primeira vez na história da agropecuária brasileira, numericamente a maior classe social das pessoas ocupadas no setor primário, em que estão incluídas, além de assalariados e empregadores, as categorias de trabalhadores por conta própria, autônomos, camponeses, pescadores, extrativistas etc. O setor primário da economia brasileira manifesta sua face tipicamente capitalista de empregar trabalhadores assalariados, livres da terra, em proporção maior do que outros tipos de trabalhadores, Com efeito, no ano 2000 os empregados assalariados eram em número de 4,2 milhões e os trabalhadores por conta própria, 5,7 milhões. Já em 2010, os empregados assalariados continuavam no mesmo número de 4,2 milhões de pessoas e os trabalhadores por conta própria haviam diminuído de 5,7 milhões para 4 milhões. Em 2010, portanto, havia cerca de 200 mil trabalhadores assalariados a mais do que trabalhadores por conta própria no setor agropecuário no país. Com essa transformação no quadro da mão de obra, o Brasil iguala-se aos demais países capitalistas no uso majoritário da força de trabalho assalariada para o desenvolvimento das atividades primárias.

A alteração da composição orgânica do capital investido que passa prioritariamente de capital variável para capital constante torna-se perceptível nesses números. O câmbio em direção ao capital constante modifica as relações de trabalho no campo com a presença

---

[3] Ver relatório produzido pelo Grupo de Estudos sobre Trabalho Escravo (Gete) com dados referentes à fronteira agrícola do Pará, assim como os frequentes documentos dos auditores fiscais do trabalho com relatos das missões de verificação de denúncias de trabalho escravo.

do mais-valor relativo, passando a preencher o papel estratégico de produção de valor. Sabe-se que, ao se instituir o mais-valor relativo, necessariamente deve estar presente a intensificação laboral, dado o não aumento do número de trabalhadores ocupados. Estes poderão, inclusive, no futuro, reduzir ainda mais, desde que a intensificação laboral e a flexibilização da distribuição das horas estejam presentes como mecanismos de elevação da produção do mais-valor relativo em arranjos de produção. A quantidade de pessoas que trabalha 39 horas semanais ou menos é menor quando comparada com as jornadas integrais e as jornadas excessivas. De qualquer modo, não é nada desprezível saber que 19% das pessoas ocupadas no setor estão nessas condições de trabalho limitado. Em jornadas insuficientes está presente o trabalho por diárias e outros contratos de curta duração, pelo qual até mesmo pessoas expulsas do campo e residentes à beira das cidades encontram sobrevivência vendendo dias de serviço, ora aqui, ora acolá, para garantir o pão de cada dia. Nas regiões de fronteiras de desmatamento ou em qualquer área que necessite de roça de pasto e outros serviços eventuais, estão aí os trabalhadores assalariados para contratar empreitadas de curta duração. Nas regiões de capitalismo mais denso e consolidado, sempre são necessários trabalhadores eventuais que prestam serviços por diárias, por empreitadas, por contratos cuja duração se limita à safra ou ao plantio, à limpeza, à aplicação de produtos químicos nas mais distintas atividades. Dessas maneiras, a flexibilização das horas chega ao setor primário para criar formas de produção de valor antes não acessíveis.

É possível perceber nitidamente que, na década analisada, o processo de diminuição das jornadas laborais excessivas, que prevalece no conjunto do país, bem como de tendência convergente para as cargas de trabalho de tempo integral, faz-se presente também na agropecuária brasileira até 2010, ano a que nossos dados se referem. Mas não chegam a ser processos majoritários. Observa-se que os assalariados com jornada integral de 40 a 44 horas por semana são em número de 1,9 milhão, enquanto os assalariados com cargas de trabalho superiores ou inferiores ao padrão somam 2,3 milhões de pessoas em 2010. A agropecuária brasileira é desenvolvida à base de cargas descomunais de trabalho e de investimentos gigantescos em capital constante, com firme apoio dos recursos estatais. Até hoje a agropecuária é um dos setores do trabalho excessivo no país.

Indústria de transformação: jornadas de tempo integral e território para horas extras e jornadas insuficientes

Greves e lutas sociais que tomaram lugar no setor industrial exerceram papel-chave na criação da legislação trabalhista em geral e na constituição da jornada integral com direitos em particular. A jornada de tempo integral afirma-se no Brasil, quase à metade do século XX, como parte da legislação trabalhista e definida pelo parâmetro de oito horas diárias e 48 horas semanais. Nos países industrializados, a jornada-padrão procede desde o século XIX. A OIT incorporou o princípio da jornada de oito horas diárias em 1919. Passados sessenta anos da instituição, poder-se-ia aguardar, então, encontrar, no Brasil, a maioria das pessoas do setor industrial ocupadas em jornadas-padrão e reguladas. Não é bem assim. Essa prática só se concretiza em 2010, quando 6,3 milhões dentre 11,1 milhões de pessoas efetuam cargas laborais entre 40 e 44 horas semanais.

Se o setor primário da economia brasileira perdeu mão de obra, como descrito anteriormente, a indústria de transformação acolheu mais 2,2 milhões de pessoas na década, passando de 8,8 milhões em 2000 para 11 milhões de pessoas ocupadas, em 2010. O setor industrial continua a ser um receptor de mão de obra em termos absolutos.

Outra caraterística do setor é que a indústria apresenta a composição de cerca de 15% de trabalhadores por conta própria, autônomos e artesãos. Pequenos estabelecimentos tentam firmar-se a partir do trabalho familiar e chegar a consolidar-se como empresas que utilizam exclusivamente mão de obra assalariada. Essa porcentagem indica ainda a concentração e a verticalização dos estabelecimentos no setor industrial.

A tese da convergência para a jornada de tempo integral manifesta-se presente mais entre empregados assalariados do que nas demais categorias de grupos sociais que atuam no setor primário. Esse fato consolida-se nos dados de 2010, quando mais de 60% dos empregados realizam jornadas de 40 a 44 horas semanais.

Não haveria, então, trabalho flexível na indústria? Dois argumentos podem ser levantados em sentido contrário. Em primeiro lugar, a indústria mantém uma formidável carga de horas extras. Em 2000, 3,1 milhões de assalariados realizavam jornadas semanais médias, acima das cargas de tempo integral. Em 2010, esse número diminuiu para 2,7 milhões, mas está ainda longe de apontar para o desaparecimento do trabalho excessivo, como se aguarda para o trabalho em nações civilizadas. A velha e poderosa indústria mantém impavidamente o hábito de exigir jornadas excessivas de sua força de trabalho, nas quais está involucrada a massa do mais-valor absoluto.

O segundo indicador provém do número de empregados assalariados que realizam jornadas reduzidas com horas semanais inferiores a 39. Eles são 618 mil no ano 2000, número que manifesta um componente significativo da força de trabalho flexível naquele ano. O número sobe para 925 em 2010 – aumento de um terço na década. Tem-se aqui uma pista de flexibilização das jornadas laborais que merece sequenciamento por estudos de campo sobre quem são esses trabalhadores. Tanto podem ser trabalhadores fornecidos por empresas para preencher ausências no trabalho por doença e outras necessidades, como trabalhadores temporários, trabalhadores em tempo parcial e outros grupos de trabalhadores terceirizados exigidos pela indústria ou por empresas terceirizadas. É crescente a demanda do setor industrial por força de trabalho flexibilizada que atue em horários diversos do padrão e com cargas laborais mais curtas.

Construção: cargas horárias sistematicamente excessivas

O setor da construção é grande empregador de mão de obra em países com déficits habitacionais e com problemas de infraestrutura para os cidadãos e para as empresas. Trabalhavam nos diversos ramos que compõem a construção 4,4 milhões de pessoas em 2000. Em 2010, esse número subiu para 6,2 milhões, com crescimento de quase 50%.

Observe-se que, em 40% dos casos, as pessoas ocupadas em construção cumpriam cargas laborais de 45 horas semanais, enquanto na agropecuária, pesca e extração a porcentagem alcançava 30% em 2000. Jovens que deixavam as lides do setor primário se empregavam na construção civil porque esta requeria menores qualificações dos seus peões. Como a exigência de cargas horárias longas era usual nas atividades rurais, os trabalhadores já chegavam à construção civil com prévia socialização ao trabalho prolongado e árduo. Até este ponto do relato, as atividades em construções são as que mais exigem longas jornadas entre quaisquer outros setores de atividades. Requerem sobretrabalho como regra ordinária. A produção e a extração de valores tomam lugar por meio do prolongamento explícito das cargas horárias. Como consequência social dessa enormidade de trabalho requerido, procedem os impactos sobre a saúde, os acidentes laborais, as mortes decorrentes do trabalho perigoso. Jornais e televisões trazem informações frequentes sobre acidentes de trabalho na construção, muitos deles inutilizando o trabalhador para o resto da vida e, em outros casos, conduzindo-o a óbito.

A despeito das jornadas extremamente longas no setor da construção, observa-se, em 2010, sob a batuta de políticas neoliberais de crescimento, que o centro das cargas laborais converge para as jornadas-padrão de 40 e 44 horas semanais, mesmo em se considerando um setor que era tão avesso à obediência aos preceitos legais quanto a agropecuária e a extração mineral – ou até mais avesso que estas.

Como aparece o trabalho flexível nos ramos da construção? Se mirado pela ótica do trabalho em demasia, de 45 horas e mais, o setor mantém o padrão de cargas mais intensas. Olhado pelo critério de jornadas com duração de 39 horas semanais ou menos, se há alguma propensão à flexibilização, ela ainda existe em pequena escala, pois seu número, em 2010, é de 418 mil pessoas, embora em ascensão. Dessa forma, as atividades de construção são polos de jornadas excessivas, não sendo o ramo que mais concentra, todavia, nichos de trabalho flexível.

Comércio: jornadas-padrão e jornadas excessivas

Mediante a classificação detalhada de ramos de atividades ora adotada, observa-se que as atividades comerciais empregam o maior número de trabalhadores de todos os setores. Em 2010, atingem o expressivo número de 13,8 milhões de pessoas ocupadas. Estimulados pela política econômica de crescimento do consumo interno como ativador da demanda, o número de postos de trabalho no comércio subiu de 9,9 milhões em 2000 para 13,8 milhões em 2010, o que representa um acréscimo de quase 40% de empregados no setor.

Desde muito tempo atrás, o comércio é tido como o protótipo das atividades informais em razão dos vendedores ambulantes e do teto dos trabalhadores por conta própria, autônomos e trabalhadores familiares. No Brasil, essa afirmação continua válida. Atividades de comércio exercidas por autônomos ainda representavam, em 2010, 49% de todos os postos de trabalho do setor, com lenta tendência a crescimento do emprego assalariado.

Entre os trabalhadores por conta própria, a carga de longas jornadas permanece como norma, em 2010. Entre empregados, prevalecem os assalariados que trabalham em contratos de 40 a 44 horas semanais, o que aponta para uma lenta convergência para a jornada-padrão, muito embora o trabalho excessivo prossiga a crescer também em números absolutos. O comércio situa-se imediatamente depois do setor primário na porcentagem de pessoas empregadas em jornadas excessivamente longas, o que confere uma marca e indica os mecanismos de exploração do sobretrabalho na circulação das mercadorias e dos valores.

Finanças: jornadas-padrão e intensificação

Em 2000, as horas de trabalho estão distribuídas entre horário padrão (48%) e horários excessivos (20%) nas atividades bancárias, de finanças e seguros. A jornada-padrão é majoritária. Mas não se manifesta consolidada, pois ainda não conseguiu se impor nesse setor hegemônico do capitalismo. A relação de sobrecarga horária segue se reproduzindo também.

Passada uma década, em 2010, como se distribuem as cargas laborais em finanças? A jornada-padrão torna-se o centro das modalidades de distribuição das cargas horárias, alcançando 60% dos casos. As duas outras modalidades, excessivas e insuficientes, diminuem proporcionalmente. Assim, predomina no setor de finanças o processo de convergência para as jornadas-padrão.

É admirável que tenha prevalecido a jornada-padrão em finanças, uma vez que, historicamente, os trabalhadores do setor se organizam em torno de poderosos sindicatos, os quais haviam alcançado regulamentar sua carga horária normal com seis horas diárias de labor. Depois de quase um século de enfrentamento, o patronato das finanças conseguiu retirar dos trabalhadores bancários esse direito que é a prática de trabalho de jornadas menores. Nos números globais apresentados pelos censos, ainda aparecem "vestígios" das jornadas de seis horas diárias, 36 semanais. Com efeito, aproximadamente um terço dos assalariados do setor realiza cargas laborais de 39 horas por semana ou menos, uma das maiores proporções de cargas laborais em qualquer outro setor de atividade. Se válido o argumento dos "vestígios", as cargas laborais de 39 horas e menos constituem espaços bem-sucedidos de resistência. Imagina-se o impacto que poderia ter sobre o conjunto dos assalariados, se, em um setor tão importante quanto o de finanças, os empregados tivessem mantido suas jornadas de seis horas diárias, com salário integral e sem elevar o grau de intensidade das atividades. Adicionalmente, pode estar em processo a implantação de formas de flexibilização de jornadas com horários abaixo do padrão, um indicativo de precarização laboral[4].

As finanças operam mediante o movimento dos capitais que circulam ininterruptamente nos mercados nacionais e internacionais. Os grandes bancos internacionais precisam de uma força de trabalho que se reveze continuamente e opere por turnos, dando conta do caráter mundial e contínuo das atividades. Mas o setor de finanças não se resume aos bancos mundiais; ele inclui a circulação interna de capitais em cada país e região de modo a atender às necessidades dos clientes. Por isso, o setor bancário e as finanças têm de se adaptar às regras de funcionamento da legislação nacional,

---

[4] Marianne Lima Martins, *Na linha da frente. A intensificação do trabalho em bancos públicos e suas implicações sobre a saúde dos trabalhadores bancários* (Dissertação de Mestrado, Programa de Pós-Graduação do Departamento de Sociologia, Brasília, Universidade de Brasília, 2016). Texto que aborda a precarização do trabalho em decorrência especialmente das metas de trabalho a serem atingidas, em função das quais os administradores assumem posições exacerbadamente duras para com os servidores bancários, que se expressam em assédio moral e profissional.

com respeito à duração e à distribuição das horas laborais. Nesse sentido, não teria uma conformação específica, como parece ser o caso dos turnos de revezamento nos bancos e agências que operam no mercado mundial, exceto em uma característica: o trabalho no setor bancário e de finanças é extremamente intensificado, em face da pressão por resultados e das regras de rendimento que existem no setor. Outra característica típica do setor consiste no fato de que, operando com elevados níveis de tecnologia, consuma-se a invasão do tempo de trabalho sobre os tempos de não trabalho. Tais características de intensificação laboral[5] e de invasão dos tempos de não trabalho[6], já apontadas por inúmeras pesquisas sociais, também revelam o quanto de problemas trazem para a saúde dos trabalhadores e das trabalhadoras.

Transportes e jornadas excessivas

Nas informações censitárias referentes ao ano 2000, o setor de transportes inclui comunicações[7], que, em 2010, aparecem separadas em dois setores, o que é uma indicação do crescimento das atividades de comunicações no país.

No ano 2000, transportes e comunicações apresentavam a seguinte distribuição por horas de trabalho: a grande maioria dos 6 milhões de ocupados no setor (54,4%) operava em jornadas laborais de 45 horas ou mais por semana. E pouco mais de 1 milhão de pessoas (30,7%) laborava com cargas horárias de 39 horas por semana e menos. Em transportes e comunicações, observa-se ainda a presença do processo de convergência para a modalidade protótipo de alocação de mão de obra, que são as 40 a 44 horas semanais.

---

[5] Gollac e Volkoff, "Citius, altius, fortius. L'intensification du travail". *Actes de la Recherche en Sciences Sociales*, n. 114, set. 1996; Sadi Dal Rosso, *Mais trabalho!: a intensificação do labor na sociedade contemporânea* (São Paulo, Boitempo, 2008).

[6] Ana Cláudia Moreira Cardoso, *O tempo dedicado ao trabalho e ao não trabalho: vivências e representações dos trabalhadores* (Tese de Doutorado em Sociologia, São Paulo, FFLCH-USP, 2007).

[7] Por isso, não é comparável, para o objetivo de verificar tendência, com as informações do Censo de 2010, que separa os dois ramos, impondo uma restrição que será mantida.

Merece ainda destaque o trabalho com cargas horárias excessivas de 45 horas ou mais por semana, sendo o número absoluto de pessoas envolvidas de cerca de 3 milhões, especialmente entre assalariados. Esse número indica a forte presença da produção de valor com base nas longas jornadas, embora a inovação tecnológica seja relevante, como é o caso da aviação e do transporte marítimo. A produção de valores mediante o emprego de inovação tecnológica e qualificação educacional mais elevada da mão de obra parece estar nos ramos de comunicações, que absorvem inovações tecnológicas da revolução informática.

Nota sobre informação e comunicação: as jornadas em ambiente de inovação

O Censo de 2010 possibilita esclarecer algumas questões sobre o setor de atividades que envolve a moderna produção "imaterial", atividades ligadas à informática, internet, redes de comunicação e informação, rádio, televisão, redes sociais e o que mais nos reservar o futuro. Naquele Censo, foram contadas 1,1 milhão de pessoas ocupadas no setor, que está em vertiginoso crescimento, pois em 2000 o setor sequer se identificava em separado, aparecendo no censo como "atividades de informática".

Quais as conclusões que podem ser retiradas da distribuição das cargas horárias? A distribuição das cargas laborais em informação e comunicação é muito semelhante àquela encontrada em finanças, talvez em razão de informação e comunicação serem atividades vitais para finanças e outros ramos modernos. Os dados empíricos estabelecem que os trabalhadores assalariados de informação e comunicação trabalham em jornadas de tempo integral em 56% dos casos, em jornadas excessivas em 21%, e em jornadas insuficientes em 23%.

Verifica-se, pois, em informação e comunicação, a prevalência da jornada-padrão sobre outras modalidades de distribuição dos tempos laborais. Também já estão abertos espaços de flexibilização de jornada, particularmente no que tange a jornadas reduzidas. Dado o forte desenvolvimento tecnológico que caracteriza o setor e em face das demandas específicas que recaem sobre ele, informação e comunicação apresentam-se como candidatos às mais diversas formas de flexibilidade de distribuição de horários. Basta examinar as características do trabalho de jornalistas e de outros profissionais de comunicação para encontrar fundamentos práticos para essa afirmação. Além disso, é um setor aberto ao trabalho de estagiários, trainees e aprendizes, o que contribui para a presença das jornadas reduzidas. Por fim, embora se restrinja ao grupo específico de profissionais e a despeito da inobservância patronal e das chefias, os jornalistas já têm uma jornada de cinco horas diárias, segundo o artigo 303 da CLT.

As informações censitárias da distribuição das horas laborais apontam indícios indiscutíveis de horas insuficientes, uma manifestação de precariedade. Vinte e três por cento dos assalariados labutam em jornadas reduzidas e insuficientes no setor de informação e comunicação. Esse setor abre-se para formas de emprego e de cargas horárias flexíveis e precárias, conforme evidência[8] de estudos qualitativos realizados sobre *call centers*[9] no país.

Ramos do setor produtivo mais articulados com a produção imaterial, com softwares, hardwares, sistema de comunicação, rádio, televisão, internet e redes sociais, *call centers* e outros ramos imateriais de produção de valores organizam as horas laborais majoritariamente em jornadas de tempo integral. O setor de informação e comunicação

---

[8] Entrevista com profissional que trabalha há uma década na empresa Algar Telecom, sediada em Uberlândia, MG, que emprega 6 mil funcionários, mostrou evidências de intensificação do trabalho por meio das expressões "trabalhar lá é sob pressão", "trabalha feito louco", "há metas a cumprir", "ritmo de trabalho é determinado pelo gerente", "o controle é feito por máquinas", "o trabalho é árduo", "você nunca está seguro", bem como de impactos sobre a saúde do trabalhador ou trabalhadora ("Controle do corpo. Não podia ficar em pé", "Doença. Muito. De braço, LER. Isso tem muito", "Estresse. Depressão violenta. As pessoas eram afastadas. Suicídio não", "Problemas com ar-condicionado, rinite, garganta, ouvido, nariz"). A entrevista deu conta também de práticas de flexibilização de jornadas com o emprego de menores aprendizes, com quinze e dezesseis anos de idade, com carga horária e salários menores. Aquilo que ocorre na Algar Telecom não diverge das práticas de outras empresas do ramo. Registra-se aqui o agradecimento pela entrevista.

[9] Ruy Braga, *A política do precariado: do populismo à hegemonia lulista* (São Paulo, Boitempo, 2012).

é conhecido pela flexibilidade das jornadas reduzidas de trabalho. A característica fundamental do trabalho flexível de jornadas insuficientes, algumas horas por semana, trabalho temporário, diárias e estágios é preencher tempos mortos, adequar a oferta de mão de obra a sua demanda e intensificar o labor para que renda mais com menos horas de trabalho e pagamento.

Educação: contratos por hora e cargas insuficientes

No setor de educação, compreendem-se as lides de formação no setor público e privado, nos três níveis, básico, médio e superior, e nas esferas federal, estadual e municipal. Em 2010, são quase 8 milhões de pessoas que laboram nesse amplo segmento. A distribuição das cargas horárias alterou-se significativamente entre os dois censos. No ano 2000, 46% dos professores e dos técnicos administrativos trabalhavam em jornadas de 39 horas semanais ou menos. No ano 2010, a proporção caiu bastante, para 36,9%, mas ainda era maior que a de qualquer outro setor de atividade, fato que fundamenta especialmente a hipótese de uma flexibilidade crescente em educação. Com efeito, são conhecidas as circunstâncias da existência de docentes que recebem conforme as horas que lecionam ou que ficam nas escolas à espera de uma aula que possam dar ou de um professor a substituir. Quase 3 milhões de professores e de professoras encontram-se em condição laboral com horários inferiores a quarenta horas semanais. Uma proporção grande desses sujeitos está inserida nessas modalidades insuficientes de alocação de horas laborais não porque o queiram, e sim porque não lhes são oferecidas oportunidades de escolher mais horas de labor. Trata-se de armadilhas das horas reduzidas de trabalho ou de "desencontros" entre interesses dos sujeitos com os das empresas ou dos organismos públicos. Esses elementos indesejáveis, ou contradições, acompanham muitas modalidades dos novos regimes de trabalho flexível. Para manter o emprego, reduzem-se as horas de labor. Consequentemente, cai a remuneração. E com menor salário deterioram-se as condições de vida. Como tais mudanças não são passageiras, começam a se formar grupos sociais inteiros afetados por tais problemas. As desigualdades de horas, que estão na raiz de tudo, e de remuneração separam homens de mulheres, jovens de adultos, brancos de negros, nativos de migrantes.

A tese da convergência, no setor da educação, das cargas horárias para o regime de tempo integral, de 40 a 44 horas em nossa definição empírica, também é corroborada pelos dados censitários. Com efeito, o número de pessoas que atua em horários de tempo integral alçou-se de 2 milhões, em 2000, para 3,8 milhões, em 2010. A elevação ocorreu por meio do ingresso de novos contratados em cargas horárias de 40 e 44 horas e também mediante a migração de pessoas das jornadas mais elevadas para o centro da jornada-padrão. Em que pese ser válido comemorar essa migração em direção às jornadas de tempo integral, migração conquistada bravamente com o apoio da grande organização sindical dos professores, das professoras e dos técnicos administrativos, por outro lado, reconheça-se que esse processo ainda é iniciante, pois, conquanto a educação apresente a proporção de 50% de seus profissionais integrados em cargas horárias plenas, a indústria já alcança um percentual mais elevado, com 60% dos casos em jornadas de tempo integral.

Os dados censitários confirmam a hipótese da continuidade do emprego de jornadas excessivas. Um contingente de 800 mil, em 2010, e de 900 mil pessoas, em 2000, trabalhava com cargas horárias excessivas. Segundo estudos qualitativos, à carga horária excessiva acresce também a hipótese de intensificação laboral. Entre as instituições que mais têm cobrado desempenho dos professores federais estão a Capes, o CNPq, o Ministério e as Secretarias de Educação de estados e municípios.

Como a qualificação da força de trabalho é cada vez mais exigida para dar conta da competição mundial, a educação é suscetível a processos de profunda intensificação laboral, conforme as políticas reformistas dos Estados requerem.

Saúde: cargas horárias reduzidas

Em 2010, 3,2 milhões de pessoas estavam empregadas em atividades relacionadas à saúde no Brasil. O emprego é crescente nessa área de tão grande necessidade popular. Os empregados assalariados nesse setor passaram de 760 mil em 2000 para 1,5 milhão em 2010.

A hipótese da convergência para o padrão modelo de 40 a 44 horas semanais trabalhadas mantém-se precariamente no setor de saúde, ocorrência que implica ironia, em se tratando dos setores de saúde e educação. Com efeito, apenas 49,8% das pessoas assalariadas ocupadas em atividades de saúde trabalham em horários de tempo integral.

Também se mantém a hipótese das jornadas reduzidas como indicador de flexibilidade laboral, já que o número de empregados atuando em jornadas reduzidas de 39 horas semanais ou menos avança de 600 mil para 800 mil pessoas. Embora não lhe seja específico, desenvolveu-se no setor de saúde uma forma de flexibilização de horas chamada de jornadas de trabalho e de descanso prolongadas, com a distribuição de 12 horas de trabalho por 36 horas de descanso, encontrável somente no Brasil e da qual não se tem notícia em outros países. Esse regime que facilita ao trabalhador ter mais de um emprego e que também exacerba a exploração do trabalho poderá ser ampliado para qualquer ramo de atividade por legislação em pauta no Congresso Nacional em 2017. Pelas mesmas razões de vigência dessa modalidade de turnos de trabalho e descanso alongados, o setor de saúde adequa-se a sistemas de trabalho flexível de tempo parcial e de curta duração.

Tendo um contingente tão grande de pessoas que trabalham em jornadas de 39 horas semanais ou menos, o setor de saúde apresenta um panorama de flexibilidade e precariedade muito semelhante ao da educação no que se refere à distribuição das horas laborais. Mais recentemente, a categoria profissional dos enfermeiros e enfermeiras alcançou uma vitória importante mediante a aprovação, pelo Congresso Nacional, de jornadas laborais de trinta horas semanais, igualando-se a um reduzido grupo de profissionais que atua em bancos e finanças, em jornais e meios de comunicação e outos poucos setores. Importa ressaltar que a vitória vale não apenas para o setor público, como também para o setor privado da saúde. Imediatamente após colocada em prática, a medida terá efeitos sobre a saúde dos trabalhadores e trabalhadoras do setor da "saúde" e poderá exercer influência política sobre os trabalhadores dos demais setores de atividade com vistas a compartilhar jornadas de igual duração.

Serviços domésticos e cargas horárias incontáveis

Os serviços domésticos representam quiçá o maior grupo profissional do Brasil, nos períodos aqui considerados. Em 2000 eram 5 milhões de pessoas; em 2010, 6 milhões.

Serviços domésticos reúnem atividades prestadas a famílias, raramente a empresas, e mantêm traços de dependência na origem servil e escrava. Em decorrência, até recentemente são atividades com menor grau de formalização (carteira assinada, contribuição social, aposentadoria, entre outros direitos do trabalho). Os servidores domésticos têm cargas horárias intermináveis e sua distribuição fica inteiramente à discrição dos empregadores.

No ano 2000, 43% das empregadas domésticas trabalhavam em regime de jornadas excessivas, e era corrente o conhecimento de que horas extras nesse setor não se pagavam. Até mesmo o assalariamento era parcialmente respeitado, não sendo infrequentes as práticas de dar senzala, comida e roupa em vez de salário, como se isso bastasse à trabalhadora.

As empregadas domésticas estão mudando suas práticas de trabalho, de emprego contínuo para diário, ou seja, passam a trabalhar como diaristas. Isso é o que se depreende da evolução das porcentagens de empregadas domésticas com jornadas inferiores a 39 horas semanais, que se elevaram de 30,7%, em 2000, para 39,4%, em 2010. Tal aumento responde a um impacto do crescimento econômico, quando as empregadas domésticas perceberam que podiam ganhar mais com menos horas nas lides. Entretanto, a crise de 2015 e 2016, ainda em curso no país, levará à diminuição do nível das remunerações das empregadas, além de tornar mais difícil encontrar empregos. Dessa forma, poderá exercer impacto sobre o trabalho das diaristas e modificar novamente o padrão das horas laborais.

Alcançar a jornada-padrão para empregadas domésticas ainda constitui uma luz distante no horizonte, porquanto, em 2010, apenas um terço, ou 36,5% das profissionais de trabalho doméstico, tinha seu trabalho estabelecido dentro do modelo-padrão de cargas horárias, a saber, de 40 até 44 horas semanais. Registra-se a importantíssima iniciativa de regulação dos direitos do trabalho doméstico, de maneira equivalente aos do assalariado de qualquer outro setor de atividade. Embora haja resistência quanto à regulamentação de alguns desses direitos, em especial a contribuição para a aposentadoria, a aprovação da lei com equivalência de direitos em relação aos demais assalariados pelo Congresso Nacional e sua sanção pela Presidência da República constitui uma vitória e um passo histórico no conjunto dos direitos do trabalho no Brasil.

O trabalho doméstico desempenha importantíssimo papel na vida de integrantes das classes médias e altas ao realizar um conjunto de atividades que de outra forma recairia sobre os ombros dos empregadores. Com isso, empregadores e familiares podem dedicar-se ao trabalho nas esferas de remuneração mais elevada de forma muito mais intensa. O problema social consiste no conflito pela implementação dos direitos das empregadas domésticas. Sabe-se, por exemplo, que nem metade dos empregadores aderiu à política do seguro-desemprego para as empregadas ou assinaram suas carteiras de trabalho. Nesse sentido, os direitos para o trabalho doméstico permanecem como uma chaga aberta.

Síntese da distribuição das horas laborais por setor

Com vistas a elevar o grau de clareza sobre processos em curso com a distribuição das horas laborais descritos anteriormente e explicitar diferenças, reorganiza-se a alocação das cargas horárias semanais na Tabela 1, a seguir.

Algumas conclusões podem ser derivadas da tabela e da análise feita nas páginas anteriores. Os setores produtivos e de circulação de valores, quer sejam bens, quer sejam serviços, a saber, os setores primário e secundário, comércio, construção, transportes, informação e comunicação, constituem o eixo fundamental da produção de valores

TABELA 1 – Distribuição das horas laborais semanais dos empregados com dez anos ou mais de idade, ocupados no trabalho principal, por setores de atividade segundo os censos de 2000 e 2010, em porcentagens – Brasil

Setores de atividades	Grupos de horas e datas dos censos					
	40 a 44 horas		45 horas e mais		1 a 39 horas	
	2000	2010	2000	2010	2000	2010
Agropecuária	31,8	44,7	55,2	36,3	12,9	19,0
Indústria	48,5	60,5	43,1	29,5	8,4	10,0
Comércio	35,6	49,9	52,1	35,9	12,4	14,2
Construção	41,3	56,0	50,5	33,3	8,2	10,8
Transportes	31,2	46,3	52,9	35,8	15,9	17,9
Comunicação	–	56,0	–	21,0	–	23,0
Bancos e Finanças	45,4	59,0	32,7	14,0	21,9	27,0
Educação	35,0	50,6	19,0	12,5	46,0	36,9
Saúde	38,0	49,8	26,9	19,9	35,0	30,2
Adm. Pública	45,5	53,0	25,2	20,5	29,3	26,5
Serv. Domésticos	26,1	36,5	43,2	24,1	30,7	39,4

Fonte: Microdados da amostra dos censos de 2000 e 2010, IBGE.

de troca e são grandes consumidores de força de trabalho. As jornadas mais longas são epíteto desses ramos de atividade responsáveis pela produção e circulação de valores na sociedade, ocupando as cargas excessivas de 29,5% e 36,3% da mão de obra, às quais se acrescem jornadas de tempo integral. O ímpeto da acumulação pela via do alongamento da jornada laboral é tão forte que empreendedores do setor agropecuário e até mesmo de ramos industriais ainda lançam mão da modalidade de trabalho escravo, como têm sobejamente denunciado o Ministério Público do Trabalho e os serviços de fiscalização do Estado. As multas aplicadas pelos fiscais do Estado representam uma comprovação do mais valor arrancado desses trabalhadores, muitos dos quais migrantes, e uma explicação geral para o emprego de trabalho escravo pelo capitalismo brasileiro até os dias de hoje. Os fiscais do trabalho também apontam a prática de engano dos trabalhadores sob a forma de horas extras não pagas e que significam o suor dos trabalhadores, convertendo-se em mais valor para empregadores e diretores de negócios. As horas extras – que são reguladas pela legislação brasileira com o princípio de que efetivamente sejam pagas para quem as realiza – constituem, há décadas, o principal item das multas implementadas pela brava categoria de funcionários públicos, que são os agentes fiscais do trabalho.

Consequência do uso excessivo do trabalho são o consumo exacerbado da força de trabalho, os acidentes e as doenças do trabalho e o encurtamento da vida ativa.

Outros setores caracterizam-se por uma combinação de jornadas na qual as modalidades de flexibilidade constituem componentes significativos da organização do trabalho. Os setores em que jornadas reduzidas têm presença mais forte são bancos e finanças, educação, saúde, administração pública, informação e comunicação e empregos domésticos. Nada parece ligar setores de atividades tão diversas, exceto o fato de lançarem mão de jornadas flexibilizadas de menor duração. Em 2010, são responsáveis por jornadas reduzidas, nas quais a ocupação da mão de obra vai de 23% a 39,4%.

Esse agrupamento de setores pode ser desagregado em três subgrupos, cada um representando a seu modo como estão inseridas as práticas de flexibilidade no trabalho, os processos históricos de sua constituição e a proximidade das atividades. O primeiro subgrupo inclui o setor de bancos e finanças e o setor de informação e comunicação. O setor financeiro, em sua história no Brasil, conta com uma peculiaridade, que consiste na prática da jornada de seis horas diárias, alcançada ainda nos idos de 1943. Mas bancos e finanças, juntamente com informação e comunicação, caracterizam-se pelo fato de suas atividades não respeitarem os limites dos tempos convencionais, regulares de trabalho. Em tais setores, tempos de não trabalho são tempos de trabalho o dia todo. Trabalha-se durante os 365 dias ao ano. Independentemente de ser dia de trabalho ou não, notícias têm de ser divulgadas e capitais têm de circular. Daí o forte impulso para a flexibilidade da distribuição dos horários e das cargas laborais. Esses fatores, além do preço baixo da mão de obra, explicam por que há uma procura por estagiários, jovens aprendizes, trainees e outras modalidades de trabalho flexível.

O segundo subgrupo é composto pelos setores de educação, saúde e administração pública. Educação e saúde são atividades realizadas pelo setor público e pelo setor privado. O setor educacional talvez forneça uma chave para esclarecer o mistério da flexibilização. Os professores são protótipos do trabalho flexível. Exceto os professores públicos federais, estaduais e municipais, os demais que operam no setor privado são sujeitos ao modo de pagamento por hora lecionada, com raríssimas exceções. Características semelhantes estão presentes também no setor de saúde, com proporções de jornadas reduzidas mais elevadas. Não é necessário ser conhecedor profundo das questões do trabalho para identificar que os contratos por hora lecionada são extremamente flexíveis em favor dos empregadores, que construíram com ele um mecanismo de adaptação das suas empresas às flutuações do mercado e, consequentemente, uma garantia para seus ganhos. Isso conduz à tese de que a flexibilidade laboral tende a dirigir o trabalho a contratos com a menor duração possível, como é o caso do contrato e do pagamento por hora exercida em sala de aula. Esse tipo de contrato cria instabilidade e rotatividade entre os integrantes, desvaloriza a força de trabalho e inviabiliza a manutenção de quadros altamente qualificados.

O terceiro subgrupo é composto pelos empregos domésticos, que são pilares estruturais da desigualdade na sociedade brasileira e em grande parte da América Latina. A flexibilidade de cargas laborais e de horários se deve ao fato de os empregos domésticos estarem subordinados estritamente aos desejos dos patrões, o que dificulta o reconhecimento de direitos, e à iniciativa das empregadas domésticas de se valerem de contratos por diárias.

Finalmente, sintetizam-se as jornadas de tempo integral, que aqui incluem as jornadas de 40 e 44 horas semanais. Os horários fixos e repetitivos representam uma conquista histórica da classe trabalhadora e, por isso, são tomados como direitos em relação tanto ao trabalho excessivo como ao insuficiente. A vitória não consiste na fixidez e na repetitividade dos horários, e sim na redução significativa da duração da jornada laboral, no controle da distribuição das horas e da aquisição de direitos. O Brasil, país que se destaca no cenário mundial por ter jornadas longas, encontra-se na terceira etapa de redução dos tempos de trabalho. A jornada "normal" de 40 a 44 horas semanais do presente foi precedida por uma prática de trabalho de 48 semanais, que vigorou por meio século entre 1932 e 1988. Antes de 1932, não existia regulação estatal das jornadas, salvo em situações esporádicas. Sabe-se que eram jornadas ainda mais longas, a critério exclusivo dos empregadores, que pagavam os baixos salários. A única salvaguarda provinha de fonte religiosa, que exigia frequência aos ritos e ofícios aos domingos e dias sagrados.

Retornando às jornadas de tempo integral, os setores em que a classe trabalhadora avançou mais na construção de uma jornada "normal" com direitos são, por ordem de mais para menos, indústria, bancos e finanças, construção, informação e comunicação, educação e administração pública. Todos esses seis setores atingiram porcentagens superiores a 50%, com a variação de 60,5% na indústria a 53% dos ocupados na administração pública. Os demais, não. A listagem desses setores indica como são restritos os avanços feitos na construção de uma jornada "normal" para o conjunto da sociedade brasileira. De qualquer modo, a jornada de 40 a 44 horas serve como padrão, a partir do qual partem as lutas dos movimentos sociais e dos sindicatos para futuros avanços.

Sob o manto da flexibilidade de horas reduzidas – donde procede o fetichismo da flexibilidade laboral –, esses setores de atividades escondem a precarização do trabalho, a heteronomia do controle sobre a decisão do número das horas trabalhadas, a desigualdade da atribuição das cargas laborais segundo gênero, cor, idade, classe, a desigualdade de remuneração e suas inúmeras consequências, o trabalho em horários indesejados por "não sociais", entre outros problemas suscitados.

Na atualidade, seria infausto imaginar que esses ramos de lides econômicas modernas consigam organizar-se só com o trabalho flexível de duração restrita. A tendência ao emprego da flexibilização de horários faz parte de estratégias de competição entre empresas capitalistas por realizar o trabalho em momentos mais adequados ante flutuações do mercado, assim como de comodificação dos tempos de não trabalho pela ocupação e subordinação ao controle do trabalho dos tempos existentes ainda fora dele. O trabalho flexibilizado permanece, salvo se houver reação dos trabalhadores e dos sindicatos.

A flexibilidade aparece nas jornadas de tempo parcial, contrato por diárias, por empreitadas, por tarefa realizada e trabalho temporário, estágios remunerados de estudantes universitários, contratação de trainees, contratação de jovens aprendizes ou de menores aprendizes por seis horas diárias em quaisquer níveis de formação, do fundamental ao universitário, pessoas jurídicas fictícias (pejotas), freelancers (freelas), remuneração por horas de trabalho efetivamente desempenhadas, pagamento por desempenho, empreitadas ou outras características – todos eles elementos estruturais do trabalho na sociedade brasileira. Uma parte dessa regulamentação laboral, como o trabalho de jovens e adolescentes e faculdade das horas extras, já estava prevista na CLT de 1943; algumas medidas foram modificadas recentemente, como é o caso da lei do estágio, que data de 2008, e outras são inteiramente novas, como o trabalho e o descanso em turnos prolongados e o teletrabalho. Mantém-se o passado redesenhado, reconfigurado às exigências do presente, e estão sendo abertas novas modalidades de trabalho flexível.

VIII
IDADE E HORÁRIOS FLEXÍVEIS DE TRABALHO

As taxas de desemprego apontam invariavelmente os grupos sociais de jovens e idosos como os mais atingidos pela falta de trabalho. A relação entre idade e distribuição das horas laborais possibilita explorar um tipo de desigualdade, somente presente na distribuição etária díspar das cargas de trabalho. A sociedade procura uma participação igualitária de trabalho e resultados. Como a sociedade dominada pelo capital se organiza em princípios e práticas de competição, ela provoca desigualdades com base na idade e nas preferências na contratação de trabalhadores de determinadas faixas etárias, enquanto os de outras idades são rechaçados e permanecem subempregados.

Idade, nas ciências sociais, é uma condição que confere características e qualificações a fatos e processos sociais que tomam lugar nos percursos de grupos sociais distribuídos em meio a etapas da adolescência, juventude, idade adulta e velhice. Idade deriva, pois, da ação do tempo. Assim como horários só são possíveis com a intervenção do tempo. Tempo é uma variável que possui um componente sociológico intrínseco e, pelas mesmas razões, idade, que é a decorrência da incidência do tempo sobre o percurso da vida das pessoas, também faz parte de processos sociais.

A sociologia do trabalho marxista criticou duramente a exploração[1] da mão de obra infantil e juvenil, assim como a das mulheres na indústria, em horários diurnos e noturnos, durante a Revolução Industrial. O trabalho infantil e juvenil impede o desenvolvimento normal do corpo e da mente de rapazes e moças, configurando-se como um roubo, um crime contra a humanidade. Em sequência a tal crítica, ao albor da Revolução Russa em 1917, o Soviete Supremo decidiu erradicar a prática do emprego de trabalho infantil e juvenil.

O modo de produção capitalista faz uso abundante da mão de obra infantil, juvenil e de idosos na produção e circulação de valores, embora haja diferenças entre países e regiões, de acordo com a irradiação dos direitos sociais. Em determinadas atividades econômicas, os trabalhos infantil e juvenil são mais explorados sob o argumento da maleabilidade, da facilidade de aprendizagem, da rapidez na execução de tarefas e pelo grau reduzido de resistência à exploração. O trabalho de crianças e adolescentes, bem como de idosos, ocupa partes determinadas do processo de circulação de valores no conjunto da sociedade.

Independentemente dos motivos apontados, os extremos nas faixas etárias do contínuo laboral são alocados a jornadas mais breves e insuficientes e logicamente com remuneração inferior. Jornadas e pagamentos reduzidos implicam condições de vida mais precárias e todas as demais consequências que daí provêm. O trabalho de crianças, adolescentes e idosos faz parte tanto do tempo médio socialmente necessário à produção e à circulação das mercadorias como do tempo excedente, que se destina à acumulação. O conceito de trabalho abstrato compreende a força de trabalho de homens e mulheres, adolescentes e idosos. É um abstrato com base na realidade e não a despeito dela. Crianças, adolescentes e idosos são o alvo da exploração de sua força de trabalho. Tal espoliação não ocorre quando a regulamentação por lei estabelece restrições à participação desses grupos etários. À medida que o processo de luta por direitos avançar na sociedade e libertar as

---

[1] No capítulo XIII do Livro I d'*O capital*, sobre a maquinaria e a grande indústria, Marx coloca como parte da reação da indústria mecânica sobre o trabalhador "a apropriação de forças de trabalho suplementares. O trabalho das mulheres e das crianças [...]", Karl Marx, *O capital*, Livro I (São Paulo, Boitempo, 2013), p. 468.

crianças e os adolescentes da escravidão do labor, sua participação proporcional no conjunto do trabalho abstrato produzido diminuirá; o mesmo se pode afirmar em relação a idosos e idosas.

O problema das desigualdades por grupos etários alimenta o exame empírico que será feito pela consulta a dados dos censos de 2000 e 2010. De acordo com o Censo de 2010, o total da população brasileira ocupada divide-se entre jovens que estão na faixa até 24 anos de idade, em proporção de 19,9%; os adultos, entre 25 e 54 anos, perfazem 68,6%; e os idosos, de 55 anos e mais, 11,5%. Um terço da população ocupada encontra-se, pois, nos extremos: jovens na entrada da vida ativa, idosos na saída. Idosos são os que menos participam da vida ativa. Procura-se saber se idosos e jovens ocupam posições de trabalho com jornadas horárias mais reduzidas, o que muitas vezes é interpretado como vantagem por ser uma inserção, ainda que limitada, no mundo do trabalho, condição preferível à de desemprego. Situadas nos extremos da vida ativa, jornadas reduzidas acarretam remuneração menor, escondendo, quase que impreterivelmente, algum tipo de precariedade, como trabalho sem perspectiva de carreira, empregos informais e de pior qualidade e, inclusive, discriminações.

Cruzando a variável cargas horárias laborais com a faixa etária do conjunto das pessoas ativas, observa-se que os jovens, aqueles que estão no começo da vida ativa e por isso são cominados como não possuidores de experiência, alocam-se nas proporções de 27,5%, segundo o Censo de 2000, e de 31,7%, segundo o Censo de 2010, em trabalhos com jornadas de até 39 horas semanais. É nessa faixa de horas que se encontram estagiários, trainees, aprendizes, menores e jovens que trabalham em tempos parciais, em meio expediente, diaristas e uma quantidade imensa de outras cargas horárias reduzidas. Um terço dos jovens está, pois, nessa condição de horas laborais reduzidas, fenômeno que apresenta tendência de crescimento, indicando que o trabalho em condições fragilizadas está em ampliação. É impressionante como os estagiários universitários sentem que executam tarefas de adultos desempregados a preço de uma bolsa de estudos.

Os jovens também trabalham em ocupações de duração excessiva em condições nem sempre reconhecidas por lei e fazem muita hora extra. Em 2000, eram 39,7% e, em 2010, 24,7%, As jornadas excessivas, executadas por jovens, estão em processo de diminuição, implicando migração para as jornadas de tempo integral, em que a presença de jovens subiu de 32,9%, em 2000, para 43,6%, em 2010, com certa quantidade deles se dirigindo também para jornadas com duração inferior a 39 horas semanais. Tais migrações para jornadas com duração menor podem indicar o fato de que boa parte das jornadas excessivas não era exercida mediante remuneração adicional. Essa prática corriqueira no mundo do trabalho é registrada pela ação incansável dos auditores fiscais do trabalho.

Os idosos, que formam o menor dos três grupos etários considerados, distribuem-se de forma muito semelhante à dos jovens, apontando para um vínculo entre esses dois grupos. A sociedade, organizada sob o jugo da competição, comina aqueles que se encontram na entrada e na saída da vida ativa. As categorias etárias passam por processos semelhantes para inserção na arena do trabalho. Ocupam majoritariamente cargas de trabalho excessivas ou insuficientes. Com efeito, as proporções de idosos em jornadas insuficientes e excessivas representam um terço em cada uma delas, tanto em 2000 como em 2010. Encontra-se presente ainda a tendência para a redução das jornadas excessivas com migração para as jornadas de tempo integral.

Os adultos, isto é, sujeitos de 25 a 54 anos ocupados, apresentam as maiores proporções de participação em jornadas de tempo integral – 47,6%, em 2010. O trabalho em jornadas excessivas, que abrangia cerca de metade dos adultos, diminui significativamente e converge para jornadas de tempo integral. Saindo do contexto brasileiro e buscando um olhar comparativo, também em outros países[2] é encontrado esse comportamento de jornadas longas ou excessivas

---

[2] A proporção de empregados remunerados do sexo masculino cumprindo jornadas longas é de 26,1% na Austrália, de 23,55% nos Estados Unidos, de 24,7% no Japão, de 33,5% no Reino Unido e de 51,6% na Coreia; quanto ao sexo feminino, é de 7,8% na Austrália, de 10,2% nos Estados Unidos, de 7,2% no Japão, de 13,1% no Reino Unido e de 36,4% na Coreia. Dados apresentados por Sangheon Lee, Deirdre McCann e Jon C. Messenger, *Working Time around the World. Trends in Working Hours, Laws and Policies in a Global Comparative Perspective* (Londres, Routeledge, 2009), p. 71-72, tabela 4.2 referente aos anos de 2004-2005. Exceto na Austrália, em que o corte é feito em cinquenta horas ou mais por semana, nos demais países o corte é de 49 horas ou mais.

no grupo dos adultos ou dos idosos. Esse fato amplia a generalidade do fenômeno.

Já o trabalho dos adultos em jornadas insuficientes apresenta as menores proporções até agora levantadas entre grupos etários, a saber, 21,7% em 2000 e 22,9% em 2010. Diferentemente de jovens e idosos, a participação dos adultos em jornadas insuficientes permanece estável. As informações estatísticas não devem nos conduzir a pensar que os adultos não são atingidos por nenhuma negatividade do trabalho. Apenas não são atingidos nas mesmas proporções que jovens e idosos por cargas horárias excessivas e insuficientes. A precariedade afeta igualmente trabalhadores adultos, mas em proporção menor do que os outros dois grupos etários.

Segundo as estatísticas, jovens e idosos realizam papéis similares na força de trabalho. Ocupam posições mais precárias e recebem remuneração inferior. Esses dados significam que existe uma relação entre cargas horárias e idade do trabalhador. Nas pontas, atuam os grupos mais jovens e idosos que ocupam atividades precárias de tempos reduzidos e, frequentemente, sem direitos. No centro, os adultos integrados às atividades de tempo integral e com direitos. Esse é o esquema que favorece o modo de produção, organizado em torno da competição. Verifica-se, pois, uma fonte de desigualdade por cargas horárias, que implica remuneração inferior e se expressa também em outras condições negativas de trabalho.

Classes, grupos etários e distribuição das horas laborais

A estrutura de classes, mediada por grupos etários, exerce alguma influência sobre a organização do trabalho com flexibilidade de horas? Possivelmente jovens e idosos em condição de trabalho por conta própria apresentam distribuição diversa de empregados assalariados, porquanto trabalhadores por conta própria não são abrigados por estatuto legal como são os empregados assalariados.

A diversidade transparece do fato de que pequenos proprietários urbanos e rurais e seus familiares precisam trabalhar desde a juventude até a velhice, sem parar, já que não usufruem, em bom número, do direito da aposentadoria. Empregados assalariados labutam em jornadas excessivas, como sói ser a ética de trabalho prolongado em países mais pobres com economia capitalista e como argumenta a teoria do valor-trabalho, pela qual o empregado produz não apenas o seu sustento, como também o dos seus empregadores.

Inicia-se o exame de situações concretas pela condição de empregados assalariados jovens e idosos. Jovens e idosos têm maior probabilidade do que empregados adultos de serem encontrados em regimes de jornadas reduzidas, em tempo parcial, tempo variável, diaristas, como trainees, pejotas, estagiários, freelancers, jovens treinandos e condições semelhantes de emprego. É o efeito "idade e condição assalariada" que é responsável pelo trabalho em horários variáveis, menos estáveis e mais precários. Por seu turno, empregados adultos têm mais chances de serem encontrados em atividades de tempo integral. A idade, entretanto, não é, segundo os dados censitários, um fator diferenciador em relação às cargas horárias excessivas, aquelas que se definem a partir de 45 horas e mais por semana.

Acrescente-se mais esta observação, que já se tornou repetição neste livro, de que os três grupos etários de assalariados apontam para a convergência para a jornada de tempo integral. No país, os trabalhadores estão em processo de construção da jornada plena, o que também pode ser lido de outro modo, como cumprimento retardado pelo patronato das disposições da Constituição de 1988, que estabeleceu a diminuição da duração da jornada de trabalho no setor privado. Essa afirmação recebe influência, em alguma medida, dos dados analisados, pois as informações de 2010 se referem a um período de forte crescimento econômico, que facilita a obtenção de direitos. Isso não garante, contudo, que o país vá continuar a voar em céu de brigadeiro. Esse processo em lenta edificação poderia suscitar dúvidas para alguns intelectuais sobre a necessidade de mais-valor absoluto. A interpretação é diversa. O ímpeto de extração do mais-valor absoluto está em processo de doma. A complementação do vazio do mais-valor absoluto se resolve por meio da intensificação e da flexibilização laboral, bem como da mudança da composição orgânica do capital no sentido do mais-valor relativo.

Analisada a classe dos trabalhadores assalariados, volta-se o olhar para as pessoas que trabalham por conta própria. Entre elas, o impacto da idade se manifesta até com mais veemência, porquanto, como já se afirmou, os "autônomos" não são conduzidos pela observância dos direitos do trabalho da mesma maneira que os empregados. Jovens e idosos por conta própria têm muito maior probabilidade de trabalhar em jornadas reduzidas e condição de trabalho instável. No ano 2000, os jovens trabalhadores apresentavam proporções de 36,5% e os idosos de 34% de estarem em trabalhos com jornadas reduzidas. Uma década mais tarde, em 2010, jovens apresentavam valores de 39,7% e idosos, de 34,6%, indicando que a jornada insuficiente é uma tendência persistente para o segmento de trabalhadores autoempregados. Já entre adultos, os mesmos valores são menores na proporção, pelo menos, de dez pontos percentuais, o que dá mostras efetivas da condição de trabalho a que pertencem os pequenos produtores e seus operadores familiares. Para esses dois grupos, jovens e idosos, a jornada de tempo integral não é, ainda, a referência principal quanto à carga horária laboral. Mas pessoas autônomas e por conta própria, em condição de idade adulta, exercem muito frequentemente jornadas longas e excessivas, dada a demanda de trabalho que sobre elas se abate.

Quanto à classe dos empregadores, eles se situam na parte superior do agrupamento de horas trabalhadas. Os jovens empregadores estão convergindo em maior proporção do que os adultos e idosos para jornadas de tempo integral, incorporando assim a seus hábitos de trabalho as jornadas plenas, que nada mais são do que os direitos conquistados pelos trabalhadores assalariados.

Concluindo a análise da implicação do fator etário em relação à composição dos grupos sociais de "condições no trabalho", manifesta-se diferença entre empregados assalariados e trabalhadores por conta própria. Os assalariados jovens e idosos apresentam maior probabilidade de trabalhar em horários "flexíveis", de 39 horas semanais e menos. Por sua vez, os trabalhadores por conta própria assumem jornadas de tempo integral, pendendo também para jornadas excessivas. Se os empregados são mais atingidos pela flexibilidade de horas, os trabalhadores por conta própria são mais afetados por jornadas longas. Já na classe dos empregadores, vale mencionar que os jovens começam a buscar jornadas que convergem para a jornada integral ou jornadas de menor duração. Essa é a relação que encontramos entre idade e "condição no trabalho" no que se refere à distribuição das horas laborais. São relações de ordem diversa, que têm a ver com a pertença ao sistema de assalariamento ou ao segmento dos autônomos ou por conta própria. Entre assalariados jovens, a relação conduz ao efeito da flexibilidade de horas reduzidas, representando o saco de ferramentas, pleno de negatividade, com que a flexibilidade presenteia os jovens assalariados. Entre autônomos idosos produz-se o efeito do exercício de longas e excessivas jornadas. Vale, por fim, ressaltar o fenômeno curioso, intrigante, contraditório, mas em andamento, de os jovens empregadores estarem aderindo às políticas de jornadas de tempo integral típicas dos trabalhadores assalariados e não à ética do trabalho sem-fim de seus ancestrais.

Doravante, será feito um giro pelos diversos setores de atividade em busca de como se relacionam idade e flexibilidade das horas laborativas, mediadas pela "condição no trabalho" ou por agrupamentos sociais de empregadores, empregados e autônomos.

Idade, condição de trabalho e setores de atividade

Setores primário e industrial

Na agropecuária, pesca, extração vegetal e mineral, os empregados assalariados, independentemente da idade, continuam com a prática histórica do trabalho em longas jornadas. No ano 2000, a proporção situava-se acima dos 50% para qualquer grupo etário. Em 2010, a proporção fica na casa dos 30%. Disso procedem três conclusões iniciais. Está-se diante da convergência para a jornada de tempo integral, a despeito de que nenhuma categoria de idade tenha assegurado esse direito no setor primário pelo menos até 2010. Segundo, entre trabalhadores autônomos e por conta própria, a idade é um fator significativo de diferença do trabalho em horas plenas e em horas reduzidas. Com efeito, jovens autoempregados na agropecuária, pesca, extração vegetal e mineral labutam em jornadas iguais ou menores que 39 horas semanais, na proporção de quatro indivíduos em relação a dez. Para idosos, essa proporção cai para a casa de três em cada dez. Jovens e idosos diferem de adultos, em que a proporção cai para a casa de dois em cada dez.

Pretende-se destacar uma terceira conclusão. As jornadas de empregados assalariados são mais longas do que as de trabalhadores por conta própria. O capital tomou conta do setor primário de tal forma que não apenas o assalariamento se transformou na relação de trabalho predominante, como também entre os assalariados se encontram as jornadas mais longas. Nas principais regiões de produção agropecuária, mineradora e de extração vegetal, o setor primário não é mais o fornecedor de mão de obra barata, mas seu demandante.

Já os trabalhadores assalariados no setor industrial, independentemente de faixa etária, realizaram a transição para a jornada de tempo integral em 60% dos casos. Esse papel é específico do setor industrial. É seu trunfo. A explicação mais plausível provém do fato de que um movimento sindical forte, mobilizado e com capacidade de intervenção, negociou item por item das questões laborais desde o início do século XX até hoje, em que pesem os períodos de colaboração entre classes e de ditadura real.

Construção e comércio

Entre empregados da construção, duas constatações podem ser feitas: a convergência para a jornada de tempo integral e o trabalho excessivo. A primeira seria um processo positivo à medida que representasse, simultaneamente, uma tendência para a regulamentação e o avanço do Estado de bem-estar social. Por seu turno, o trabalho excessivo na construção civil continua, literalmente, a consumir a mão de obra com os inúmeros acidentes, as doenças e as mortes. As condições precárias de trabalho vigentes nos grandes canteiros das obras de infraestrutura dos planos de desenvolvimento do governo na década de 2010 formaram um viveiro para greves, rebeliões e consequentes repressões.

O comércio compartilha um elemento com a construção: o trabalho de assalariados em jornadas excessivas. Em 2000, o trabalho excessivo atingiu a casa dos 50% nos três grupos etários. Em 2010, desceu até a casa dos 35%, aproximadamente, indicando que estaria em curso um processo de domesticação das horas laborais. Nada, no entanto, garante sua continuidade, especialmente se se levar em consideração que a crise de 2015-2016 consumiu muitos postos de trabalho e fechou muitas lojas. O que emergirá daí é um enigma.

A esse processo de domesticação agrega-se o fato de que, no comércio, é possível verificar a convergência para jornadas de tempo integral, observável em 2010, e cuja proporção se aproximava de 50% dos assalariados nas três faixas etárias.

Detalhando ainda mais a análise dos dados, a tendência em direção à domestição não se aplica a nenhuma camada social que opera em atividades mercantis. Assim, deixando os empregados assalariados de lado, e observando os trabalhadores autoempregados do comércio, a convergência para a jornada de tempo integral, regulamentada por lei, é um processo muito distante da realidade. Somente 30% dos autoempregados das três faixas de idade se encontram nessa condição de trabalho com jornadas de tempo pleno. Por exclusão, os restantes 70% situam-se em jornadas semanais flexíveis, seja por excesso, no caso das 45 horas e mais, seja por falta, no caso das 39 horas e menos. Diferenças entre assalariados e autoempregados talvez possam se diluir no tempo, uma vez que os autoempregados tendem a adotar os parâmetros laborais dentro dos quais os assalariados labutam.

Transportes

No Brasil e em muitos países do mundo, o ramo dos transportes é um dos bastiões do trabalho em jornadas excessivamente longas. Transportes apresentam altas proporções de trabalho de 45 horas e mais por semana, independentemente da faixa de idade em que esteja a pessoa, seja ela assalariada ou autônoma. As jornadas excessivas, além de salário e condições de trabalho, constituem reivindicações que se revezam, ano após ano, nas pautas de negociação e nas bandeiras das greves.

O setor de transportes compreende muitas complexidades – urbano, interurbano e rural, aéreo, fluvial e marítimo; de indivíduos a empresas mundiais gigantescas; operadas pelo setor público ou privado –, as quais incidem sobre a duração e a flexibilidade da jornada laboral. Assim, a convergência para jornadas de tempo integral é verificável, mas entre autoempregados a probabilidade se situa na casa dos 30% ao máximo, nas três faixas etárias aqui consideradas. Como os autoempregados são indivíduos e, quando muito, pequenas empresas que ficam sujeitas à pressão dos grupos para os quais realizam o transporte, esse dado aponta para a continuidade das jornadas excessivas, com todos os perigos que elas envolvem. A flexibilidade de horários é forte entre autoempregados e apresenta uma característica etária. No ano 2010, jovens por conta própria representavam 35,8% da amostra e idosos, 29,3%. Já a proporção de adultos nesse regime de horas diminutas era bem menor, 23,8%. Nesse sentido, pode-se pensar essa diferença como efeito de idade e das oportunidades precárias de trabalho que se apresentam.

A flexibilidade de horas difere por idade. Entre empregados assalariados, ela está mais presente entre jovens e idosos do que entre adultos. Em 2010, os adultos representam a proporção de apenas 15,3% dos empregos. Esses dados ratificam que os trabalhos mais flexibilizados no setor de transporte ocupam jovens e idosos, como de resto transparece em diversos outros setores de atividade. Trabalho flexível é ocupação para sujeitos flexibilizados, jovens e idosos.

Bancos e finanças

Bancos e finanças têm prática muito semelhante à do setor industrial: são "modelo" de emprego assalariado em jornada de tempo integral, todas as faixas etárias com valores superiores a 50% da amostra e os adultos chegando mesmo a superar os 60%.

Mas o pé de barro de finanças e bancos consiste no trabalho flexível com jornadas reduzidas. Existe uma relação do emprego em trabalho flexível e jornadas insuficientes com a variável idade. Com efeito, 36,4% dos jovens empregados e 26,1% dos idosos trabalhavam 39 horas ou menos por semana no ano 2010. Ora, essa é a formação do mercado de trabalho flexível, altamente modernizado em sistemas de informação e comunicação, que requerem necessariamente horários flexíveis de trabalho e trabalhadores flexibilizados.

Entre trabalhadores autoempregados, vendedores de seguros de todo o tipo, corretores autônomos de imóveis etc., o efeito flexibilidade é perfeitamente detectável pelos dados. Nos anos de 2010, os jovens são 31,3% e os idosos, 32,1% dos autoempregados, ao passo que os adultos são 23,6%. Verifica-se uma diferença significativa entre jovens e idosos, de um lado, e adultos, de outro. A flexibilidade atinge um terço da mão de obra de jovens e idosos, enquanto é bem menor, na casa dos 20%, entre adultos. Esse impacto da flexibilidade sobre a idade do trabalhador é detectado aqui no setor de bancos, finanças e seguros. Entre os mesmos autoempregados, pode-se também verificar a presença do trabalho excessivo, em alguma proporção, principalmente consultando dados de 2010. E, conforme já apontado, as pessoas que trabalham por conta própria tendem a adotar, ainda que lentamente, as jornadas laborais construídas pelos trabalhadores assalariados.

Educação, saúde e administração pública

Educação é um setor aberto para a "flexibilidade total", como se depreende da prática difundida de remunerar por horas trabalhadas. Trabalhou uma hora, recebeu por uma hora. Ponto final. Tal a prática, qual a gramática. Nada de contratos por dedicação exclusiva, tempo integral, tempo parcial. Pode existir um tipo de flexibilidade maior do que a remuneração por hora?

Educação e saúde obrigam uma parte considerável de seus trabalhadores a laborar em jornadas de curta duração, em proporção que varia entre 30% e 50%. A questão que segue é saber se há lugar para diferenças de idade, se a idade exerce algum papel nesse mundo da flexibilidade. Pessoas que conhecem o ramo da educação sabem que a carreira do professor começa por baixo, isto é, em horários flexíveis de todos os tipos, uma hora de aula é uma hora de salário; preparação de aula é coisa de foro íntimo do professor e da professora, avaliação do mesmo modo. Implicitamente, pois, admite-se o papel da idade e da experiência na carreira do professor. Algo semelhante ocorre na carreira de técnicos e servidores administrativos que trabalham com educação.

Segundo os dados analisados e a prática, o impacto da flexibilidade por idade é maior para jovens. Assim, em 2010, os jovens trabalhavam em jornadas reduzidas iguais ou menores que 39 horas semanais na proporção de 44,7% dos casos. Já para idosos e adultos, as porcentagens variavam entre 34% e 38%. Isso quer dizer que o grupo dos jovens é afetado pela sua "juventude" ao buscar trabalho como empregado. O efeito idade amplia-se quando se trata de trabalhadores por conta própria, autônomos ou pseudoautônomos. No mesmo ano de 2010, jovens autoempregados com jornadas reduzidas representam 57,1% dos casos, e adultos e idosos variam entre 35% e 41% das respectivas categorias. A porcentagem para a categoria dos jovens é muito mais elevada. Há um impacto da idade que deixa os aspirantes ao magistério e ao trabalho em educação reféns de estágios, experiências, contratos por hora, por duração limitada, até ganhar uma prática suficiente para galgar as escadas da profissão magisterial.

Os setores de saúde e educação apresentam práticas muito semelhantes: largas porcentagens em trabalho com jornadas insuficientes, incompletude na jornada de tempo integral, participação moderada em trabalho excessivo. A exceção pode estar no fato de que, em saúde, as condições e as exigências são ainda mais duras quanto à idade, experiência e tempos circulando por clínicas, hospitais, consultórios, serviços, até atingir o status exigido para ascender a contratos por tempo integral.

Em saúde está mais presente a flexibilidade de horas do que o efeito idade. O setor é composto por jornadas flexíveis. Entre empregados, a proporção de trabalhos e empregos de regimes de horários iguais ou inferiores a 39 horas por semana varia de 30% a 36% dos casos, segundo os grupos etários, no Censo de 2010. Entre autônomos, as proporções são mais elevadas e variam de 37% a 47% no mesmo ano. Enfim, há um mercado altamente flexível em saúde, mas o efeito idade parece ser mais limitado.

Em administração pública, também parece haver um efeito idade limitado nas atividades flexíveis por insuficiência de horas. Os jovens empregados nessa categoria de horas insuficientes representam 34,7%, em 2010, os adultos, 24,8%, e os idosos, 26,3% da totalidade dos respectivos casos. Tais dados não deixam tão claro um impacto específico do fator idade independentemente de outros fatores entre servidores da administração pública, em que as novas gerações se mobilizam, fazem greves e organizam movimentos para reduzir a duração da jornada laboral.

Serviços domésticos

Entre 2000 e 2010, o setor dos serviços domésticos aumentou o número de trabalhadores e procedeu a uma mudança radical na duração das jornadas. O setor sempre foi conhecido como *locus* das jornadas sem-fim. Quem, por acaso, soube ou se preocupou em saber qual era a jornada regulada de uma empregada doméstica? Pois bem, as empregadas domésticas, 40% das quais, em 2000, trabalhavam mais do que 45 horas por semana – setor que exigia mais trabalho do que qualquer outro revisitado –, reduziram esse percentual pela metade, ou seja, 20%, em 2010. As empregadas domésticas procederam a um movimento para jornadas de menor duração, tanto jornadas de tempo integral como aquelas de tempo reduzido. Assim, enquanto as jornadas excessivas caíam pela metade, as jornadas de tempo integral para empregadas de 25 a 54 anos aumentaram de 27%, em 2000, para 37% em 2010. Nessas proporções frias das estatísticas, constata-se o processo de emancipação das empregadas domésticas em curso, ainda que a meta esteja muito distante! E mais: muitas se transformaram em diaristas ou acertaram trabalho em tempo parcial ou outras modalidades flexíveis de jornada mais breve. As jovens domésticas de até 24 anos de idade aumentaram sua participação de 27,8% em 2000 para 45,5% em 2010 em atividades com regimes de trabalho de 39 horas semanais ou menos.

**A contribuição de jovens e idosos
para a produção de valor na sociedade**

Concluída a detalhada análise de dados relativa ao fator idade na distribuição das cargas laborais por setores de atividades, procede-se a uma síntese dos principais achados. A tese da "convergência" em direção à jornada de tempo integral, que, nesse caso, compreende as pessoas ocupadas com 40 e 44 horas semanais e que são jornadas ordinárias regulamentadas por atos legais, é passível de ser verificada em praticamente todos os setores e ramos de atividade econômica, uma vez que as porcentagens de pessoas laborando dentro dessas cargas horárias são mais elevadas no ano 2010 do que em 2000. Há distinções, entretanto, dentro da tendência geral à convergência. Até 2000, não se encontra, entre assalariados e autoempregados, nenhum grupo etário de setor de atividade que tenha realizado a transição para a jornada de tempo integral em proporção superior a 50% das pessoas ocupadas. Esse é um indicador irrefutável do grau de consumo da energia do trabalho mediante jornadas longas e excessivas. Até a virada do milênio, a economia brasileira baseava-se no uso prolongado da força de trabalho, na produção do valor mediante a forma do mais--valor absoluto. O Censo de 2010 revela uma mudança generalizada em todos os setores de atividade da distribuição das cargas horárias laborais. Esse dado concreto é a base da hipótese da convergência. Em que pese o fato de ela estar presente, de maneira mais ou menos intensa, em todos os setores de atividade, a convergência envolve grande diversidade interna, razão pela qual se distinguem:

a) a transição completa para a jornada plena de tempo integral, abrangendo os setores de atividade nos quais todos os grupos etários de todas as cargas laborais apresentam percentuais superiores a 50% dos casos. A transição de todos os grupos etários para a jornada de tempo integral completou-se, apenas, no setor da construção, o que é uma realidade pungente;

b) a transição não realizada inclui setores de atividade em que os grupos etários de assalariados e autônomos das distribuições das horas semanais apresentam porcentagens inferiores a 50% dos casos. Essa divisão exibe as condições mais precárias de trabalho, sob o ponto de vista de horas laborais. Fazem parte da transição não realizada os serviços domésticos; o setor primário das atividades agropecuárias, de pesca e da extração vegetal; e o setor de transportes. Entre os dois extremos – da transição realizada e da transição não realizada para jornadas de tempo integral –, encontra-se a grande maioria dos setores de atividade que podem apresentar condições mais próximas ou mais distantes de efetuar a transição;

c) pode-se construir uma terceira categoria que abarca os setores de atividade que tenham realizado a transição para os trabalhadores assalariados de todas as faixas etárias, mas não para todos os autônomos. Preenchem tais condições o setor industrial e o setor de finanças;

d) há setores de atividade em que a transição se realizou apenas para um ou dois grupos etários dos assalariados e para nenhum grupo etário dos trabalhadores por conta própria. Fazem parte dessa classificação o setor do comércio, que efetivou a transição somente para assalariados adultos e não para os demais assalariados, nem para os autônomos; o setor da educação que não realizou a transição para os assalariados jovens de 25 anos ou menos nem para aqueles que são autônomos; no setor de saúde, a transição não se efetivou para os assalariados idosos nem para os autônomos; e na administração pública, um depósito sem fundo de estagiários e trainees, a transição está incompleta exatamente para os jovens assalariados.

A despeito de essa classificação apresentar um quadro das enormes complexidades da distribuição dos horários laborais, quanto mais se aprofundar a desagregação das informações, mais surgirão outras modalidades de diferenças e distinções, das quais duas são aqui consideradas.

Em relação à tese da convergência para a jornada de tempo integral, nada garante que ela se implante plenamente. Primeiro, porque as formas de trabalho flexíveis em sua grande maioria constituem resultados de políticas em sentido contrário às jornadas de tempo pleno. A se implantar integralmente a flexibilidade, mais longe fica o horizonte do acesso a jornadas de tempo integral regulamentado. Segundo, porque a desestruturante crise que atingiu o trabalho e a economia brasileiros nos anos recentes está produzindo seus efeitos maléficos, consumindo empregos, reduzindo horas de trabalho, aumentando a flexibilidade. Crises, globalização e outros fatores colocam em risco a convergência para jornadas de tempo integral.

A idade aparece como fator de distinção entre jovens autônomos que trabalham 39 horas e menos no setor agrícola, no comércio, em transportes, em finanças e bancos, em educação – na qual, além dos autônomos, os assalariados se diferenciam por idade –, em saúde, em administração pública e em serviços domésticos. Já idosos que exercem jornadas de 39 horas e menos aparecem entre autônomos no comércio, em finanças e bancos, em saúde e em serviços domésticos. Assim se apresenta a diferenciação por grupos etários que labutam de 1 até 39 horas semanais. Jovens e idosos são os grupos precarizados por cargas horárias insuficientes.

O trabalho em horários excessivos, 45 horas e mais por semana, é predicado maior dos idosos do que dos jovens. Entre eles estão os idosos assalariados que trabalham no setor agropecuário e na construção. O comércio é um setor que não poupa ninguém. Jornadas excessivas são fato para todos os trabalhadores do comércio, sem ressalva de idade. Em transportes, o trabalho excessivo é mais característico de adultos e idosos. E, finalmente, em finanças e bancos, o trabalho excessivo é um problema para os autônomos de todas as faixas etárias.

A idade manifesta-se, então, como um elemento relevante para o entendimento da operação da flexibilidade laboral. A flexibidade de horas entre jovens e idosos cria um reservatório de mão de obra barata e disponível. De tais diferenças etárias vale-se o mercado empregador ao adquirir força de trabalho a custo mais baixo que o dos adultos e assim derivar outra fonte de mais valores. Este fator natural, a idade, transforma-se socialmente numa força contrária aos interesses de jovens e idosos no processo de produção e circulação de mercadorias na sociedade e contra a retenção da componente do trabalho necessário nas mãos de grupos jovens e idosos.

IX
DIVISÃO DAS HORAS LABORAIS, SEXO E GÊNERO

O TRABALHO é criador de riqueza. A distribuição de seus resultados entre grupos sociais resulta, quase que sistematicamente, em desigualdades na sociedade capitalista contemporânea, ao produzir uma quantidade fabulosa de riquezas, em que pesem políticas nacionais e internacionais no sentido da igualdade.

Um mecanismo importante de tais desigualdades consiste na duração das horas laborais e em sua distribuição pelos grupos sociais. Alguns são penalizados, outros não. As pessoas que trabalham recebem em função de seu mérito profissional e empenho como também de determinadas condições que carregam em seus corpos ou lhes conferem certa identidade. O trabalho é uma atividade inseparável do corpo e da identidade de quem o executa. O problema que se apresenta é: como explicar as diferenças de horários com base na dimensão de sexo e de gênero, em termos de teoria do valor-trabalho? Parte-se da existência de desigualdades na repartição das horas de trabalho com base nas diferenças estabelecidas por sexo e por gênero. Formam-se grupos ganhadores e perdedores em razão de serem portadores de tais características em seus corpos. O problema interpretativo que se mostra vai além dessa constatação e consiste em entender qual o papel da divisão sexual do trabalho na teoria do valor.

O trabalho em horários de tempo integral, no Brasil, materializa o número de horas tido como normal pela sociedade e acrescido de direitos. Como esta é uma sociedade de acumulação, o normal contém em si os dois elementos básicos do valor, o tempo de trabalho necessário e o excedente. O necessário destina-se a cobrir os custos de reprodução da força de trabalho e o excedente, a ser acumulado em alguma esfera da economia capitalista. Portanto, mesmo no trabalho normal não fica nas mãos dos trabalhadores todo o valor produzido por meio do processo laboral.

Quando as pessoas trabalham horas excessivas ao dia – aqui objetivadas por 45 horas semanais e mais –, geram-se dificuldades para que essas mesmas pessoas deem conta de outras atividades, fora do mundo do trabalho, que precisam ou desejam realizar. Daí procedem desgostos, desavenças, atritos e conflitos, não necessariamente com o local de trabalho, e, sim, envolvendo outras pessoas fora desse ambiente, pertencentes a grupo familiar, de amigos ou de conviventes. No trabalho em horas excessivas, o princípio do valor excedente está presente de maneira mais inconfundível ainda, porquanto com trabalho excessivo mais mercadorias são produzidas. O trabalho realizado de forma sistemática em jornadas excessivamente prolongadas aumenta a massa de mercadorias, porém reduz igualmente a produtividade média, já que nas horas extras começam a se manifestar o cansaço e a exaustão.

Efeitos diversos provêm dos trabalhos com horas insuficientes, a saber, 39 horas semanais de labuta ou menos. O número de horas de trabalho é indicador de ganho, de remuneração. Salvo exceção, as pessoas que trabalham menos horas recebem, em geral, menos salário e não conseguem alcançar a remuneração de que necessitam ou que desejam. Se menos horas implicam menos salário, abrem-se espaços para que esse elemento se transforme em base para diferença ou discriminação. Esse tipo de flexibilidade de horas não se localiza fora do processo de formação de valores, isso porque os trabalhadores e as trabalhadoras recebem salários proporcionalmente menores. Os horários de menor duração, ademais, permitem trazer para a esfera do trabalho produtivo horas que estão fora dele. Estão presentes também nos horários reduzidos os componentes de trabalho necessário e excedente e o processo de acumulação.

Há manifesta preferência de parte dos empregadores por trabalho flexível de reduzida duração por razão facilmente identificável. As jornadas mais reduzidas se apresentam como possibilidade de solução para os tempos mortos, por um lado. Em atividades desse tipo, a produtividade do trabalho pode ser elevada, de forma oposta ao que tende a acontecer com os trabalhadores de jornadas excessivas. Por outro lado, as atividades de horas reduzidas também são utilizadas como plataforma ou ponte para transformar em tempo de trabalho horários que costumeiramente eram dedicados a não trabalho, inclusive lazer e descanso[1]. Não é por outras razões que os dois setores da economia brasileira mais articulados com o mercado mundial, bancos e finanças e comunicação e informação, apresentam as mais elevadas porcentagens de emprego de trabalhadores em horários de 39 horas semanais ou menos.

Tais razões impulsionam a necessidade de estudar concretamente a distribuição das cargas horárias e verificar como os indivíduos e grupos que trazem essas marcas em seus corpos são afetados por desigualdades e discriminações. A partir desse momento, será posta sob o foco do microscópio a dimensão de sexo e gênero.

Horas laborais: sexo e gênero

A classificação de sexo masculino e sexo feminino, empregada pelos censos, permite dividir a parte da população que participa da vida ativa pelo número de horas que cada pessoa individualmente emprega para realizar atividades laborativas. E dessa análise procede que as horas laborais não se dividem igualmente segundo o sexo do sujeito trabalhador. O trabalho tem sexo. A distribuição das horas laborais tem especificidades por sexo e por gênero.

Autoras de recente artigo escrito para entender o controle dos trabalhadores sobre horários e duração das horas de trabalho encontraram três disparidades de gênero:

---

[1] O Laboratório Sabin alardeou em Brasília, Distrito Federal, seu mais recente horário de atendimento da seguinte maneira: "Aos domingos, das oito às catorze horas". É o típico caso de invasão dos tempos de não trabalho, transformando-os flexivelmente em tempos de trabalho.

A diferença de controle de horário, que as mulheres têm menos; a diferença de exercer a preferência de horas, uma divisão neotradicional de trabalho em domicílio, pela qual as mulheres ficam impossibilitadas de realizar suas preferências por menos horas de trabalho; a diferença do bem-estar entre trabalho e família, pela qual as mulheres têm menor probabilidade que os homens de experimentar resultados favoráveis, como satisfação no trabalho, engajamento organizacional e menores conflitos entre trabalho e família.[2]

Como é baseado em dados provenientes somente dos países industrializados e não separa trabalhadores assalariados de trabalhadores por conta própria ou autônomos, e estes de empregadores, o artigo apresenta limitações para servir como paradigma para nosso estudo, mas acentua as disparidades de gênero que são, apenas, início de caminho.

Existe considerável bibliografia sobre o assunto, em âmbito nacional e internacional. E mais, recentemente, no Brasil, passou-se a coletar dados sobre uso do tempo, o que possibilitou avanços importantes de conhecimento também sobre a divisão sexual das horas laborais. Hirata propõe um programa de estudo com base na hipótese de que

> a divisão sexual do trabalho é precondição para a flexibilidade do trabalho [...] A flexibilidade no volume do emprego e no tempo de trabalho é garantida pelas mulheres [...] A flexibilidade interna (polivalência, rotação de tarefas, integração e trabalho em equipe) concerne fundamentalmente à mão de obra masculina [...] A flexibilidade externa é obtida principalmente pelo recurso à mão de obra feminina (empregos precários, trabalho de tempo parcial, trabalho em horários atípicos, horários flexíveis [...].[3]

Tais discriminações suscitam a pergunta de como a divisão de trabalho por sexo e gênero se relaciona com a teoria do valor. A questão é analisada por Marx[4] num texto elaborado a respeito do impacto da maquinaria sobre os trabalhadores e as trabalhadoras. Além do

---

[2] Karen S. Lyness, Janet C. Gornick et al, "It's All about Control. Worker Control over Schedule and Hours in Cross-National Context", em *American Sociological Review*, v. 77, n. 6, 2012, p. 1.045.

[3] Helena Hirata, "Flexibilidade, trabalho e gênero", em H. Hirata e L. Segnini (orgs.), *Organização, trabalho e gênero* (São Paulo, Senac, 2007), p. 93-104.

[4] Karl Marx, *O capital*, Livro I, cit., p. 445-89.

alongamento da jornada e da intensificação laboral, o autor observa outro impacto: a apropriação de força de trabalho suplementar pelo capital com o emprego de mulheres e crianças. Setores de atividade que fazem uso do trabalho de mulheres e crianças sub-remuneradas em relação ao trabalhador chefe de família se apropriam do trabalho suplementar dos menores de idade e das mulheres que recebem remuneração menor, mas fazem trabalho semelhante. Atualizando para dados do Brasil, o trabalho de menores e mulheres em atividades artesanais ou manufatureiras é realizado completamente sem remuneração ou sub-remuneradamente, a exemplo do pagamento de meio salário mínimo, em comparação ao do chefe de família. A parte necessária do valor é reduzida pela sub-remuneração, aumentando dessa forma a parte do mais-valor apropriado pelo empregador e pelos demais capitalistas.

Marx escreveu sobre a apropriação adicional da força de trabalho feminina e infantil-juvenil um século e meio atrás, e a conexão entre o século XIX é feita por autores que desenvolveram a teoria do valor em relação à condição de gênero. Saffioti[5] elabora sistematicamente a relação entre o trabalho feminino e o valor a partir da "análise das relações entre o fator natural sexo e as determinações essenciais do modo de produção capitalista". Caberia talvez ampliar o "fator natural sexo" para uma concepção mais ampla, que abarcasse a identidade social de gênero. A autora toma como fundamento a lei geral do desenvolvimento capitalista, pela qual a mão de obra é substituída pelo emprego de máquinas, equipamentos de automação e de comunicação, os salários são reduzidos nos enfrentamentos reiteradamente disputados entre capital e trabalho e a acumulação capitalista se concretiza. "A realização desta lei do modo capitalista de produção encontra na inferiorizarão social da mulher um elemento coadjutor de alta relevância. Quer por meio da marginalização da mulher das funções produtivas, quer por meio do emprego de sua força de trabalho, sempre foi possível alterar a composição orgânica do capital pela redução da parcela variável deste."[6] "Tornando a mulher um

---

[5] Heleieth Saffioti, *A mulher na sociedade de classes: mito e realidade* (Petrópolis, Vozes, 1976), p. 367.

[6] Ibidem, p. 40-42.

trabalhador especial, a sociedade de classes salva sua aparência de reino da liberdade ao mesmo tempo que permite o livre operar dos fatores naturais que, uma vez socialmente elaborados, representam limitações ao pleno desenvolvimento da personalidade feminina."[7] A divisão sexual do trabalho é um elemento coadjuvante do processo de acumulação de capital, e este se vale de diferenças naturais e sociais para impulsionar a acumulação. Além de beneficiar-se delas, ao usá-las, o capital as reproduz e reforça mecanismos de divisão e de discriminação. Cabe, portanto, pensar nessas condições não apenas como preexistentes, mas como reproduzidas e constantemente reafirmadas até o ponto em que os movimentos sociais com base em sexo e gênero partem para a defesa do tratamento de mulheres e lésbicas, gays, bissexuais, travestis e transexuais (LGBTTs) em posição de igualdade aos homens, o grupo favorecido e também explorado. Embora o objeto de análise seja a interpretação das condições precárias do trabalho feminino, a autora está igualmente atenta ao fato de que a exploração do sistema capitalista se projeta sobre outras características do ser humano, como a idade, a raça e a cor da pele.

Para a teoria da exploração, a mão de obra que vai ao mercado de trabalho apresenta diferenças de sexo, de idade, de cor. As diferenças são elementos que permitem ao empregador desencadear a competição entre os vários grupos de vendedores de força de trabalho, concorrência de que se beneficia o comprador. Trabalho feminino, trabalho juvenil, trabalho de idosos, trabalho segundo cor e raça, contribuem para a formação do trabalho excedente médio, conforme o efeito da concorrência sobre suas características específicas, juntamente com o trabalho de homens em idade adulta. O excedente médio produzido é resultado composto dos diversos excedentes acumulados, uma taxa teórica média da quantidade de excedente retirado dos trabalhadores e das trabalhadoras e repassado graciosamente para os bolsos dos contratadores.

Uma das interpretações das diferenças por sexo e gênero desenvolvidas historicamente fundamenta-se no patriarcalismo e no machismo. Outra interpretação se baseia no processo de acumulação

---

[7] Ibidem, p. 371.

que emprega diferenças sociais como maneira de reduzir custos da reprodução da força de trabalho, por meio da ativação da competição no mercado de trabalho que faz de uns vencedores e de outros perdedores. O modo de produção capitalista funciona estruturalmente com desigualdades.

O capitalismo sustenta a igualdade jurídica como um dos seus fundamentos e no decorrer do tempo os direitos vão sendo construídos (e desconstruídos), como se pode depreender da história dos direitos. Por outro lado, o capitalismo também se fundamenta sobre o princípio da acumulação sistemática e racional[8]. Em algum momento, como se percebe nitidamente da análise das crises sistêmicas, acumulação choca-se com igualdade jurídica, uma vez que, para que a acumulação aconteça, direitos são triturados pelas esteiras das máquinas, de maneira que características indeléveis do ser humano, entre outros itens da identidade pessoal – idade, vista no capítulo anterior, raça e cor, tratados adiante –, podem ser empregadas para estabelecer sistemas de desigualdade e aumentar a extração do sobretrabalho.

O modo de produção capitalista tem por objetivo acumular capital sistemática e racionalmente. É sua lei geral. Não se trata de ação eventual, é um processo sistemático, contínuo, repetitivo e sem-fim. Uma condição, entre outras, para colocar em movimento o processo de produção de valor consiste na contratação da mercadoria força de trabalho. O empregador vai atrás dos jornais nas seções "procura-se emprego", na internet, por meio de empresas recrutadoras, ou simplesmente consulta a fila que está em frente da porta da rua, atendendo ao anúncio de trabalho. No encontro entre empregador e mão de obra, formaliza-se a contratação e estipula-se o montante do salário. Nesse momento, surge a possibilidade de o contratador ou seu agente de recursos humanos escolherem que força de trabalho adquirir. Estão alinhados à porta homens e mulheres, cujas forças de trabalho são avaliadas por diferentes preços no mercado de trabalho. O preço não é igual para ambos por "razões de mercado" que regem a competição. O agente contratador pode decidir, enfim, por mão de

---

[8] Max Weber, *A ética protestante e o espírito do capitalismo* (São Paulo, Companhia das Letras, 2004).

obra de alguma condição, no caso, a força de trabalho mais barata, "casualmente" de uma mulher. Ela também aceita a oferta e sela-se o contrato. A contratação é um ato jurídico com força vinculante, pois estão em relação dois agentes livres, o contratador de força de trabalho e a mulher que aceitou o salário definido pelo preço de mercado.

Ao se repetirem tais contratações que diferenciam a força de trabalho segundo características masculinas ou femininas, preenche-se uma condição local, regional, nacional ou internacional. A desigualdade deixa de ser um caso individual e passa a ser parte do mercado de trabalho, que discrimina a força de trabalho segundo o sexo, divide, conforme sexo e gênero, o salário do homem e da mulher – e, na maioria das vezes, o salário menor é o da mulher.

Encontrada a mão de obra necessária, o contratador coloca o trabalhador e a trabalhadora em ação, isto é, a trabalhar. Durante um mês de trabalho, eles produzem valores igualmente. Do valor produzido pela aplicação da força laboral, o empregador retira a parte necessária estipulada pelo contrato para pagar o salário e segura outra parte do valor produzido pelos trabalhadores como mais valor, que lhe pertence sob o título de proprietário dos meios de produção. O empregador retém mais valor tanto do homem como da mulher. O contratador pagará um pouco mais de salário para o homem do que para a mulher, conforme seus preços de mercado, e reterá um mais-valor maior da mulher do que do homem, que se torna a razão fundamental para decidir pela contratação específica da força de trabalho da mulher, uma vez que eles produzem a mesma quantidade de mercadorias ou realizam os mesmos serviços. E a mulher é remunerada a menos.

Se considerada a sociedade em geral e não uma unidade de produção de bens e serviços em particular, começa-se a perceber por que o modo capitalista de produção lança mão de marcadores de sexo e gênero para distinguir socialmente e remunerar diversamente homens, mulheres e LGBTTs. Essa é uma das formas, talvez a mais profunda, de discriminar em setores diversos de produção a participação de homens, mulheres e gêneros no trabalho. E é nesse sentido que se olhará para as informações estatísticas relativas às cargas horárias laborais e à flexibilidade ou não de sua distribuição. Cargas excessivas ou insuficientes podem não representar o lado positivo do trabalho;

podem ser, antes, formas de discriminar algumas agentes com cargas reduzidas e remuneração menor e outras com trabalho excessivo e remuneração proporcionalmente menor em relação ao dia ou à hora.

A classificação do censo não é capaz de desvelar problemas de organizações ou coletivos e de movimentos que têm em torno do sexo e gênero seu ponto de convergência e preocupação. Mediante o emprego dos censos demográficos, não há condições de abrir discussão direta com outras formas de se relacionar com a questão de sexo e com o tratamento que lhe é dado. A abordagem de sexo e gênero no trabalho suscita inúmeras questões de grupos de sujeitos, entre os quais lésbicas, gays, bissexuais, travestis, transexuais, transgêneros e outros grupos, que necessariamente têm que se relacionar com o trabalho, mas não assumem como isenta de problemas e conflitos a classificação de sexo masculino e feminino. Por intermédio do tratamento de masculino e feminino empregado pelo censo, não há como entrar nas questões desses atores sociais. Em que pese a classificação, os problemas subsistem. A discriminação por condição de gênero se revela como uma questão não só emblemática, como vedadora do acesso a postos de trabalho.

Ora, a relação com a questão de sexo e gênero, no sentido abordado aqui, é uma questão relevante para milhares de sujeitos que vivem outra relação com o sexo e têm de fazer parte do "mundo do trabalho" para ganhar a vida. Há o problema da desigualdade de tratamento e da desigualdade de rendimento. O caso aqui relatado tipifica a rejeição motivada por preconceito. Há ainda o *bullying* em razão da maneira como a pessoa se relaciona com seu corpo e com a dimensão de sexo e gênero. E existem situações de tal rejeição ao outro que conduzem a atentados à vida. As declarações de masculino e feminino não atendem às necessidades aqui mencionadas. Os problemas desses grupos sociais passam invisíveis ante a classificação de masculino e feminino aplicada nos censos.

Se não possibilitam responder às perguntas acima, os dados dos censos autorizam aprofundar muitas outras questões relativas àqueles que compreendem sua vida estruturada dentro das dimensões naturais ou construída de seu corpo. Doravante, com base em dados empíricos, serão exploradas a relação de gênero com a organização e a distribuição das horas laborais, as tendências que manifestam e os problemas que suscitam.

O primeiro passo dessa caminhada consiste em saber como participam homens e mulheres do mundo trabalho. Esse passo logo esbarra em uma dificuldade: de que trabalho? Porquanto há trabalho e trabalho. Os censos aqui empregados consideram trabalho aquele realizado "fora de casa", com vistas a produzir renda. O trabalho reprodutivo não é coberto por essa definição. O movimento feminista protesta contra a exclusão do trabalho reprodutivo do conceito geral de trabalho e levanta essa bandeira para organizar os poderosos movimentos de mulheres da atualidade.

No Brasil, em 2000, a divisão do trabalho social era estruturada sobre a ação de 40 milhões de homens (62%) em relação a 24 milhões de mulheres (38%) e, em 2010, de 49 milhões de homens (58%) e 36 milhões de mulheres (42%). O número de mulheres ocupadas aumentou 12 milhões, enquanto o de homens aumentou 9 milhões. As mulheres, mais do que os homens, estão se inserindo em trabalhos, frequentemente acumulando as duas tarefas, do mercado e do domicílio. Trata-se de dado ainda insuficiente para inverter os padrões masculinos e femininos de distribuição de jornadas, porém, indica que se está no caminho para isso.

No conjunto do país, as horas de trabalho de tempo integral e as de tempo excessivo são pertenças mais masculinas do que femininas, fato que se manifesta em ambos os censos estudados. Esse resultado encontrado na sociedade brasileira corresponde à condição de muitos outros países, tanto ricos quanto pobres. Os autores do livro *Duração da jornada de trabalho em todo o mundo*[9] assim se expressam:

> Para os homens, há, em muitos países, um padrão de jornadas de trabalho longas (49 horas por semana ou mais) [...] Para as mulheres, vemos um padrão de duração do trabalho essencialmente contrário ao dos homens: grande proporção das mulheres empregadas cumprindo jornadas em tempo parcial.

---

[9] Sangheon Lee, Deirdre McCann e Jon C. Messenger, *Working Time around the World. Trends in Working Hours, Laws and Policies in a Global Comparative Perspective* (Londres, Routledge, 2009).

Dado o interesse em tendências dos tempos de trabalho, uma questão extremamente relevante é a da "convergência para a jornada de tempo integral". Como a jornada de tempo integral explicita o ponto até onde alcançou chegar a regulamentação da jornada, a convergência para ela representa fato relevante. A tendência das pessoas do sexo masculino a convergir para a jornada de tempo integral pode ser observada pelos quase 3 milhões delas que deixam de operar em regime de 45 horas semanais ou mais, entre 2000 e 2010, e pelo salto da proporção de 34,8% para 47,6% em jornadas de tempo integral nos mesmos anos.

A participação das mulheres na divisão das horas laborais contém diversas especificidades. Primeiro, o número absoluto de mulheres ocupadas em jornadas excessivas permanece estável entre os dois censos considerados. Mas existe um grande aumento (de 33% para 44%, na década considerada) de mulheres ocupadas em jornada de tempo integral, o que legitima a proposta de convergência para a jornada de tempo integral. Seja para homens, seja para mulheres, as proporções estão na faixa inferior a 50%, variando entre 43% e 47%. Ou seja, considerado o gênero, a jornada de tempo integral ainda não é majoritária nem para homens nem para mulheres, o que é uma lástima.

Verifica-se predominância feminina entre as pessoas que trabalham em jornadas curtas, a saber, de 39 horas semanais ou menos. Em 2010, mulheres são 34,4%, enquanto homens são 19,7%, fato que precisa ser registrado com vigor: a participação das mulheres no trabalho social ocorre fortemente em regimes de jornadas de duração menor, também chamadas jornadas flexíveis. Aqui importa discutir o que significa a participação em jornadas com duração igual ou inferior a 39 horas semanais. Em alguns casos, quando coincidem jornada reduzida e remuneração elevada, pode ser pensada como benefício. Na maioria dos casos, entretanto, pode ser vista como uma precarização das condições laborais, porque é um trabalho flexível com remuneração menor, intensidade maior e com outras condições laborais precárias. Assim, começam a ser percebidas as contradições da flexibilidade de horas em sua dimensão de sexo e gênero.

Gênero e condição no trabalho

Os censos permitem observar as seguintes "condições no trabalho": empregados, empregadores e autônomos. Empregados e empregadas vivem de trabalho assalariado. Vendem horas de sua vida para serem aplicadas em labor, pelo que são remunerados. Como são, numericamente e em capacidade de ação política, a maior classe social, dão o tom e o ritmo da divisão das horas laborais para os demais agrupamentos sociais. É em relação a eles e a elas que as duas outras condições de trabalho, empregadores e trabalhadores por conta própria, bem como o conjunto da força de trabalho, precisam ser analisadas. Uma mudança na distribuição das horas laborais para empregados e empregadas afetará inevitavelmente o conjunto da força laboral e suas divisões elementares de classes.

Trazendo empregados e empregadas para o foco de exame, verifica-se sua grande participação nas cargas horárias excessivas. Como dito acima, na classificação de 45 horas e mais, os homens estão mais presentes do que as mulheres. Adicionalmente, tanto empregados como empregadas fazem parte da tendência de diminuição da participação laboral com cargas horárias excessivas. Portanto, se a campanha de sindicatos de trabalhadores pela redução da jornada de trabalho não conseguiu ainda fazer com que o projeto de lei engavetado no Congresso Nacional[10] há décadas prosseguisse para votação, mesmo assim, por razões não completamente esclarecidas, empregados e empregadas se subordinam em proporções cada vez menores a jornadas excessivas.

A primeira diferença de gênero, pois, situa-se na participação diferencial entre empregados e empregadas em horas laborais excessivas, aparecendo os empregados com porcentagens mais elevadas que as empregadas. Aqui não são levadas em contas as atividades do trabalho reprodutivo. A segunda é encontrada no extremo oposto do contínuo das horas laborais, ou seja, nas jornadas insuficientes, que têm carga horária de 39 horas semanais ou menos. Esse segundo

---

[10] A proposta de Emenda Constitucional de número 231/1995 já previa a redução da jornada de 44 horas semanais para 40 no setor privado da economia brasileira.

caso de flexibilização laboral, as jornadas insuficientes, afeta muito mais as empregadas do que os empregados. Em 2000, os empregados são 13,3%, as empregadas, 31,4%. Passada uma década, a diferença se mantém. Os empregados estão na proporção de 15,8% e as empregadas, de 29,7%. Padrão semelhante é encontrado na Europa[11], onde "a principal forma da flexibilidade entre empregadas mulheres é o trabalho de tempo parcial".

Tais diferenças de gênero decorrentes de processos de flexibilização laboral, que são responsáveis pela distribuição das cargas laborais na sociedade, indicam significados e implicações diversas, de alguma maneira contidos nos termos que as nomeiam. As cargas horárias são excessivas ou insuficientes. As jornadas excessivas apontam imediatamente para o desgaste do corpo de trabalhadores e trabalhadoras. Por outro lado, em princípio, as jornadas excessivas deveriam pagar horas extras, realidade que frequentemente não se verifica[12]. Mesmo assim, é de esperar que trabalhadores e trabalhadoras em jornadas excessivas recebam maiores salários. As jornadas insuficientes implicam imediatamente remuneração menor e, portanto, insuficiente para atender às necessidades e aos desejos de trabalhadores e trabalhadoras. Além disso, nas jornadas insuficientes o trabalho é muito intensificado.

Nas jornadas de 40 a 44 horas, as diferenças de gênero são mínimas e praticamente inexistentes, quando não envolvem os encargos do trabalho reprodutivo. O fato a ser destacado, portanto, é o processo lento, mas em andamento, de convergência para as jornadas de tempo integral. Tão lento que, em 2010, não chegava a 50% a proporção dos empregados e empregadas ocupados em jornadas de tempo integral.

Na classe de empregadores e empregadoras, as mulheres eram um quarto em 2000 e passaram a um terço em 2010. Em termos absolutos e relativos, caem o número e a porcentagem de homens

---

[11] Janneke Plantenga e Chantal Remery, *Flexible Working Time Arrangements and Gender Equality: A Comparative Review of 30 European Countries* (Luxemburgo, Publications Office of the European Union, 2010), p. 39-45.

[12] Entre as reclamações trabalhistas nos tribunais, destacam-se horas extras não pagas.

e sobem os de mulheres. Essa informação é preciosa porque mostra as mulheres ganhando espaço no mundo das empresas e, pensa-se, também, na administração de negócios públicos e privados. Para que isso de fato ocorra, elas pagam uma conta. Praticamente não há diferenças entre homens empregadores e mulheres empregadoras na distribuição das cargas horárias. A categoria de horas de trabalho em que ambos se encontram com maior frequência é a de 45 horas semanais ou mais.

As jornadas excessivas de homens empregadores e de mulheres empregadoras tende a convergir de modo razoavelmente lento para as jornadas de tempo integral, título que já recebeu abundante menção nesta obra.

A última classe analisada é formada pelas pessoas autoempregadas, que não vendem diretamente seu tempo de trabalho para empregadores capitalistas em troca de salário, mas desempenham atividades importantíssimas para a reprodução da sociedade e para o funcionamento do sistema social.

As cargas horárias dos trabalhadores por conta própria contêm implicações de gênero? Autônomos e trabalhadores por conta própria são um grupo numericamente estável nos dois censos considerados. Entre autoempregados, o número de pessoas não aumentou. O crescimento de cerca de 1,5 milhão de pessoas, na década, foi de autoempregadas, argumento que fortalece o papel da mulher como provedora.

A distribuição das cargas horárias das pessoas autoempregadas revela padrão bastante semelhante ao da classe dos assalariados, como seria de esperar com base no papel que desempenham no mundo do trabalho. É possível observar a prevalência de homens nas jornadas de tempo integral e de tempo excessivo e de mulheres nas de tempo reduzido.

A tendência à convergência para a jornada de tempo integral também é observável entre sujeitos que trabalham por conta própria. Não se manifesta divergência entre aqueles três grupos sociais em relação à convergência para a jornada de tempo integral. Nas três condições de trabalho aqui examinadas, a convergência aparece, ainda que somente no horizonte.

Como a divisão por sexo das horas laborais toma corpo nos setores de atividade econômica

Da análise feita, restam duas diferenças envolvendo gênero, grupos sociais e horas de trabalho: uma por meio de jornadas excessivas, a outra de jornadas insuficientes; há, ainda, um terceiro achado no sentido da convergência geral dos grupos sociais e de gênero para jornadas de tempo integral. Sabe-se, entretanto, que os valores aqui apresentados são valores médios e outras diferenças se escondem atrás dos espaços representados pelos setores de atividade. Não é necessário muito conhecimento sobre a história do trabalho no Brasil para reconhecer que a agricultura, a mineração, a extração vegetal e a pecuária foram levadas a cabo durante quatro séculos por braço escravo. Ainda hoje os casos de libertação de escravos ocorrem em maiores proporções nessas atividades, nas quais os direitos encontraram e encontram obstáculos para se implantar nas atividades cotidianas. Jornadas excessivas, pois, seriam rotineiras nas atividades típicas do setor. Da mesma forma, se esperaria observar diferenças de gênero no setor primário. Por outro lado, o setor industrial é reconhecido pela organização de forte movimento sindical, tendo a regulação do trabalho tomado lugar nesse setor de atividades urbanas, ao lado de comércio, transportes e construção. Em tais setores, seriam esperados efeitos da regulação laboral, que poderiam ter incidência sobre gênero.

Diferenças em razão de gênero por jornadas excessivas, jornadas de tempo integral e jornadas insuficientes, bem como a tese da convergência em direção a jornadas plenas, são fios condutores ao tratar dos setores de atividade.

No setor primário, 27,6% das mulheres assalariadas efetuam jornadas de 45 horas ou mais por semana em lides fora de casa, além de assumir o trabalho reprodutivo!

As mudanças que ocorreram na agropecuária nos últimos cinquenta anos foram tão intensas – concentração das propriedades, capitalização da produção agrícola, avanço sobre a floresta e as fronteiras, expulsão de pequenos proprietários de suas terras, cerco sobre terras indígenas e de afrodescendentes, entre outras condições – que fizeram com que, pela primeira vez, empregados constituíssem a maior parte da força de trabalho, e as pessoas ocupadas por conta própria passassem para o segundo posto. A literatura denominou esse processo de mercantilização ou capitalização da força de trabalho. Como se distribuem as jornadas laborais por sexo sob a égide da mercantilização da mão de obra?

Como os assalariados formam a maioria dos trabalhadores no setor primário, seria esperado que a jornada de 44 horas estabelecida pela legislação prevalecesse entre empregados e empregadas. Entre assalariados, homens e mulheres, efetivamente aumentaram as proporções dos que trabalham em jornada de tempo integral e diminuíram as dos que trabalham em jornadas muito longas, em 2000 e 2010. Tais dados apoiam a tese da convergência para as jornadas de tempo integral, mas a distância, porquanto os assalariados que fazem de 40 a 44 horas semanais de jornada ainda não cruzaram a linha divisória da maioria. Esse dado positivo pode esconder outra realidade. A agropecuária, a pesca e a extração vegetal cobram jornadas mais longas dos seus empregados e empregadas assalariados do que dos trabalhadores por conta própria. As elevadas porcentagens de homens e mulheres trabalhando em jornadas excessivas, ainda que apresentando tendências declinantes, são um indicador inquestionável do grau elevado de exploração da força de trabalho assalariada. Imaginem, pois, os problemas que vivenciam as mulheres assalariadas, cujo percentual de ocupação é de 27,6% em jornadas de 45 horas e mais, quando às 45 horas semanais se acrescentam as horas no trabalho reprodutivo!

Também a segunda forma de flexibilização, manifesta nos trabalhos de horas reduzidas, insuficientes, está presente entre assalariados na agropecuária. Em 2010, empregados participam de jornadas de 39 horas e menos na proporção de 16,9%, enquanto mulheres o fazem na de 28,5%. Isso poderia ser visto como uma adaptação às necessidades de trabalho doméstico das mulheres, mas também pode ser interpretado como insuficiência e, portanto, como precariedade desse tipo de emprego prevalente de mulheres na agropecuária.

As trabalhadoras por conta própria apresentam ainda porcentagens mais altas de participação em jornadas insuficientes do que as empregadas assalariadas. Em 2010, as mulheres autoempregadas em jornadas reduzidas estavam na proporção de 40,7% enquanto a proporção das mulheres assalariadas era de 28,5%.

O setor industrial também exige muito tempo de trabalho de seus empregados e de suas empregadas

Tal qual no setor primário, a indústria requer muito tempo de trabalho dos seus empregados. Por essa razão, prevalecem as distribuições de horários em regime de tempo integral e em regime excessivo, tanto no sexo masculino como no feminino.

Entre empregados assalariados (59,5%), completa-se a transição para a jornada de tempo integral em 2010. Entre empregadas assalariadas, isso já ocorria desde 2000 (52,1%). O setor industrial está, pois, muito à frente de seu parceiro setor primário, possivelmente em razão das diferenças da força dos movimentos e dos sindicatos organizados de trabalhadores.

Não são detectadas desigualdades estatísticas de gênero por regimes de horas trabalhadas tão relevantes no setor industrial quanto se manifestaram no setor primário, em razão, provavelmente, dos avanços do movimento sindical e do movimento das mulheres. Isso não quer dizer que no setor industrial não se reproduzam práticas discriminatórias contra elas, tal como se pode observar no tratamento dispensado por empregador da indústria de panificação a sua empregada que declarou gravidez[13]. O empregador iniciou uma estratégia de assédio moral a ela. Mobilizou colegas de trabalho para fazerem cara feia para a empregada que ousara engravidar durante o período em que trabalhava. Criou um ambiente infernal no trabalho, de tal modo que a própria grávida pedisse demissão, o que ocorreu passado não muito tempo. Desse modo, o assediador de empregadas grávidas conseguia afastar de si os míseros encargos sociais financeiros com INSS e com os direitos trabalhistas. O pequeno torturador aniquilava

---

[13] O fato foi contado ao autor pelo próprio empregador, com relato ocorrido em ambiente social testemunhado por várias pessoas, em 2014.

a autonomia das trabalhadoras sobre o próprio corpo. Embora tal fato narrado tenha ocorrido no setor de trabalho de jornadas integrais, também poderia acontecer em horários distribuídos flexivelmente, no qual os empregos femininos superam os masculinos.

A porcentagem de pessoas assalariadas trabalhando em regime de jornadas insuficientes, com 39 horas semanais ou menos, é de 9% para homens e de 12,3% para mulheres, portanto, proporcionalmente baixa. São, todavia, 1,5 milhão de pessoas, número que permite supor a presença de formas de precarização laboral, mesmo que com baixas proporções.

Entre as pessoas que trabalham por conta própria no setor industrial, detecta-se nítida diferença de gênero por cargas horárias laborais. Com efeito, tanto em 2000 como em 2010, em torno de 45% das mulheres autoempregadas na indústria atuavam em horas em número igual ou inferior a 39 por semana. Para os homens, as porcentagens não passavam de 20%. Há diferença de gênero por regimes de horas laborais, indicador, nesse caso, de precariedade laboral.

Por seu lado, os homens autoempregados apresentam altas porcentagens de trabalho em horários extremamente longos. Os sujeitos do sexo masculino comprometem com tais práticas suas condições de saúde, inexoravelmente.

Em resumo, diferenças de gênero por cargas horárias, no setor industrial, estão mais presentes nas atividades de autoemprego. Com efeito, as oficinas de conserto de carros, bicicletas, motores, pneus, pintura etc., lugares em que está grande parte das atividades de autoemprego, são esferas sujeitas a elevada precarização.

A construção é o império dos trabalhadores do sexo masculino e das horas extras

Entre os principais problemas dos trabalhadores da construção estão as jornadas excessivas, os acidentes de trabalho, o risco à saúde e a instabilidade nos empregos.

Às poucas mulheres que trabalham no setor da construção sobrecaem assédio e muita discriminação, por não ser trabalho considerado "de mulher". Observa-se ainda que as poucas mulheres que nele atuam laboram 39 horas semanais ou menos, que são jornadas insuficientes para atingir remuneração equiparada à dos trabalhadores do sexo masculino.

O comércio é grande empregador de homens e mulheres, assalariados e autoempregados e exige longas jornadas

Em 1932, o primeiro decreto reduzindo a jornada de trabalho, assinado por Getulio Vargas, aplicava-se ao comércio. Por isso, é admirável que o comércio, que é forte empregador de homens e de mulheres, como assalariados e como autoempregados, exija longas horas de trabalho, no mínimo jornada de tempo integral e, para um grande número de comerciários e comerciárias, horas extras. Poucos estabelecimentos comerciais que empregam assalariados cumprem com os deveres sociais do trabalho. Reconhece-se a existência de estabelecimentos grandes e pequenos e são louváveis microestabelecimentos que mantêm assiduamente as contribuições sociais e pagam todos os direitos de seus empregados. Por outro lado, o grau de exploração por empregadores mal-intencionados é muito expressivo e ações de discriminação são frequentes. Tal é o caso de estabelecimento cujas empregadas são submetidas a ações discriminatórias e operações de revista ao deixarem o local de trabalho. A repressão no setor comercial também é muito forte contra a organização sindical dos trabalhadores e das trabalhadoras.

Sob o ponto de vista da distinção de gênero, as estatísticas mostram que está em processo uma incorporação de mulheres em atividades com jornadas insuficientes, isto é, 39 horas semanais ou menos. Com efeito, no ano 2000 foram recenseadas 400 mil mulheres comerciárias trabalhando por conta própria em horários reduzidos. Uma década mais tarde, já eram 700 mil mulheres, quase o dobro. De quem tratam tais números e em que condições trabalham essas mulheres? São especialmente mulheres que, com o aumento da renda média na sociedade, passaram a vender mercadorias como roupa, perfumaria, itens de beleza, calçados, coisas usadas etc. Muitas delas não são efetivamente autônomas, são assalariadas dissimuladas de autônomas. No campo de perfumaria e beleza, essa prática é bem conhecida e muito utilizada por Avon, Jequiti, Natura e inúmeras outras empresas nacionais e internacionais. Muitas dessas vendedoras – e vendedores, pois, observe-se, o número de homens também cresceu nesse intervalo e nessa carga horária reduzida – são avulsos fictícios. São autônomos, por conta própria, autoempregados a serviço de grandes empresas. Com o aumento da renda, mais pessoas passaram a frequentar salões de beleza e salões de cabeleireiros que oferecem serviços em que, como regra geral, os contratos não são formalizados e os trabalhadores são entendidos como sujeitos autônomos que trabalham por conta própria e por próprio risco.

Os exemplos dados mostram que, se o desenvolvimento econômico interno avança e a demanda aumenta, cresce também a expansão de trabalhos com cargas horárias reduzidas e cargas horárias excessivas, ambos envolvendo precarização de direitos. A diferença de gênero no comércio aparece fortemente ligada ao trabalho por conta própria. Em 2010, os homens representavam 21,7% e as mulheres, 42%.

Em transportes ainda não se completou a transição para jornadas de tempo integral

Trata-se de um dos setores de atividades em que as cargas horárias de tempo integral ainda não ocupam a maioria da população empregada, nem de assalariados nem de autônomos, do sexo masculino e do sexo feminino. A proporção mais próxima à maioria é a de empregados do sexo feminino, com a proporção de 46,9% das pessoas trabalhando em jornadas com duração integral. Em transportes, não se completou a transição para jornada de tempo integral. A tendência a convergir para a jornada integral, no entanto, é legível dos números. Só que deverá consumir mais algumas décadas até que isso aconteça, se vier a acontecer.

No trabalho feminino, especialmente em situação de autoemprego, mas sendo verdadeiro também para os empregados assalariados, existem proporções consideráveis de pessoas ocupadas em regimes de horas reduzidas. As porcentagens para o sexo feminino referentes a autônomos são de 37,2% e a empregados assalariados, de 22,3%, em 2010. Para o sexo masculino, as proporções são um pouco menores, contudo nada desprezíveis, variando entre 16% e 22%. Essas informações dão conta de dois processos em andamento no setor de transportes. Reproduz-se a flexibilidade de horas reduzidas, condição atrelada à precariedade laboral. Há também uma diferença de gênero, embutida na flexibilidade de horas reduzidas.

Encontra-se igualmente um efeito de gênero operando entre as pessoas que trabalham em jornadas excessivas, de 45 horas e mais. Ele se faz presente tanto entre assalariados como entre autônomos e a desfavor dos homens, que aparecem em proporções mais elevadas nos trabalhos com cargas horárias mais longas e, portanto, com os impactos que isso tem sobre a formação da taxa de mais valor. Entre assalariados, os homens apresentam percentuais de 38,1% e as mulheres, de 30,8% no ano 2010. Entre autônomos, no mesmo ano, os homens aparecem com 46% e as mulheres, com 35,2%. As diferenças eram ainda mais acentuadas na década anterior.

Assalariados de bancos e finanças, homens e mulheres trabalham em regime de tempo integral na maioria dos casos

Finanças são um setor que praticamente só faz uso de mão de obra assalariada. Apenas em torno de 10% são autônomos e trabalhadores por conta própria, a exemplo de vendedores de seguros, corretores de imóveis, operadores de lojas de câmbio e atividades semelhantes.

Os assalariados de bancos e finanças trabalham em regime de tempo integral em 60% dos casos, fato válido tanto para homens como para mulheres. Entre os trabalhadores do setor, completou-se então a transição para a jornada de tempo integral.

Há alguma diferença de gênero perceptível nas informações analisadas? Nas jornadas insuficientes, que são mais abertas à precarização, as mulheres assalariadas, com 27,4%, estão engajadas em proporções maiores do que os homens, com 22,2%, no ano 2010. Além da precarização, diversos outros tipos[14] de violência simbólica e assédio são encontrados nas atividades bancárias e de finanças, um setor que emprega grande número de trabalhadoras mulheres e que estruturalmente requer trabalho flexível, dada a natureza das atividades no mundo das finanças e do dinheiro.

---

[14] Marianne Lima Martins, *Na linha da frente. A intensificação do trabalho em bancos públicos e suas implicações sobre a saúde dos trabalhadores bancários* (Dissertação de Mestrado, Programa de Pós-Graduação do Departamento de Sociologia, Brasília, Universidade de Brasília, 2016), apresenta inúmeros casos de problemas de violência verbal e simbólica encontrados por mulheres no cotidiano do trabalho nas atividades bancárias.

Em educação, mulheres totalizam o dobro dos homens entre as pessoas ocupadas; em saúde, dois terços

O Censo de 2010 registra ainda 1 milhão de pessoas que trabalham por conta própria ou como autônomas no setor de educação. Em saúde, é bem menos: chega apenas a 10%. Quem são essas pessoas que trabalham por conta própria e como autônomos em educação? De cada dez, seis são homens, 40% trabalhando em jornadas de tempo integral, 40% em jornadas insuficientes e 20% em jornadas excessivas. Como já encontrado em outros setores de atividade, caso do comércio, são pessoas que têm pequenos negócios e também pessoas que exercem trabalho assalariado, mas que precisam apresentar-se como sujeitos autônomos para entrar em relação contratual com empresas de educação, academias de educação física etc. Além disso, no setor público a educação apresenta muitos contratos de tempo parcial, ao passo que, no setor privado, são raros os contratos de tempo integral, prevalecendo os contratos por hora.

Esperava-se que educação e saúde fossem os setores das jornadas de tempo integral. Ledo engano. Apenas entre empregados assalariados em educação e entre empregadas assalariadas em saúde a transição para jornadas de tempo integral se realizou. Os demais grupos estão "convergindo lentamente", se é que algum dia atingirão as jornadas plenas.

Educação e saúde apresentam forte marca de trabalho em regimes de horas reduzidas e insuficientes: 40% para mulheres, 30% para homens, em educação; em saúde, em torno de um terço, para homens e para mulheres. Em educação, mais do que em outros setores de atividade, os diferenciais de gênero por cargas horárias se fazem presentes tanto entre assalariados como entre autônomos e com eles seguem as distinções. Além dos contratos de tempo parcial e dos contratos por horas de trabalho, a educação revela, nas personificações de monitores, tutores[15], aprendizes, estagiários, treinandos e em outras figuras recentemente inventadas e criadas para dar conta da crescente demanda por educadores, um indicador expressivo de quanto a flexibilização está

---

[15] Rebecca S. F. Almeida, *Precarização do trabalho em educação a distância* (Dissertação de Mestrado apresentada e aprovada pelo Departamento de Sociologia da UnB, 2016), cita a informação de que 39 mil pessoas estão ocupadas em tais funções educativas flexíveis a distância no Brasil.

tomando espaço em contratos, horários e cargas laborais num setor aparentemente tradicional de atividade. Ademais, tais "postos de trabalho" flexíveis são ocupados majoritariamente por mulheres, o que contribui para explicar como a desigualdade de gênero se enraíza no mundo do trabalho de crescente flexibilidade. As desigualdades de cargas laborais correspondem a desigualdades de remunerações e salários, além dos impactos simbólicos de trabalhar em uma "ocupação" que é considerada um "trabalho" menor e passageiro. A efemeridade da ocupação aparece na duração dos contratos, em geral limitadas a um semestre.

Somente em 2010, efetivou-se a maioria de 50% de mulheres e homens em jornadas plenas na administração pública

Na administração pública do país, a razão é de seis homens para quatro mulheres.

Em 2010, nesse setor de atuação, tanto mulheres como homens alcançaram a maioria de 50% em jornadas plenas, mas perdem de longe para setores majoritariamente privados, como indústria, bancos e finanças. Ou seja, em termos de distribuição das cargas horárias, o Estado brasileiro não cuida bem de seus barnabés.

Homens na proporção de 21% e mulheres na de 33% estão alocados em jornadas de tempo parcial e modalidades assemelhadas que trabalham até 39 horas semanais. Como interpretar isso? Será que o Estado brasileiro em toda sua dimensão reduziu a jornada de seus servidores? Exceto para algumas categorias de trabalhadores e trabalhadoras, como em enfermagem, bancos e finanças, nada indica que a redução de jornada esteja acontecendo. Então, pode ser que, de fato, muitos servidores públicos, especialmente servidoras, estejam trabalhando em jornadas de tempo parcial, estágios mal remunerados e situações análogas.

Servidoras domésticas estão ainda distantes de realizar a transição para jornadas de tempo integral regulamentado

Sete por cento das pessoas ocupadas em serviços domésticos, em 2010, são homens, proporção que está em decrescimento. O restante são mulheres. Esse setor é o protótipo da desigualdade e da distinção.

Servidores domésticos compõem o setor mais distante de atingir a transição para jornadas de tempo integral. Em vez de jornadas desse tipo, empregadas domésticas estão buscando trabalhos como diaristas por conta própria, o que tende a criar outra armadilha. A despeito de que a formalização das empregadas domésticas seja um processo ainda longe de ser alcançado para a maioria delas, naqueles empregos com carteiras assinadas são feitas as contribuições sociais e garantidos direitos como aposentadoria. A saída do trabalho assalariado em direção ao trabalho de diarista pode conduzir a que não sejam feitos os recolhimentos previdenciários e que não se desfrutem direitos de aposentadorias na velhice.

Resumo de diferenças por gênero e distribuição de horas laborais

Uma longa, detalhista e incansável trajetória foi percorrida, juntamente com o leitor, em direção ao mundo da diversidade das horas laborais relacionadas com gênero por setores de atividade econômica. Foram identificados diversos processos em andamento, aqui sintetizados.

A transição para jornadas de tempo integral completou-se, em 50% dos empregos, no agrupamento de atividades composto pela indústria de transformação, construção, bancos e finanças e administração pública. Mas a transição ainda não se efetivou num agrupamento de setores maior: setor primário, comércio, transportes, educação, saúde e serviços domésticos. A expectativa é de que estes últimos também venham a realizar a transição em algum momento da história do trabalho, embora não se possa imaginar quando.

Jornadas excessivas são práticas laborais do setor primário, indústria, construção e comércio. Verificaram-se diferenciais de gênero em jornadas excessivas entre trabalhadores assalariados e trabalhadores autônomos, especialmente nos setores de transportes, educação e saúde.

Jornadas insuficientes são uma realidade fortemente presente entre trabalhadores assalariados e autônomos em quase todos os setores de atividade. Nessa divisão da jornada chamada de insuficiente ou reduzida (39 horas ou menos por semana) foram encontrados diferenciais de gênero entre assalariados no setor primário, em transportes, finanças, em educação e saúde e administração pública, bem como entre trabalhadores autônomos da agropecuária, pesca e extração vegetal, da indústria, do comércio, de transportes, de finanças, de educação e saúde.

Jornadas excessivas e jornadas insuficientes emergem da análise como formas de distribuição das cargas horárias laborais prenhes de problemas, armadilhas, desigualdades e antagonismos neste país de capitalismo selvagem. No relatório *Flexible Working Time Arrangements and Gender Equality*[16], preparado para a Comissão Europeia, as autoras, referindo-se ao contexto dos países de capitalismo mais antigo, escrevem que a flexibilidade de horários tende a confirmar as diferenças de gênero mais do que eliminá-las: "Enquanto flexibilidade for considerada uma maneira feminina de organizar o tempo de trabalho, horários flexíveis de tempo de trabalho tendem mais a confirmar as diferenças de gênero do que a mudá-las".

As desigualdades de gênero se sobrepõem, pois, aos contextos de países centrais e periféricos. Tal argumento não visa amainar críticas, mas indicar limites da flexibilidade. Nos dois contextos, esta mostra-se como um instrumento insuficiente para preencher os vazios produzidos por tais desigualdades. Na maioria dos casos, preenche o papel de velar, ofuscar a realidade. E mais, como é recente, considerando sua ascensão à hegemonia política mundial na década de 1980, as desigualdades por ela produzida também são recentes, mas com perfil de duradouras, dadas as vantagens que trazem para empresas e empregadores.

Essa síntese de práticas laborais de gênero, envolvendo sexo, setor de atividade e condição no trabalho, é feita mediante a análise de dados extremamente agregados. Desenvolvimento ulterior de pesquisas que lançar mão de nível menor de agregação poderá revelar elementos escondidos na grandeza dos números e das estatísticas. Ademais, os dados aqui utilizados não incluem as horas em trabalho reprodutivo, com o que uma parte significativa da realidade permanece igualmente invisível. Também merecem destaque desigualdades com a não inclusão de lésbicas, gays, bissexuais, travestis, transexuais, transgêneros e outros na coleta de dados.

---

[16] Janneke Plantenga e Chantal Remery, *Flexible Working Time Arrangements and Gender Equality*, cit., p. 79.

X
DESIGUALDADES SOCIAIS, HORÁRIOS, COR E RAÇA

A VARIÁVEL COR E RAÇA é utilizada neste livro em razão das informações censitárias que são captadas por meio da pergunta "A sua cor ou raça é...?", com as possíveis respostas: 1. Branca; 2. Preta; 3. Amarela; 4. Parda; 5. Indígena. Classificar-se em uma dessas cinco categorias envolve um poder muito grande de reduzir em apenas cinco itens um conjunto imenso de designações que as pessoas utilizam para se autodefinir e se autorrepresentar. Além do poder institucional, a classificação as coloca ante o desafio de assumir uma das cinco variáveis possíveis para designar sua identidade pessoal. Uma pessoa que se autoidentifica como moreno ou morena, qual das cinco classificações censitárias assumirá, uma vez que moreno ou morena não se inclui na lista das classificações? Tal problema redutivo afeta de alguma maneira a coleta de informações.

Cor não é a mesma coisa que raça. A cor da pele tem particularidades, raça também. Em que pesem as diferenças terminológicas, é pensando em raça que se usa o termo cor. E como daqui em diante raça assume uma perspectiva social, quando se usar a dupla raça/cor se estará debatendo um problema de desigualdade social, de discriminação ou de outra diferença que tem por base a pertença a um grupo de identidade por meio de raça e cor.

Historicamente, a categoria raça esteve ligada à biologia, área em que havia a pretensão de classificar os indivíduos segundo critérios estritos do campo, com as consequências que daí derivam. Desigualdades produzidas através da história pela vigência da relação social de escravidão durante séculos, por exemplo, eram entendidas como fundadas em condições naturais, e não sujeitas à ação de políticas afirmativas de correção de rumo. O sistema escravo se fundamenta sobre o princípio de tal naturalidade. A literatura social, por outro lado, repete que a classificação censitária não é biológica, e sim social, conforme esclarece reconhecido pesquisador do campo: "Raça não é uma realidade natural [...] Ela existe socialmente. Os indivíduos fazem uso de classificações raciais no seu dia a dia"[1].

A forma como atributos naturais são tratados socialmente, se são fontes de desigualdade e de distinção, se lhes são atribuídos valores que conduzem a tratamentos discriminatórios, se são modificáveis pela ação coletiva, isso tudo possibilitou a organização de movimentos da maior relevância no mundo.

Se a cor da pele é empregada para classificar indivíduos na sua vida pessoal com efeitos discriminadores, também o é no mercado de trabalho. Então há uma relação entre raça e a classificação do preço dos indivíduos no mercado do trabalho. Trabalhadores negros são remunerados com salários menores, trabalhadores brancos com salários maiores. Surge a pergunta: uns produzem menos valores para receber menores salários e outros produzem mais e recebem maiores salários? A proposição mostra-se não verdadeira. Raça e cor são uma condição social que permite pagar remuneração diferenciada, embora essa condição social não interfira, de modo algum, no desempenho da força de trabalho na produção de valores. Dessa forma, raça e cor são classificações que conduzem a maior apropriação de mais valor pelos empregadores, pelas empresas e pelos governos por comprimir o tempo de trabalho necessário.

Vê-se que as diversas classificações estudadas neste livro, a saber, idade, sexo e cor, operam de forma semelhante, atuando, para uns, como redutoras do tempo de trabalho necessário e como transferidoras de valor da parte necessária para a parte do mais-valor, enquanto, para outros, atua de maneira diversa. Mas cada uma dessas condições

---

[1] Sales Augusto dos Santos, *Educação, um pensamento negro contemporâneo* (Jundiaí, Paco, 2014), p. 19.

sociais e dos indivíduos opera também diferentemente, dadas suas peculiaridades. Cada uma tem efeitos específicos, embora estes possam atuar conjuntamente e de forma sobreposta, quando aprofundam o papel das discriminações e das desigualdades. Os efeitos sobrepostos decorrentes da diversidade das condições que atuam simultaneamente não serão apenas descritos neste capítulo conforme as estatísticas simples permitirem a análise. Técnicas estatísticas mais sofisticadas poderão auxiliar futuramente estudos dos efeitos compostos.

A luta por direitos do trabalho é de longo prazo e largo espectro, em virtude das peculiaridades da competição imposta pela forma da acumulação capitalista. Ademais, é importante que o enfrentamento dessas lutas por direitos associe os diversos mecanismos separadores e divisores entre os trabalhadores, como parte de uma luta maior.

O objetivo deste livro consiste também em ponderar em que medida cor e raça são atributos que interferem na distribuição das cargas horárias, se flexíveis ou rígidas, tendo por hipótese que as jornadas padronizadas oferecem condições melhores para os trabalhadores, por estarem mais próximas da regulamentação e dos direitos, das condições de saúde e de melhor remuneração, do que as jornadas flexíveis, com horas extras ou horas insuficientes.

O motivo que move este estudo é a busca de diferenças que se materializam em desigualdades com base nas distribuições de horários. Operacionalmente, cor e raça receberão uma redução de cinco para três categorias – com a finalidade de manter diferenças e reduzir o trabalho de análise –, assim distribuídas: brancos e amarelos, pretos e pardos, indígenas.

Raça/cor e diferenças segundo dados muito agregados

O estudo de diferenças, desigualdades e discriminações com base em cor e raça pode ser feito com grupos étnicos que recentemente vieram para o Brasil, como bolivianos, paraguaios, haitianos, ou com os que vieram nos séculos XIX e XX, a saber, europeus, asiáticos etc. Cada qual tem sua legitimidade. Nenhum deles, entretanto, alcança tão elevada participação demográfica, cultural, social e econômica, nem trabalhou por tanto tempo como mão de obra, escrava e livre, nem participou tão grandiosamente da produção cultural, deixou a marca da cor na população e uma indiscutível contribuição demográfica quanto os negros e pardos. Além deles, estão os indígenas, grupo pequeno numericamente, mas significativo, por terem sido estes os habitantes das terras do Brasil antes da chegada dos conquistadores portugueses e por constituírem, com negros e pardos, brancos e amarelos, a tríade de sustentação da sociedade brasileira.

Considerando o conjunto do país como unidade de análise, pretos e pardos encontram-se em condições de desigualdade na distribuição flexível das horas laborais, nas quais participam como grupo social com 27,7% dos casos, porcentagem superior relativamente a brancos e amarelos, cuja participação é de 24,1% em 2010 e indiscutivelmente superior à do grupo dos indígenas. O trabalho flexível a que aqui nos referimos é representado por diárias, trabalho temporário, tempo parcial, trabalho noturno, trabalho em fins de semana, empreitadas e outras modalidades assemelhadas de trabalho com horários reduzidos. Adicionalmente, na categoria das jornadas plenas de tempo integral com direitos, pretos e pardos encontram-se em proporções menores do que brancos e amarelos. Em 2010, os primeiros são 43,6% da população com dez anos ou mais de idade em relação aos segundos, que são 48,3%. Essas porcentagens significam que, no Brasil, negros e brancos não efetivaram a transição para o trabalho de tempo integral, o qual apresenta mais proximamente a possibilidade de acessar direitos e trabalhar na modalidade de jornada entendida como "normal" pela sociedade, porque também regulamentada. As porcentagens menores para negros podem ser interpretadas ainda como diferença e desigualdade, senão como discriminação, relativamente a brancos e amarelos.

Para aprofundar a análise, subdividem-se brancos e negros segundo a condição de trabalho dos grupos sociais de empregados e autônomos para verificar se o atributo de cor é fator de desigualdade. Empregados assalariados brancos e amarelos realizaram a transição para jornadas de tempo integral em 53,7% dos casos, enquanto pretos e pardos representam 47,7% das respectivas categorias, no ano 2010. Em 2000, as porcentagens são ainda mais desfavoráveis a pretos e pardos. Assim, empregados negros estão em condições de desigualdade no que tange às cargas horárias e à distribuição das horas laborais. No tocante a trabalho autônomo e por conta própria, a diferença nos horários insuficientes joga a desfavor dos negros. O problema, que já estava presente em 2000, apresentou, em 2010, as seguintes porcentagens: 32,8% para pretos e pardos e 27,5% para brancos e amarelos. Pequenos produtores e trabalhadores familiares indígenas são os mais afetados de todos os grupos sociais considerados e aparecem com 43,4% dos casos. Nos dois grandes agrupamentos de mão de obra, que são os empregados assalariados e os trabalhadores por conta própria, negros estão em desigualdade em relação à distribuição das cargas horárias.

Desagregando ainda mais a distribuição das horas por condição social no trabalho e por sexo e olhando os dados para o conjunto da economia e da sociedade, chega-se à conclusão de que empregados assalariados brancos do sexo masculino conseguiram, em 2010, realizar a transição para a jornada de tempo integral em 54,8% dos casos, afirmação que também é válida para mulheres brancas, em 52,5% dos casos. Não se aplica, entretanto, a mesma interpretação para empregados negros do sexo masculino (49,3%) e feminino em 45,4% dos casos e, sobretudo, indígenas, em 38,8% dos casos. Dessa forma, o peso da desigualdade da distribuição das horas laborais incide especialmente sobre combinações específicas de sexo e cor, mulheres e homens negros e indígenas. Homens e mulheres indígenas também têm suas ocupações principalmente em trabalhos mais flexibilizados, com jornadas insuficientes.

A situação de pequenos produtores autônomos e por conta própria em conjunto é ainda pior do que a de empregados assalariados, porquanto nem homens nem mulheres, nem brancos nem negros autônomos realizaram a transição para a jornada de tempo integral, sendo ainda muito forte a presença de trabalhos flexibilizados com duração reduzida para mulheres brancas e amarelas (39,3%), pretas e pardas (47,5%) e indígenas (55%).

Raça e flexibilidade por setores de atividade

Mediante a divisão de ramos e setores de atividade, aumenta-se a profundidade do conhecimento sobre a sociedade brasileira e suas divisões, delimitando conjuntos de atividades econômicas em que estão empregados trabalhadores de diversas cores de pele com cargas horárias diferentes.

Os trabalhadores assalariados pretos e pardos constituem maioria relativa e absoluta, perfazendo 2,4 milhões de empregados no ano 2000 e 2,6 milhões em 2010, no setor primário, que reúne agropecuária, mineração, extração vegetal e pesca. Brancos e amarelos totalizavam 1,7 milhão de trabalhadores assalariados no ano 2000 e 1,5 milhão em 2010. O setor primário depende essencialmente da mão de obra negra. O leve crescimento do número de assalariados pretos e pardos que se observa não deve esconder o enorme processo de expulsão de trabalhadores autônomos, por conta própria, moradores, parceiros, meeiros, pequenos produtores e produtores familiares, que, deixando o setor primário, engrossam vilas, bairros e periferias das cidades e ocupam alojamentos de plástico preto ao longo das rodovias, em cima dos quais balança a bandeira vermelha do MST. Em 2000, examinando os dados pela cor da pele, pretos e pardos, que eram em número de 3,1 milhões no setor primário, em 2010 são 1,9 milhão. Por sua vez, brancos e amarelos, que somavam 2,5 milhões em 2000, eram 1,9 milhão em 2010. A capitalização do setor primário promoveu essa formidável transformação social por meio da migração rural-urbana voluntária ou compulsória.

Predomina a mão de obra negra também no setor de construção. Os trabalhadores assalariados pretos e pardos, em 2010, são em número de 2,4 milhões, e os brancos e amarelos, de 1,4 milhão. Entre trabalhadores autônomos e por conta própria, prevalece a mesma tendência de cor/raça: 1,2 milhão são negros e 1 milhão são brancos e amarelos. A construção emprega muita mão de obra expulsa do setor primário. Por fim, os serviços domésticos perfazem o terceiro território com emprego majoritariamente de mulheres pretas e pardas.

Setor primário e construção civil reúnem atividades tradicionais e também muito modernas. O grande processo de capitalização do campo atualmente em curso ocorre com a inserção de equipamentos de alta tecnologia: GPS, computadores, máquinas as mais modernas, aviões, insumos químicos, sistemas de beneficiamento e transportes. Também a mineração e a exportação de minérios valem-se desses e de outros elementos da modernidade. Processo semelhante de elevação dos componentes tecnológicos toma lugar na construção de portos, aeroportos, estradas, rodovias, estádios, moradias etc. Esses dois setores, o primário e a construção, que contratam majoritariamente mão de obra assalariada preta e parda, consomem produtos de alta tecnologia. Entretanto, como veremos mais adiante, essa máquina de consumo de alta tecnologia também consome infinitas horas de labor de seus operários e operárias na produção de valor.

Brancos e amarelos constituem a maioria dos trabalhadores assalariados na indústria, no comércio, nas finanças, na educação e na saúde, segundo informações para o ano 2010. Nos setores de transportes e administração pública, verifica-se igualmente maior número de brancos e amarelos em relação às outras categorias de cor e raça, em que pese o fato de o número de trabalhadores ser bastante menor.

A fim de completar o quadro dos trabalhadores assalariados segundo raça e cor, em 2010, menciona-se que indígenas estão presentes, em número maior do que 10 mil pessoas, no setor primário (18 mil), na indústria (16 mil), na construção (10 mil), no comércio (15 mil), em transportes (10 mil), em educação (20 mil), em administração pública (17 mil) e em serviços domésticos (15 mil). Na saúde estão menos presentes (7 mil) e são quase completamente ausentes em finanças, onde foram contados, em 2010, apenas 1.533 indígenas assalariados e 186 autônomos. Existe um grande número de indígenas que não vive de trabalho assalariado, e sim de trabalho por conta própria. Indígenas labutam mais no setor primário – agricultura e extração vegetal –, na indústria, comércio e construção. A distribuição por setores de atividade mostra proporcionalmente uma forte presença urbana, e não apenas rural, de indígenas.

Esse é o quadro inicial que se pode montar com as informações censitárias de 2010 sobre a relação entre cor/raça e os setores de atividade econômica e sobre a contribuição de cada grupo social marcado pela cor da pele para o crescimento da economia. A sociedade brasileira, na atualidade e na história, é impensável sem a contribuição da mão de obra branca e negra, demográfica, cultural, social e economicamente e em outros fatores. Pode-se estabelecer afirmação análoga em relação ao aporte cultural e econômico dos indígenas, embora numericamente sejam um grupo muito mais reduzido.

As informações sobre setores e ramos de atividade permitiram delimitar certas áreas de trabalho nas quais predomina uma cor de pele/raça. O país, como unidade, esconde, de certo modo, qual cor de pele tem a mão de obra que sustenta seu crescimento. Com o objetivo de trazer à tona elementos relativos à cor dos trabalhadores, avançamos algumas informações sobre jornadas de trabalho, divididas em plenas, excessivas e reduzidas.

No setor primário, entre trabalhadores assalariados, brancos e negros labutam em jornadas de tempo integral de 40 a 44 horas semanais praticamente nas mesmas proporções: no ano 2010, brancos são 45,6% e negros, 44,2%. Nesse nível tão elevado de agregação de dados, como aqui utilizado, a diferença por cor/raça fica muito sutil, ocultando a realidade. Mas esse mesmo dado constitui argumento formidável de que os dois grupos raciais estão longe de chegar à transição completa para a jornada plena com direitos no setor primário, podendo a tese da transição incompleta estar presente também em outros setores de atividade. O setor da construção avançou mais do que o primário, em respeito à transição para a jornada de tempo integral. Também em relação a 2010, a proporção de negros em jornadas de tempo integral é de 54,8% e a de brancos, de 58%. Em ambos os casos, a transição teria se efetivado para brancos e negros no setor da construção.

É de domínio generalizado que o setor primário e o de construção consomem força de trabalho abundante, especialmente pelo mecanismo do alongamento da jornada. Na época mais propícia de avanço social da sociedade brasileira, que é a década de 2010, negros realizam jornadas excessivas, isto é, acima de 45 horas semanais, em 35,4% dos empregos do setor primário e em 34,2% da construção. No mesmo período, brancos e amarelos que labutam no setor primário constituem 37,9% dos casos, enquanto pretos e pardos, 35,4%.

Agora, examinando os dados para a construção, tem-se, *coeteris paribus*, que negros são 34,2% dos casos, enquanto brancos e amarelos ocupam 31,6% dos empregos assalariados. Portanto, a voracidade do setor primário e da construção por trabalho prolongado, por horas extras, constitui caso a ser pesquisado mais detalhadamente, porquanto ambos, em sua avidez insaciável por mais trabalho, incidiram no Brasil em uso de trabalhadores em condições de trabalho análogas às de escravo, conforme consta de matérias da grande imprensa e de relatos de missões conduzidas por auditores fiscais do trabalho. Nos anos 2012 e 2013, essas missões libertaram 283 pessoas de trabalho em condições análogas às de escravo[2] somente no estado do Pará.

Segundo os relatos, trabalhadores e trabalhadoras emancipadas suavam oito, nove, dez, onze, doze e treze horas ao dia. Encontrou-se relato de trabalhador e de trabalhadora cuja jornada consumia até catorze horas do dia em trabalho. Ora, catorze horas diárias, multiplicadas por seis dias por semana, com um dia de descanso, totalizam 84 horas na semana, o que simplesmente equivale a duas jornadas de tempo integral executadas em uma só semana laborativa. Alguns relatos de emancipados contêm a informação de que as lides levavam de roldão fins de semana, domingos e feriados. Outros trabalhavam continuamente em atividades de derrubada de mata, roço de fazendas, corte e preparação de estacas e palanques para cercas. Horas extras raramente eram pagas. O trabalho excessivo está presente tanto nos relatos de resgatados como nos censos, onde aparecem sob o rótulo de "jornadas excessivas", embora nos relatos dos emancipados as informações venham revestidas de suor e sangue.

Os trabalhadores resgatados, que haviam sido transformados em escravos assalariados, não controlavam o número de horas de trabalho nem a sua flexibilidade, a qual possibilitava a inclusão de domingos, fins de semana e feriados como dias laborais, com início de trabalho às quatro horas da manhã e término às dez horas da noite – tudo como trabalho de "jornada normal".

A análise de setor industrial a ser feita a seguir é relevante por desmistificar um elemento da prática da regulamentação laboral, qual seja, o uso crescente de trabalhos em jornadas insuficientes. Com efeito, no setor industrial brasileiro desenvolveu-se ao longo do tempo um movimento sindical poderoso, que alcançou colocar os trabalhadores, tanto brancos (em 64,2% dos empregos assalariados)

---

[2] A fonte do material para análise são os relatórios de operações realizadas pelo Grupo Móvel do Ministério do Trabalho e Emprego, Secretaria de Inspeção do Trabalho, para averiguar denúncias de trabalho escravo, no estado do Pará, nos anos 2012 e 2013.

como negros (em 56,1%), majoritariamente, dentro do padrão de jornadas de 40 a 44 horas semanais. O setor industrial emprega mão de obra em jornadas flexíveis, com a duração de 39 horas semanais e menos de trabalho, aproximadamente em 10% dos casos. Em 2010, 9,1% de brancos, 11,1% de negros e 15,8% de indígenas trabalhavam em tais jornadas flexíveis. Ainda que o uso de jornadas flexíveis pelo setor industrial seja relativamente pequeno, pois varia em torno de 10% dos trabalhadores brancos e negros, a tendência apresentada pelos dados censitários é de crescimento do uso desse tipo de trabalho flexível, e não de diminuição. É necessário aprofundar futuramente a pesquisa de tais condições de trabalho porque atrás dessas pequenas porcentagens está um conjunto de mais de 900 mil pessoas assalariadas e 600 mil pessoas em trabalho por conta própria.

A indústria é um setor de alto consumo de mão de obra. Apesar de ter feito, triunfalmente, a transição para o padrão de jornadas de tempo integral, o setor vive de horas extras, de trabalho excessivo. Em 2010, o parque industrial empregava 26,7% de sua força de trabalho composta por trabalhadores brancos e amarelos em jornadas de 45 ou mais horas por semana. No mesmo ano e nas mesmas condições, empregava 32,8% de negros em jornadas excessivas. Tanto em termos absolutos (brancos perfaziam 1.342 mil operários, e negros, 1.391 mil) como relativos, a presença de pretos e pardos é maior do que a de brancos e amarelos. Disso explode o debate sobre o significado das informações de que pretos e pardos trabalham em maior proporção e em maior número em jornadas mais longas do que brancos e amarelos. Que a distribuição do número de horas laborais entre brancos e negros nos empregos industriais apresenta tratamento diferenciado é um fato revelado por variadas publicações. Adicionalmente, não se contesta que as horas extras podem ser legais. Igualmente, não é contestável que muitas horas extras realizadas não são pagas. Nem tudo o que é legal é legítimo, porque os efeitos sobre a saúde e as condições de vida do trabalhador se impõem, em que pese a legalidade de uma prática laboral. Analisa-se aqui a diferença racial de que empregados e empregadas negros trabalham mais horas do que brancos e amarelos, por se situarem em maiores proporções do que estes na classificação das jornadas de 45 horas ou mais por semana, quando o setor industrial é, majoritariamente, empregador de trabalhadores brancos e amarelos. Está em operação um fator tipicamente racial. Tais dados embasariam a tese de discriminação racial no setor industrial, pela qual negros são mais explorados do que brancos, considerando as jornadas laborais? Pelas informações estatísticas aqui utilizadas, a resposta é sim.

Outra fonte de dados, constituída pelo jornalismo investigativo e pela ação de auditores fiscais do trabalho, aporta argumentos e fatos a respaldar a existência de exploração e de discriminação racial no trabalho industrial. Ganhou repercussão no Brasil o trabalho em condições análogas às de escravos, flagrado por auditores fiscais do trabalho, em oficinas de costura[3] por subcontratação de grandes empresas e cadeias de comercialização internacional. Em depoimento à Comissão Parlamentar de Inquérito da Assembleia Legislativa de São Paulo, o diretor de uma empresa internacional reconheceu a existência de trabalho escravo[4] em sua cadeia de produção. Relatos e autuações de auditores fiscais do trabalho apresentam evidência de superexploração do trabalho por jornadas excessivas, entre inúmeras outras condições péssimas de trabalho. O emprego de adolescentes, de trabalhadores bolivianos, peruanos e brasileiros negros e pardos mostra como a questão racial continua sendo um elo forte na cadeia de acumulação de capital.

Se o problema de discriminação racial aqui suscitado estivesse presente somente nos dados agregados provenientes da contagem censitária para a indústria brasileira, poderia ser visto como sinal de fragilidade. Por isso, pretende-se apresentar outra série de informações censitárias que exponham diferenças com base em raça e cor da pele, que, em última instância, parece-nos, convergem para alargar a base de sustentação da tese da discriminação. Para alcançar tal objetivo, dá-se um salto do setor industrial para serviços, em que

---

[3] Disponível em: <http://cartamaior.com.br/?/Editoria/Direitos-Humanos/Flagrada-com-trabalho-escravo-Zara-agora-diz-que-ampliara-monitoramento-de-fornecedores/5/17682>. Acesso em: 11 out. 2016.

[4] Disponível em: <http://reporterbrasil.org.br/2015/05/zara-corta-oficinas-de-imigrantes-e-sera-multada-por-discriminacao/>. Acesso em: 12 out. 2016.

nos deteremos a examinar o setor de educação, que reúne serviços públicos e privados.

Em 2010, o complexo educacional público e privado ocupava 7,7 milhões de pessoas, das quais 1,1 milhão atuavam em trabalho autônomo não assalariado. A grande maioria dos trabalhadores em educação são empregados assalariados, razão pela qual se inicia por eles.

Dos 6,6 milhões de trabalhadores e, especialmente, trabalhadoras assalariadas, 3,9 milhões são brancos e amarelos e 2,7 milhões são negros e pardos, o que significa que a ação educacional no país se organiza majoritariamente sobre o trabalho de brancos e amarelos. Mas não é, em nenhuma hipótese, irrelevante o trabalho de pretos e pardos e de indígenas. Considerando que a composição geral do trabalho assalariado no Brasil se divide na proporção de 50% negros e 50% brancos, percebe-se desde logo que há uma diferença expressiva da presença de brancos ou da ausência de negros no setor educacional brasileiro.

Agora, aprofunda-se a análise da relação entre brancos e negros, com dados da distribuição das horas laborais por raça e cor. Em 2010, brancos e amarelos laboravam em jornadas-padrão, isto é, de 40 a 44 horas semanais, na proporção de 53% dos casos, enquanto o trabalho em jornadas-padrão para pretos e pardos atingia apenas 47,2% dos casos. Desse modo, as informações indicam que brancos e amarelos levam vantagem sobre pretos e pardos. Brancos e amarelos já teriam feito a transição para jornadas de tempo integral, que se supõe com direitos respeitados, o que não é verdade em todos os casos, ao passo que pretos e pardos estariam ainda no estágio de pré-transição, em que pese a expectativa de que, em algum momento futuro, também eles poderiam realizar a transição para jornadas plenas. Descrito de outra forma e fazendo uma rotação do ponto de observação, negros sofreriam desigualdades nas cargas de horas laborais, comparativamente a brancos e amarelos.

O exame da classificação de horários excessivos não parece aportar informações adicionais, porquanto não revela diferença significativa: brancos e amarelos perfazem 12% dos casos, enquanto pretos e pardos são 13,3%. Resta, pois, examinar a terceira classificação, por horas laborais flexíveis e insuficientes com duração de 39 horas semanais e menos.

No ano 2010, negros (39,5%) estão proporcionalmente mais presentes do que brancos (35% dos casos) em modalidades de trabalho insuficiente. Ora, o trabalho nessa categoria de 39 horas ou menos por semana é composto, na maioria dos casos, por labores que resumidamente recebem o epíteto de precários. Sob a ótica de pretos e pardos, o problema se formula da seguinte maneira: pretos e pardos sentem-se desqualificados e discriminados porque, sendo uma categoria proporcionalmente menor, em um nicho revelador da precariedade, eles se encontram em maior proporção aí empregados do que brancos e amarelos. Dito de outra maneira, o sistema educacional brasileiro, na forma como está montado, empurra mais negros do que brancos para ocupar empregos flexíveis e precários nas bordas do sistema, como é o caso dos trabalhos em jornadas insuficientes.

Informa-se ao leitor que nos acompanhou até este ponto exaustivo do relato que, operando em nível tão elevado de agregação, como temos feito até aqui, dificilmente surgirão outras trilhas e caminhos que revelem o funcionamento viesado do sistema educacional brasileiro. Portanto, sugere-se a busca de outras fontes de informação, sobretudo aquelas que podem ser profundamente desagregadas, por meio das quais as questões aqui estudadas possam aflorar. Cumprida a tarefa de revelar as manhas por trás das estatísticas censitárias, escancaramos as portas dos problemas que emanam das horas laborais realizadas até o máximo possível, problemas que raramente frequentam a literatura dos campos de conhecimento social e humano neste país.

Direcionamos nossa rota doravante para a análise do setor da administração pública, sob a ótica racial e de flexibilização de horas laborativas. Entre 2000 e 2010, tomou lugar um aumento quantitativo expressivo nos empregos na administração pública, passando os servidores públicos do contingente de 3,5 milhões para 7,3 milhões de pessoas, o que significa a duplicação do número de empregos. Esse aumento ocorreu tanto para empregos de pessoas brancas e amarelas como, e especialmente, para empregos de negros. Corresponde a um aumento da presença do Estado no país.

A distribuição das horas laborativas na administração pública segundo o critério de raça/cor apresenta diferenças nos dados agregados no agrupamento de trabalho excessivo. Pretos e pardos ocupam a proporção de 22,7% dos empregos em jornadas excessivas, contra 18,3% de brancos e amarelos, em 2010. A diferença entre pretos e brancos é de quase 5%, o que indica a obrigação de negros, mais que brancos, de labutarem em jornadas longas, conforme debatido no ponto anterior. Em que pese o fato de as jornadas excessivas não constituírem a maior parte dos empregos da administração pública, de qualquer modo, fica registrada a diferença a maior para pretos e pardos em empregos com jornadas de duração excessiva.

As diferenças entre brancos e negros são mais significativas ainda quando se analisa a distribuição dos empregos na categoria de jornada plena. Brancos localizam-se na proporção de 56,3% dos casos em empregos de jornadas plenas, enquanto negros se situam em 49,6% dos casos. A diferença entre brancos e negros fica em torno de 7% a desfavor de pretos e pardos na categoria de jornadas plenas.

Na terceira categoria de distribuição das horas laborais na administração pública, aquela que representa a parte mais flexibilizada e parcializada das horas laborais, a diferença entre brancos (25,4%) e negros (27,6%) cai para 2,2 pontos percentuais, em termos agregados, uma diferença bastante reduzida.

A principal diferença entre brancos e negros no setor em estudo reside, pois, na consolidação dos empregos em jornadas de tempo integral, categoria de distribuição de horas em que pretos e pardos são perdedores em comparação a brancos e amarelos.

A distribuição das horas laborais com suas manifestações flexíveis ou repetitivas revela-se um instrumento classificatório com potencial crítico significativo. Aplicada para analisar problemas de desigualdades entre os grupos sociais de trabalhadores segundo cor e raça, manifestou potencialidades incontestes. Por isso, a distribuição das horas laborais pode converter-se em elemento importante para políticas públicas que combatem desigualdades raciais.

Tivemos oportunidade de apresentar, provavelmente sem antecedentes na produção intelectual brasileira crítica, diferenças significativas entre brancos e negros em relação às cargas horárias laborativas que executam, a desfavor destes últimos. Como tais diferenças constituem problemas estruturais mais do que conjunturais, as políticas para transformá-las demandam, necessariamente, ações de larga duração.

Conclusão
A FLEXIBILIDADE DE HORÁRIOS NO CAPITALISMO

Pelas mãos do neoliberalismo e embasada nos avanços das tecnologias de informação e nas redes de comunicação, a flexibilidade chegou para ficar. A flexibilização constitui um gigantesco processo de alcance mundial de desconstrução do trabalho pela retirada de direitos, conquistas realizadas em séculos de lutas de trabalhadores e de trabalhadoras à custa de sangue, quando não da vida.

A flexibilidade é a forma mais recente pela qual as horas laborais são distribuídas durante os dias, as semanas, os meses e os anos de trabalho. As formas flexíveis ou mutáveis diferem das modalidades rígidas ou repetitivas de distribuir o tempo de trabalho. O capitalista, quando vai ao mercado de trabalho e contrata mão de obra, determina a sua escolha conforme as estratégias empresariais de maximizar lucros, tanto em horários que se repetem diariamente, em horários mutáveis, quanto em combinações entre uns e outros. Conquanto modalidades flexíveis de alocação de tempo de trabalho sejam conhecidas desde os primórdios do capitalismo, foi somente após os Trinta Anos Gloriosos, subsequentes à Segunda Guerra Mundial, e durante os quais a força de trabalho realizou consideráveis avanços em direitos, ao conseguir reduzir a quantidade de horas trabalhadas ao padrão das oito horas diárias e quarenta horas semanais, além de controlar sua intensidade, que a flexibilidade laboral começou a ser elaborada conceitual e teoricamente e alçada ao status de estratégia e de política do trabalho. Os próprios sindicatos de trabalhadores visualizaram no compartilhamento de empregos uma forma de gerar mais colocações para colegas desocupados, mostrando a existência de uma dialética divergente entre trabalho e capital em relação à distribuição das horas laborais. De parte das empresas, a flexibilização de horas converte-se em uma estratégia para retirar direitos do trabalho, para abrir novas fronteiras de acumulação e para acionar a antiquíssima estratégia de converter tempos de não trabalho em tempos de trabalho. A dimensão de distribuição dos tempos laborais carrega a singularidade de alocar de diversas maneiras as horas laborais contratadas pelos empregadores, conforme o que permitem as lutas entre capital e trabalho que ocorrem no mundo.

Durante décadas de lutas, os trabalhadores construíram jornadas de tempo integral com direitos, política que se espalhou dos países centrais para países intermediários e chegou até a periferia do capitalismo. A flexibilização de horas laborais propõe uma política inversa de retirar a regulamentação e os direitos do trabalho, que "encarecem" o valor da mão de obra, quando se trata de o trabalhador reter em suas mãos parte mais significativa do produto do trabalho.

A distribuição flexível dos horários não demonstrou ainda capacidade de substituir inteiramente as jornadas de tempo integral fixo e repetitivo. As empresas não arriscam colocar seu futuro inteiramente sob a prevalência do flexível. Em épocas de crise, cresce o espaço ocupado pelo trabalho flexível. Dados o papel único desempenhado na produção do valor e sua capacidade de expansão em setores da economia, a flexibilidade laboral revela-se não uma parte conjuntural, mas um elemento constitutivo do capitalismo global. Daí sua condição de que veio para ficar. Transforma tempos de não trabalho em tempos laborais para a geração de valor e acumulação de capital num processo de amplitude global. Deflagra tipos distintos de exploração laboral, concentrados nas desigualdades de cargas horárias, consequentemente de remunerações, desigualdades que se expressam por meio de gênero, raça, idade e classe, entre outros. A flexibilidade faz parte das mudanças da morfologia do trabalho na era do capitalismo globalizado. Jornadas de tempo integral são combinadas com jornadas excessivas, com jornadas insuficientes e móveis, de maneira a atender às demandas do capital.

A flexibilidade contém a virtualidade de propiciar a adequação da racionalidade individual das empresas ante a competição fagocitante dos mercados locais, nacionais e globais. O trabalho-padrão provê a oferta de mão de obra em horários prolongados e de trabalho compacto. O trabalho em sua forma flexibilizada, por sua vez, possibilita a adaptação às exigências dos negócios nos horários certos, nas horas exatas, *just in time*.

Das distribuições de horários emergem contradições. Uma coisa é a lógica de acumulação das empresas, outra são as necessidades, os desejos e as vontades das pessoas que são fornecedoras de mão de obra. Como grande parte dos trabalhos em horários flexibilizados, mas de duração mais curta, implica remunerações menores, condições laborais deficitárias, mínimas perspectivas de carreira profissional e de garantias de saúde e de educação, enfim aquilo que se costuma resumir com o termo "precarização", estabelecem-se desencontros entre empresas e trabalhadores.

O trabalho em tempos flexíveis encaixa-se na chamada economia da inteligência ou economia imaterial e naquelas profissões e ocupações dos setores mais altamente capitalizados e rentáveis da economia capitalista contemporânea, as atividades bancárias, de pesquisa, setores de inovação, telefonia, computação, sistemas de comunicação, redes de rádio e televisão, indústria, sistemas de transportes e serviços e assim por diante. Tais atividades apelam para o trabalho intelectual e afetivo da invenção, imaginação, inovação, planejamento, resolução de problemas, pesquisa, comunicação e outras exigências próprias das atividades imateriais ou intangíveis. Existe um campo imenso de empresas de grande envergadura que operam na economia desenvolvida pela revolução técnico-científica contemporânea.

O campo da flexibilidade do trabalho está ligado às formas mais modernas de produção e circulação da riqueza na competição pela apropriação dos valores produzidos, ainda que não ausente de atividades tradicionais. As atividades bancárias e de comunicação são protótipos das exigências do capitalismo globalizado. É impossível pensar o mundo das comunicações sem trabalho em fins de semana e em períodos noturnos, ou seja, trabalho em horário flexível. As atividades bancárias globalizadas apresentam exigências semelhantes para a organização dos horários laborais.

A flexibilização dos horários, dos empregos, dos contratos, dos salários, dos lugares de trabalho, e do que mais for possível pensar, requer a flexibilização dos trabalhadores. As empresas necessitam de trabalhadores flexíveis, que se sintam como se não fossem flexibilizados por uma força externa, mas que eles mesmos se compreendam como tais. Exige flexibilidade dos corpos e das mentes. E seus próprios comportamentos devem passar de rígidos para flexíveis. Por isso é necessário desvendar o processo de formação de trabalhadores flexíveis, o que requer um novo aprendizado do que seja o trabalho e de suas especificidades flexíveis. A própria entidade representativa de trabalhadores e trabalhadoras, o sindicato, a associação ou o movimento, enfrenta dificuldades para organizar os trabalhadores de base flexível e para quais reivindicações encaminhar as lutas. O sindicato e os movimentos sociais representativos desses trabalhadores e trabalhadoras são impulsionados a repensar[1] a ação coletiva em tais conjunturas.

A incorporação do tempo de não trabalho à produção de valor

Embora nuvens e sombras ofusquem os horários de trabalho em relação aos de não trabalho, a flexibilização do labor altera relações existentes entre o mundo do trabalho e o do não trabalho. Os limites e as fronteiras de um e de outro tornam-se indistintos. O celular permite convocar o trabalhador quando descansa em casa, está no cinema ou em pleno estádio de futebol em meio à disputa da partida de final de campeonato. Com a extensão do labor aos fins de semana e em horários noturnos, qualquer dia do ano é transformado em dia de trabalho e qualquer hora é hora de trabalho.

A flexibilização das horas é uma das principais portadoras de variações na organização do labor. Influencia o tempo de trabalho, bem como o de não trabalho. Ao transformar o horário do labor, modifica a

---

[1] "O segundo caminho traz a marca do encontro", escrevem Ruy Braga e Marco Aurélio Santana, Dinâmicas da ação coletiva no Brasil contemporâneo; encontros e desencontros entre o sindicalismo e a juventude trabalhadora, *Caderno CRH*, v. 28, n. 75, 2015, p. 539, referindo-se a possibilidades de ação conjunta entre sindicatos e a juventude trabalhadora precária no Brasil.

hora do descanso, do lazer, da cultura, do trabalho voluntário, da inserção política, da utopia, da vida humana em geral. O grau de mudança que impõe aos tempos da vida humana pode ser tão profundo quanto desorganizar atividades ou impedir sua realização. A flexibilidade veio para dissipar na atmosfera espaços e direitos dos tempos de não trabalho.

Flexibilidade é palavra de ordem da época da mundialização, das corporações multinacionais, dos mercados globais, das empresas de assessoria e consultoria e, em certa medida, dos governos. As corporações multinacionais são móveis e se deslocam agilmente através de fronteiras. As grandes empresas aparentemente seriam os *loci* de preservação da força de trabalho estável e que atua em jornada de tempo integral. Essas mesmas empresas também fazem uso abundante de trabalho flexível, externalizam serviços, contratam mão de obra por meio de agências e empresas especializadas, dividem as atividades de produção, montagem e acabamento entre conglomerados de empresas, balizam-se pelo *just in time*. Nichos específicos de mão de obra evitam que se mantenham tempos perdidos durante a jornada laboral. O objetivo a alcançar é o de fazer coincidir a duração da jornada com o exercício do trabalho. O trabalho flexível de duração reduzida resolve um problema que as escolas de gestão da força laboral tentaram muito solucionar e pouco conseguiram. Talvez o toyotismo tenha sido a escola mais bem-sucedida em fazer com que o emprego do trabalho em tempo integral ou qualquer outro alcançasse rendimento excepcional. Por isso, o toyotismo é a escola do dia, é o *must* em escala mundial. O dilema do trabalho de tempo integral é o cansaço que provoca no trabalhador. Jornadas de tempo integral, frequentemente acrescidas de horas extras, exaurem trabalhadores e trabalhadoras. A partir de determinado momento da jornada diária, o rendimento começa a decrescer, em que pese a parafernália de estimulantes químicos. A solução que o toyotismo oferece para esse dilema consiste em elevar ainda mais a intensidade laboral. Cada trabalhador deve realizar várias atividades ao mesmo tempo. A polivalência aumenta ainda mais o cansaço crônico do trabalhador, leva-o ao limite extremo. A flexibilização das jornadas e dos horários apresenta uma solução diversa. Nas jornadas reduzidas com horários flexíveis, o trabalho é controlado por supervisores e os resultados e a atuação são medidos pelos próprios equipamentos eletrônicos que o trabalhador usa. Com essa administração individualizada e controlados todos os momentos das jornadas, o trabalho se torna mais denso ao expulsar a presença de tempos mortos. Todo o tempo de trabalho comprado torna-se tempo produtivo. O trabalho produz muito mais serviços-mercadorias ou bens-mercadorias do que em outras condições. Atingidas ou superadas as metas, a empresa desembolsa para pagar o trabalhador o salário correspondente a jornadas flexíveis de menor duração. Mantém-se ou se reduz o tempo de trabalho necessário para a reposição do custo de reprodução da mão de obra e eleva-se o tempo de trabalho excedente. Portanto, organizar trabalho em horários flexíveis – em turnos, entradas e saídas adaptáveis às necessidades dos trabalhadores, em fins de semana – converte-se em ganhos efetivos para as empresas.

O trabalho flexível está inextricavelmente vinculado à teoria do valor. A chave do segredo consiste em que ele propicia, ao mesmo tempo, o aumento dos valores produzidos pela força de trabalho em horários flexíveis e a redução dos gastos do empregador com o pagamento da reprodução da força de trabalho. Possibilita, pois, a extração de um mais valor adicional que é impedido de ser produzido quando o trabalho se organiza em tempo integral e particularmente quando envolve horas extras. A maneira de organizar o trabalho de tempo integral e em horas extras baseia-se sobre a exaustão do trabalhador. A forma de organizar esse tipo de trabalho dificulta, se não impede, a captação do tipo de mais-valor que consiste em trabalhar mais intensamente e receber por horas reduzidas.

O trabalho flexível adequa-se também à elevação da composição orgânica do capital, repercutindo, portanto, sobre o mais-valor relativo. Não opera somente em condições em que prevalece o mais-valor absoluto. E é provável que a forma mais frequente envolva, combinadamente, o mais-valor absoluto e o relativo. Com efeito, a elevação da composição orgânica do capital em atividades com jornadas de tempo integral e as jornadas com duração ainda mais prolongadas permite aumentar a produção, incidindo sobre a elevação do ritmo das atividades e consequentemente operando com o cansaço e a exaustão de trabalhadores e trabalhadoras. As jornadas mais curtas e flexíveis não são menos intensas, menos densas, mais porosas. Ao contrário, a dimensão mais reduzida das horas laborais introduz a condição de possibilidade de uma gestão mais intensificante ainda do trabalho, situação bastante presente em depoimentos de pessoas que trabalham em serviços de telemarketing.

Neste livro demonstra-se a tendência em direção à adoção do trabalho flexível pelo capitalismo, mais fortemente enraizada em países da União Europeia do que em outros lugares, talvez em razão das persistentemente elevadas taxas de desemprego ali vigorantes. Mas está radicada em outros continentes, iniciando por economias capitalistas avançadas do mundo, como Estados Unidos e Canadá, e passando pelo Brasil. Informações provenientes dos países analisados dão conta de que a flexibilidade laboral apresenta tendência de se manter crescente e de se incorporar como prática cotidiana de trabalho.

A flexibilidade precariza o trabalho com a retirada de direitos e com a criação de novas desigualdades entre grupos sociais. Ademais, há flexibilidade e flexibilidades, formas de flexibilidade pré-regulamentadas e pós-regulamentadas. Algumas modalidades de flexibilidade, tais como as horas extras e as diárias, são pré-regulamentadas e conhecidas desde o albor da humanidade. Nos países que fazem parte do circuito central do capitalismo mundial, a flexibilização é um processo de mudança quando a jornada de tempo integral com direitos já fora construída, após séculos de luta social. Nos países com economias de organização capitalista recente, caminha-se em direção à construção da jornada de tempo integral. Esse fenômeno emergiu límpido da análise empírica realizada com o apoio de dados coletados pelos censos demográficos do Brasil e nada envolve de contraditório, uma vez que parte de um longo processo histórico. Mas na maioria das situações, tais como nos setores de atividades – agropecuária, transportes, educação e saúde –, grupos sociais de jovens e idosos, grupos formados por mulheres, grupos diferenciados por cor da pele ou por raça e classe social – trabalhadores por conta própria ou autônomos, ou grupos profissionais –, entre eles as empregadas domésticas, a jornada de tempo integral é apenas uma promessa no horizonte. Nosso entendimento é de que esse caso não seja mais visto como tal, mas que represente, em alguma medida, a condição própria aos países mais explorados do Terceiro Mundo, aqueles de capitalismo recente.

* * *

Nesse ponto já está clara a especificidade da distribuição das horas na organização do trabalho capitalista. Com efeito, a produção de mais valor dependeu e depende, no curso da história, da possibilidade de prolongar a jornada de trabalho para além do trabalho socialmente necessário à reprodução do trabalhador e da trabalhadora. Na operação desse mecanismo, considerava-se "natural" que a distribuição das horas consumisse o dia inteiro de trabalho. Com o advento da Revolução Industrial e com as lutas sociais avançando em direitos de redução da jornada de trabalho, a produção do mais-valor passou a incorporar a intensificação laboral, além das longas jornadas. A internacionalização da produção e da circulação do capital, amparadas na difusão das tecnologias de informação e comunicação, bem como no discurso neoliberal da liberdade na organização do trabalho, colocou sobre a mesa do jogo a carta da flexibilidade. A distribuição flexível das horas abriu rombos na divisão dos tempos de trabalho em relação aos tempos de não trabalho ou tempos livres. Desta maneira, os 365 dias do ano são convertidos em dias de trabalho. As 24 horas do dia são transformadas em horas laborais. Não existem dia do ano ou hora do dia que não possam ser convertidos em tempo de produção e de circulação de valor. O tempo é o incenso a ser queimado no altar do capital.

Da compressão espaço-tempo à subordinação de todo o tempo ao trabalho

Se internet e tecnologias de informação e comunicação produziram uma compressão do espaço-tempo, conforme a expressão empregada por David Harvey e outros autores[2], a organização flexível das horas laborais promoveu uma ampliação gigantesca dos tempos de trabalho, por invasão dos tempos de não trabalho e sua conversão em horários laborais. As fronteiras entre uns e outros mudaram de lugar.

---

[2] David Harvey, *A condição pós-moderna* (São Paulo, Loyola, 1989), p. 219: "Compressão do tempo-espaço = processos que revolucionam as qualidades objetivas do espaço e tempo a ponto de forçarem a alterar o modo como representam o mundo para nós mesmos [...] A história do capital tem se caracterizado pela aceleração do ritmo da vida... o mundo parece encolher sobre nós. [...] Aldeia global de telecomunicações [...] espaçonave Terra [...] no tempo só existe o presente". Ver ainda Manuel Castells, *A sociedade em rede* (São Paulo, Paz e Terra, 2002).

Doravante tempos de trabalho e tempos livres não são mais uma zona integral, orgânica, divisões do tempo que comportam fronteiras entre trabalho e não trabalho. A relação entre trabalho e tempo livre é mais bem representada após o avanço da flexibilização das jornadas pela imagem de uma tela, uma peneira, um conjunto infindável de fendas minúsculas e variáveis de tempos de não trabalho ora convertidos em produção de valor. Alterando as fronteiras e as barreiras que separam o tempo de trabalho do tempo livre, a distribuição flexível das horas laborais praticamente anulou a separação conceitual entre tempos de trabalho e de não trabalho, separação conceitual que é de relevância fundamental para trabalhadores e trabalhadoras porque identifica os tempos de autonomia em que eles e elas descansam, participam da cultura e fazem amor.

É necessário, pois, observar o movimento das fronteiras entre tempos de trabalho e tempos livres. Ao mesmo tempo em que ruiu o Muro de Berlim, ruíram as fronteiras entre trabalho e autonomia. A flexibilização laboral produz essa notável mudança, da disposição dos tempos até então de não trabalho para a acumulação de capital, interferindo em momentos de autonomia dos trabalhadores e das trabalhadoras. Abre-se imenso espaço para a expansão do capital. O fenômeno da flexibilização das horas laborais significa que o capital tem a seu dispor o tempo da força de trabalho espalhada por todo o mundo para alavancar a acumulação.

Ao negligenciar a dissolução das fronteiras entre tempo de trabalho e tempo livre, perde-se o entendimento de um processo chave em curso na sociedade e nos grupos sociais afetados. Em termos gerais, a classe trabalhadora é explorada. Subdividindo-a por frações internas, chega-se aos grupos sociais cuja identidade é definida pela idade, sexo ou gênero e cor da pele ou raça. Com o objetivo de manter a acumulação, o capital contrata mão de obra portadora de tais qualidades e a emprega prevalentemente em horários laborais atípicos, determinando em consequência remuneração inferior. Com efeito, jovens e idosos, mulheres, pessoas de cor negra e parda, indígenas, são os grupos sociais estudados que, entre outros, compõem a força de trabalho empregada em jornadas reduzidas, horários flexíveis e remunerações menores. Por um "efeito de mercado", esses grupos sociais são contratados e empregados nas atividades mais flexibilizadas. Foram encontrados diferenciais significativos consistentemente a desfavor dos primeiros desses grupos sociais de mulheres, negros e indígenas, jovens e idosos, quando comparados com homens, brancos, adultos, variando sua distribuição por setores de atividade. Desse processo social emergem desigualdades sociais e econômicas, distinções, discriminações, racismo, sexismo.

Flexibilidade relaciona-se a valor. O império do capital expande-se para tempos além dos usuais, em que prevalece a distribuição de horários rígidos e repetitivos, para outras fronteiras. Inicia-se uma gigantesca mudança nos tempos durante os quais valor é produzido. Não apenas no sentido de rapidez dos movimentos do trabalho, como ensinaram todas as escolas de gestão do trabalho até hoje, mas no sentido de incorporação ao processo da produção de valor dos tempos de não trabalho que estavam fora dele e que passam a ser parte "natural" desse procedimento.

A radicalidade das transformações provoca resistência. A flexibilização generaliza modalidades de trabalho precário como atividades realizadas em tempo parcial e em tempos com horários restritos, diárias, empreitadas, bolsas de aprendizado, estágios, contratos como pessoa jurídica fictícia, freelancers e outras formas de pagamento por hora ou produto, tendo por consequência remuneração baixa e insuficiente, acrescida de trabalho de intensidade ainda maior. A flexibilização despoja os trabalhadores e as trabalhadoras de direitos já conquistados do trabalho. Em razão dessas condições estruturais de trabalho flexível, a resistência surge como componente intrínseco à flexibilização. Formas de resistência individual e coletivas, greves e movimentos sociais voltam-se contra a acumulação flexível e o esforço exigido pelo trabalho, a alienação, a parcelização, a brutalização, a bestificação e a heteronomia na decisão.

No enfrentamento travado entre organizações de trabalhadores e o governo da França em 2016, o governo pretendia elevar a produtividade da mão de obra francesa por meio da redução drástica da regulamentação social relativa às horas laborais, de modo a flexibilizá-las para atender aos interesses das empresas. Propunha-se que acordos de trabalho entre empresas e trabalhadores se sobrepusessem à regulação laboral. Tal flexibilização da jornada permitiria de imediato a elevação do número de horas no trabalho. Após dois meses de greves e movimentos de ruas, passou a vigorar a flexibilização em horários laborais após a carga regulada de trabalho. O acordo entre grevistas e o governo abriu um rombo na prática cotidiana e criou espaço para a flexibilização das horas para além daquelas estabelecidas na legislação vigente, para além das atividades de tempo integral. O enfrentamento na França já repercutiu fortemente em outros países e no Brasil. Neste último, um projeto de lei de flexibilização do trabalho estabelece a generalização da terceirização e a prevalência do negociado sobre o legislado, regulamenta inúmeras formas de contratos precários de trabalho, dificulta o acesso do trabalhador à Justiça e reduz o papel fiscalizador do Estado sobre as condições de trabalho. Embates entre trabalho e capital pelo controle do tempo ocorrem em todos os cantos do mundo e definem como será a sociedade em construção. Aos sindicatos e aos movimentos sociais cabem tarefas ingentes como a autonomia na organização das horas laborais, a luta contra a invasão dos tempos de trabalho sobre os de não trabalho, a recuperação dos direitos do trabalho, o combate às discriminações e desigualdades, a construção da igualdade e da emancipação e o desenvolvimento de práticas socialistas de trabalho.

BIBLIOGRAFIA

ALMEIDA, Rebecca S. F. *Precarização do trabalho em educação a distância* (Dissertação de Mestrado apresentada e aprovada pelo Departamento de Sociologia da UnB, 2016).

ALVES, Giovani A.P. *Trabalho e subjetividade*: O espírito do toyotismo na era do capitalismo manipulatório. São Paulo, Boitempo, 2013.

ANTUNES, Ricardo. *A rebelião do trabalho*: o confronto operário no ABC paulista: as greves de1978-80. Campinas, Editora da Unicamp, 1992.

_____. *Riqueza e miséria do trabalho no Brasil*. São Paulo, Boitempo, 2006.

_____. *Adeus ao trabalho?* Ensaio sobre as metamorfoses e a centralidade do mundo do trabalho. São Paulo, Cortez, 2010.

_____. *Riqueza e miséria do trabalho no Brasil II*. São Paulo, Boitempo, 2013.

ASKENAZY, Philippe. Shorter Work Time, Hours Flexibility, and Labor Intensification. *Eastern Economic Journal*, v. 30, n. 4, 2004, p. 603-14.

BAGLIONI, G. Il sistema delle relazioni industriali in Italia: caratteri ed evoluzione storica. In: CELLA, G. P.; TREU, T. (a cura di). *Relazioni Industriali* – Manuale per l'analise della esperienza italiana. Bolonha, Il Molino, 1984.

BAMBIRRA, Vânia. *A teoria marxista da transição e a prática socialista*. Brasília, Editora da UnB, 1993.

BASTIAN, Jens. *A Matter of Time*. From Work Sharing to Temporal Flexibility in Belgium, France and Britain. Hants, Inglaterra, Avebury, 1994. 278 p.

BAUM, Stephen J.; YOUNG, W. McEwan. *A Practical Guide to Flexible Working Hours*. Londres, Kogan Page, 1973. 186 p.

BAUMAN, Zygmunt. Modernidad liquida. Buenos Aires, Fondo de Cultura Economica, 2002, p. 232.

_____. *Tiempos líquidos*. Vivir em uma época de incertidumbre. México, Tusquets, 2008, p. 169.

_____. *Memorias de clase*. La prehistoria y la sobrevida de las clases. Buenos Aires, Nueva Vision, 2011.

BECKER, Gary S. A theory of the allocation of time. *Economic Journal*, 75, 1966, p. 493-517.

BELL, David; ELIAS, Peter. The Definition, Classification and Measurement of Working Time Arrangements: A Survey of Issues with Examples from the Practices in Four Countries. *Conditions of Work and Employment Series* n. 4, Conditions of Work and Employment Programme. Genebra, International Labour Organization, 2003., 36 p.

BENTHAM, Jeremy. *Os pensadores*. São Paulo, Abril Cultural, 1979.

BERG, Peter; APPELBAUM, Eileen; BAILEY, Tom; KALLEBERG, Arne L. Contesting time: International Comparisons of Employee Control of Working Time. *Industrial and Labor Relations Review*, v. 57, n. 3, abr. 2004, p. 331-47.

BERMANN, Marshall. *Tudo que é sólido desmancha no ar*. São Paulo, Companhia das Letras, 1983.

BIN, Daniel. Fiscal Superstructure and the Deepening of Labour Exploitation. *Capital & Class*, v. 39, 2015 (2) 221-241.

BLUESTLONE, Barry; ROSE, Stephen. The Enigma of Working Time Trends. Publicado em GOLDEN, Lonnie; FIGART, Deborah M. (eds.). *Working Time*. International Trends, Theory and Policy Perspectives. Londres/Nova York, Routeledge, 2000, p 21-37.

BOITO JR., Armando; MARCELINO, Paula. O sindicalismo deixou a crise para trás? Um novo ciclo de greves na década de 2000. *Cadernos CRH*, v. 23, n. 59, 2010, p 323-38.

BOLTANSKI, Luc; CHIAPELLO, Eve. *Le Nouvel esprit du capitalisme*. Paris, Gallimard, 1999.

BOSCH, G., DAWKINS, P.; MICHON, F. (eds.). *Times are Changing*. Working Time in 14 Industrialised Countries. Genebra, International Institute for Labor Studies, 1993. 323 p.

BOURDIEU, P.; CHAMBOREDON, J.-C.; PASSERON, J.-C. *Ofício de sociólogo*. Metodologia da pesquisa em sociologia. Petrópolis, Vozes, 2010.

BRAGA, Ruy. *A política do precariado*: do populismo à hegemonia lulista. São Paulo, Boitempo, 2012.

BRAGA, Ruy; SANTANA, Marco Aurélio. Dinâmicas da ação coletiva no Brasil contemporâneo; encontros e desencontros entre o sindicalismo e a juventude trabalhadora, *Caderno CRH*, v. 28, n. 75, set.-dez. 2015, p. 529-544

BRISES: Banque de Ressources Interactives en Sciences Economiques et Sociales –Site gratuit, réalisé par des enseignants de l'éducation nationale. CRDP de l'académie de Lyon. Disponível em: <http://brises.org/notion.php/Flexibilite/precarite/adaptabilite/duree-travail/organisation-travail/salaire/emploi/notId/45/notBranch/45/>. Acesso em 16 dez. 2008.

BRYNJOLFSSON, Erik; McAFEE, Andrew. *La carrera contra la máquina*. Como la revolución digital está acelerando la innovación, aumentando la productividad y transformando irreversiblemente el empleo y la economía. Barcelona, Antoni Bosch, 2013, p. 98

BUENO, Fábio Marvulle. *A superexploração do trabalho:* polêmicas em torno do conceito na obra de Ruy Mauro Marini e a vigência na década de 2000 (Tese de Doutorado, Departamento de Sociologia da UnB, Brasília, Universidade de Brasília, 2016).

BURNS, Ric; SANDERS, James. *New York*. An Illustrated History. Nova York, Alfred A. Knopf, 1999.

CAMARENA, Javier Patiño. *Dinámica de la duración del trabajo*. México, Instituto Nacional de Estúdio del Trabajo (Inet), 1975.

CARDOSO, Adalberto; LAGE, Telma. *As normas e os fatos*. Rio de Janeiro, Editora da FGV, 2007.

CARDOSO, Ana Cláudia Moreira. *O tempo dedicado ao trabalho e ao não trabalho*: vivências e representações dos trabalhadores (Tese de Doutorado em Sociologia, São Paulo, FFLCH-USP, 2007).

_____. Organização e intensificação do tempo de trabalho. *Sociedade e Estado*, v. 28, n. 2, 2013, p. 351-74.

CARNOY, Martin. *El trabajo flexible en la era de la información*. Madri, Alianza, 2001.

CASEY, Patrick R.; GRZYWACZ, Joseph G. Employee Health and Well-Being: The Role of Flexibility and Work-family Balance. *The Psychologist-Manager Journal*, v. 11, n. 1, 2008, p. 31-47

CASTELLS, Manuel. *A sociedade em rede*. São Paulo, Paz e Terra, 2002.

CATTANEO, Nathalie; HIRATA, Helena. Flexibilidade. In: HIRATA et al. *Dicionário crítico do feminismo*. São Paulo, Editora da Unesp, 2009, p. 106-11.

CATTANI, Antonio David; HOLZMANN, Lorena. *Dicionário de trabalho e tecnologia*. Porto Alegre, Editora da UFRGS, 2006.

CETTE, Gilbert: CHANG, Samuel; KONTE, Maty. *The Decreasing Returns on Working Time*: An Empirical Analysis on Panel Country Data, document de travail, n. 315, Banque de France, 2011, 12 p.

CHASE, William; SIEGELBAUM, Lewis. Worktime and Industrialization in the USSR, 1917-1941, chapter 9. Publicado em CROSS, Gary (ed.). *Worktime and Industrialization*. An International History. Filadélfia: Temple University Press, 1988. 251 p.

CHRISTENSEN-DALSGAARD, B.; DONNELLY, W.; GRIFFITH, M. *Flexible working*. New Network Technologies. Amsterdã, IOS, 1999. 236 p.

CONLEY, Dalton; LAUREAU, Annette. *Social Class*: How does it Work? Nova York, Russel Sage Foundation, 2008.

COOPER, Rae; BAIRD, Marian. Bringing the "Right to Request" Flexible Working Arrangements to Life: from Policies to Practices. *Employee Relations*, v. 37, n. 5, 2015, p. 568-81.

COSTA, Cândida da. *Morte por exaustão no trabalho* versus *direitos humanos* (Livro apresentado em cumprimento ao programa de pós-doutorado do Departamento de Sociologia, Brasília, Universidade de Brasília, 2014).

COUNSEL OF ECONOMIC ADVISERS, EXECUTIVE OFFICE OF THE PRESIDENT OF THE UNITED STATES. *The labor force participation rate since 2007*: causes and policy implications, 2014.

CROSS, Gary (ed.). *Worktime and Industrialization*. An International History. Filadélfia, Temple University Press, 1988. 251 p.

_____. *A Quest for Time*. The Reduction of Work in Britain and France, 1840-1940. Berkeley/Los Angeles/Londres, University of California Press, 1989. 330 p.

CROSS, Philip. The Recession's Impact on Canada's Labour Market. *The School of Public Policy Research papers*, v. 8, n. 28, jul. 2015, p. 0-28.

CUYPER, Hans de. Temporary Workers/Temporary Agency Workers. *Human Resource Management*, v. 5, 21 jan. 2015 (on-line).

DAL ROSSO, Sadi. *A jornada de trabalho na sociedade*: o castigo de Prometeu. São Paulo, LTr, 1996.

_____. Flextempo. Flexibilização da jornada à brasileira. Publicado em FERREIRA, Mário César; DAL ROSSO, Sadi, *A regulação social do trabalho*. Brasília, Paralelo 15, 2003, p. 71-92.

_____. Longas jornadas: o tempo de trabalho na construção da sociedade brasileira. *Guainicuns*, Revista da Fecha/FEA, n. 3-4, nov. 2005-jun. 2006, p. 27-62.

_____. *Mais trabalho!*: a intensificação do labor na sociedade contemporânea. São Paulo, Boitempo, 2008.

_____. Excessive Work. Publicado em CATTANI, Antonio David (ed.). *Work: towards 2021*. Porto Alegre, Escritos, 2015, p. 97-114.

DEJOURS, Christophe. *Trabalho vivo*. Brasília, Paralelo 15, 2012.

DELSEN, Lei. Changing Work Relations in the European Union, chapter 6, p. 99-114. Publicado em ZEYTINOGLU, Isik Urla (org.). *Changing Work Relationships in Industrialized Economies*. Amsterdã/Filadélfia, John Benjamins, 1999.

DURKHEIM, Émile. *De la division social du travail*. Paris, PUF, 1967

_____. *As formas elementares da vida religiosa*. São Paulo, Martins Fontes, 2003.

EDELMAN, Karen A. *Building the Business Case for Workplace Flexibility*. Report n. 1.154-96-CH. Nova York, The Conference Board, 1996.

EHRENBERG, Ronald G.; SCHUMANN, Paul L. *Longer Hours or More Jobs*? An Investigation of Amending Hours Legislation to Create Employment. Cornell, Cornell Univ. Press, 1982. 177 p.

ELBING, A.O.; GADON, H.; GORDON, J.R. Flexible Working Hours: It's about Time. *Harvard Business Review*, 52 (1), 1974, p. 18-33.

ELIAS, Norbert. *Du temps*. Paris, Fayard, 1984.

EUROFOUNDATION. European Foundation for the Improvement of Working and Living Conditions. *Establishment Survey on Working Time and Work-Life Balance (ESWT)*. Working time flexibility in European Companies. Dublin, Eurofound, 2007.

_____. *Working Time and Work-life Balance in a Life Course Perspective*. Dublin, Eurofound, 2012.

_____. *Impact of the Crisis on Industrial Relations and Working Conditions in Europe*. Dublin, Eurofound, 2014.

_____. *Unleashing the Potential* – Working Time Flexibility. Dublin, Eurofound, 2015.

FERREIRA, Mário César; DAL ROSSO, Sadi. *A regulação social do trabalho*. Brasília, Paralelo 15, 2003.

FINE, Ben; SAAD-FILHO, Alfredo. *El capital de Marx*. México, Fondo de Cultura Economica, 2013.

FLORIDA, Richard. *A ascensão da classe criativa*. Porto Alegre, L&PM, 2011.

FRASE, Peter; GORNICK, Janet C. The Time Divide in Cross-National Perspective: The Work Week, Education and Institutions that Matter. *Social Forces* 91 (3), 2013, p. 697-724.

FRASER, Nancy. Feminism, capitalism and the cunning of history. *New Left Review*, n. 56, mar.-abr. 2009, p. 97-117.

GAMBLES, Richenda; LEWIS, Suzan; RAPOPORT, Rhona. *The Myth of Work-life Balance*. The Challenge of our Time for Men, Women and Societies. Sussex: John Wiley and Sons, 2006, p. 111.

GARCIA Jr., Afrânio Raul. *O sul*: caminho do roçado. São Paulo/Brasília, Marco Zero/Editora da UnB, 1990.

GIARDINI, Angelo; KABST, Rüdiger. Effects of Work-family Human Resource Practices: a Longitudinal Perspective. *Human Resource Management*, v. 19, n. 11, 2008. Special Issue: International Comparative Studies, *HRM and Performance*.

GOLDEN, Lonnie. The Effects of Working Time on Productivity and Firm Performance: a Research Synthesis Paper. Genebra, ILO, *Conditions of Work and Employment Series*, n. 33. 2012.

_____; FIGART, Deborah M. (eds.). *Working Time*. International Trends, Theory and Policy Perspectives. Londres/Nova York: Routeledge, 2000. 269 p.

GOLDFINGER, Charles. *Travail et hors-travail*. Vers une société fluide. Paris, Odile Jacob, 1998.

GOLLAC, Michel; VOLKOFF, Serge. Citius, altius, fortius. L'intensification du travail. *Actes de la Recherche en Sciences Sociales*, 114 (septembre) 1996, p. 54-67.

GORZ, André. *Misères du present, richesse du possible*. Paris, Galilée, 1997.

GRAMSCI, Antonio. *Americanismo e fordismo*. São Paulo, Hedra, 2008.

HABERMAS, Jurgen. A nova intransparência. A crise do Estado de bem-estar social e o esgotamento das energias utópicas. *Novos Estudos Cebrap*, n. 18, set. 1987, p. 103-14.

HART, Robert A. *The Economics of Overtime Working*. Cambridge, Cambridge Univ. Press, 2004. 167 p.

HARVEY, David. *A condição pós-moderna*. São Paulo, Loyola, 1989.

_____. *Spaces of Hope*. Berkeley/Los Angeles, University of California Press, 2000.

_____. *Spaces of Global Capitalism*. Towards a Theory of Uneven Geographical Development. Nova York/Londres, Verso, 2006.

_____. *A Brief History of Neoliberalism*. Nova York: Oxford University Press, 2009a.

_____. *Cosmopolitanism and the Geographies of Freedom*. Nova York, Columbia University Press, 2009b.

HAYEK, Friedrich. *Os fundamentos da liberdade*. São Paulo, Visão, 1983.

HINRICHS, Karl. Working-time Development in West Germany: Departure to a New Stage. Publicado em HINRICHS, Karl; ROCHE, William; SIRIANNI, Carmen (eds.). *Working Time in Transition*. The Political Economy of Working Hours in Industrial Nations. Filadélfia: Temple University Press, 1991, p. 27-59.

_____. From Standardization to Flexibility: Changes in the Political Economy of Working Time. Publicado em HINRICHS, Karl; ROCHE, William; SIRIANNI, Carmen (eds.). *Working Time in Transition*. The Political Economy of Working Hours in Industrial Nations. Filadélfia: Temple University Press, 1991. 277 p.

HIRATA, Helena. *Nova divisão sexual do trabalho?* São Paulo, Boitempo, 2002.

_____. Flexibilidade, trabalho e gênero. Publicado em HIRATA, H.; SEGNINI, L. (orgs.). *Organização, trabalho e gênero*. São Paulo, Senac, 2007, p. 89-108.

HOLZMANN, Lorena; PICCININI, Valmiria. Flexibilização, verbete do *Dicionário de trabalho e tecnologia*. In: CATTANI, A.D.; HOLZMANN, L. (orgs.). Porto Alegre, Editora da UFRGS, 2006, p. 131-33.

HUTCHINSON, George K.; HOLLAND, John R. The Economic Value of Flexible Automation. *Journal of Manufacturing Systems*, v. 1, n. 2, 1982, p. 215-28.

JEVONS, Willian Stanley. *A teoria da economia política*. São Paulo, Abril Cultural, 1983.

KALECKI, Michal. *Teoria da dinâmica econômica*. Ensaio sobre as mudanças cíclicas e a longo prazo da economia capitalista. São Paulo, Nova Cultural, 1985.

KELLIHER, Clare; GORE, Julie; RILEY, Michael. Functional Flexibility: Implementation and Outcomes, capítulo 5. Publicado em ZEYTINOGLU, Isik Urla (org.). *Flexible Work Arrangements*: Conceptualizations and International Experiences. Haia, Kluwer Law International, 2002.

KELLIHER, Clare; ANDERSON, Deirdre. Doing More with Less?: Flexible Working Practices and the Intensification of Work. *Human Relations*, v. 63, n. 1, 2010, p. 83-106.

KEYNES, John Maynard. *A teoria geral do emprego, do juro e da moeda*. São Paulo, Nova Cultural, 1985.

KREIN, José Dari. *Tendências recentes nas relações de emprego no Brasil*. 1990-2005. Campinas, Instituto de Economia da Unicamp, 2007.

KREIN, José Dari; SANTOS, Anselmo Luis; NUNES, Bartira Tardelli. *Trabalho no governo Lula*: avanços e contradições. XII Encontro da Associação Brasileira de Estudos do Trabalho (Abet). João Pessoa, 2011.

KRUGMAN, Paul. *The Return of Depression Economics and the Crisis of 2008*. Nova York, Norton and Company, 2009.

LAFARGUE, Paul. *O direito à preguiça*. São Paulo, Hucitec, 1999.

LEE, Byung-Hee; LEE, Sangheon. Minding the Gaps: Non-regular Employment and Labour Market Segmentation in the Republic of Korea. *Conditions of Work and Employment Series*, n. 19, Conditions of Work and Employment Programme. Genebra, International Labour Office, 2007. 33 p.

LEE, Sangheon; McCANN, Deirdre; MESSENGER, Jon C. *Working Time around the World*. Trends in Working Hours, Laws and Policies in a Global Comparative Perspective. Londres, Routeledge, 2009. 220 p.

LEHNDORFF, Steffen. Working Time Reduction in the European Union. Publicado em GOLDEN, Lonnie; FIGART, Deborah M. (eds.). *Working Time*. International Trends, Theory and Policy Perspectives. Londres/Nova York: Routeledge, 2000, p. 38-55.

LYNESS, Karen S.; GORNICK, Janet C.; STONE, Pamela; GROTTO, Angela R. It's All about Control. Worker Control over Schedule and Hours in Cross-National Context. *American Sociological Review*, v. 77, n. 6, 2012, p. 1.023-49.

MAGGATTI, Mauro; FULLIN, Giovanna. *Percorsi de lavoro flessibile. Um'indagine su laboraori interinali e collaboratori coordinati e continuativi in Lombardia*. Roma, Carocci, p. 233.

MARINI, Ruy Mauro. *Dialéctica de la dependência*. México, Era, 1973.

_____. Plusvalia extraordinária y acumulación de capital. *Cuadernos Politicos*, n. 20, abr.-jun. 1979, p. 19-39.

MARTINS, Marianne Lima. *Na linha de frente*: a intensificação do trabalho em bancos públicos e suas implicações sobre a saúde dos trabalhadores bancários (Dissertação de Mestrado, Programa de Pós-graduação do Departamento de Sociologia, Brasília, Universidade de Brasília – UnB, 2016).

MARX, Karl. *Capital*, v. I. Nova York, International Publishers, 1975.

_____. O método da economia política. In: *Contribuição para a crítica da economia política*. Lisboa, Estampa, 1977.

_____; ENGELS, Friedrich. *The German Ideology*. Moscou, Progress, 1976.

_____. *Manifesto do Partido Comunista*. Porto Alegre, L&PM. 2009.

MERCURE, Daniel; SPURK, Jan. *O trabalho na história do pensamento ocidental*. Petrópolis, Vozes, 2005.

MÉSZÁROS, Istvan. *Beyond Capital*: Toward a Theory of Transition. Londres, Merlin, 1995.

NEGREY, Cynthia. *Gender, Time, and Reduced Work*. Albany, State University of New York Press, 1999.

NETTO, José Paulo. *Introdução ao estudo do método de Marx*. São Paulo, Expressão Popular, 2011.

NEUBOURG, Chris de. Where Have all the Hours Gone? Working Time Reduction Policies in the Netherlands. Publicado em HINRICHS, Karl; ROCHE, William; SIRIANNI, Carmen (eds.). *Working Time in Transition*. The Political Economy of Working Hours in Industrial Nations. Filadélfia: Temple University Press, 1991, p. 129-47.

NOLLEN, Stanley D. *New Work Schedules in Practice*. Managing Time in a Changing Society. Nova York, Van Rostrand Reinhold, 1999. 281 p.

OFFE, Klaus. Trabalho: a categoria-chave da sociologia? *Revista Brasileira de Ciências Sociais*, n. 10, v. 4, jun. 1989, p. 5-20.

OLIVEIRA, Roberto Véras de; GOMES, Darcilene; TARGINO, Ivan (orgs.). *Marchas e contramarchas da informalidade do trabalho*. Das origens às novas abordagens. João Pessoa, Editora Universitária, 2011.

_____; SANTANA, Marco Aurélio (orgs.). *Trabalho em territórios produtivos reconfigurados no Brasil*. João Pessoa, Editora da UFPB, 2013.

OLMSTED, Barney. *Creating a Flexible Workplace*. Nova York, Amacom, 1989. 461 p.

OSÓRIO, Jaime. *Teoria marxista de la dependência*: historia, fundamentos, debates y contribuciones. Buenos Aires, Ediciones UNGS, 2016.

PERILLEUX, Thomas. *Les Tensions de la flexibilité. L'Épreuve du travail contemporain*. Paris, Desclée de Brouwer, 2001. 220 p.

PIKETTY, Thomas. *O capital no século XXI*. São Paulo, Intrínseca, 2014.

PIORE, Michael; SABEL, Charles F. *The Second Industrial Divide*. Nova York, Basic Books, 1984.

PLANTENGA, Janneke; REMERY, Chantal. *Flexible Working Time Arrangements and Gender Equality*. A Comparative Review of 30 European Countries. Luxemburgo, Publications Office of the European Union, 2010.

POOR, Riva (ed.). *4 Days, 40 Hours*. Reporting a Revolution in Work and Leisure. Cambridge, Mass, USA Burke and Poor, 1970.

PRIGOGINE, Ilya; STENGERS, Isabelle. *A nova aliança*: metamorfose da ciência. Brasília: Editora da UnB, 1991. 247 p.

RABINBACH, Anson. *The Human Motor*. Energy, Fatigue and the Origins of Modernity. Berkeley/Los Angeles, Univ. of California Press, 1992, p. 402.

RATHKEY, Paul. *Time Innovations and the Deployment of Manpower*. Attitudes and Options. Aldershot, Inglaterra, Avebury, 1990. 142 p.

REZENDE, Ricardo. *A escravidão por dívida no Brasil contemporâneo*. Rio de Janeiro, Civilização Brasileira, 2004.

RICARDO, David. *Princípios da política econômica e tributação*. São Paulo, Nova Cultural, 1996.

RIMASHEVSKAYA, Natalia; VERSHINGSKAYA, Olga. URSS. Publicado em BOSCH, G.; DAWKINS, P.; MICHON, F. (eds.). *Times are Changing*. Working Time in 14 Industrialised Countries. Genebra, International Institute for Labor Studies, 1993. 323 p.

ROBINSON, Joan V. *Ensaios sobre a teoria do crescimento econômico*. São Paulo, Nova Cultural, 1985.

ROCHE, William K. The Chimera of Changing Employee Time Preferences: Working Hours in British Industrial Relations Since WWII. Publicado em HINRICHS, Karl; ROCHE, William; SIRIANNI, Carmen (eds.). *Working Time in Transition*. The Political Economy of Working Hours in Industrial Nations. Filadélfia, Temple University Press, 1991, p. 87-128.

RONEN, Simcha. *Flexible Working Hours*. An Innovation in the Quality of Work Life. Nova York, McGraw-Hill, 1981, p. 353.

RONGÉ, Annik de; MOLITOR, Michel. The Reduction of Working Hours in Belgium: Stakes and Confrontations. Publicado em HINRICHS, Karl; ROCHE, William; SIRIANNI, Carmen (eds.). *Working Time in Transition*. The Political Economy of Working Hours in Industrial Nations. Filadélfia, Temple University Press, 1991, p. 140-69.

RUBIN, Isaak Illich. *A teoria marxista do valor*. São Paulo, Polis, 1987.

SAFFIOTI, Heleieth I. B. *A mulher na sociedade de classes*. Mito e realidade. Petrópolis, Vozes, 1976.

SANTOS, Sales Augusto dos. *Educação, um pensamento negro contemporâneo*. Jundiaí, Paco, 2014.

_____. *O sistema de cotas para negros na UnB, um balanço da primeira geração*. Jundiaí, 2015.

SANTOS, Theotonio. *A teoria da dependência*: balanço e perspectivas. Rio de Janeiro, Civilização Brasileira, 2000.

SCHOR, Juliet B. *The Overworked American*: The Unexpected Decline of Leisure. Nova York, Basic Books, 1993.

_____. Working Hours and Time Pressure: The Controversy About Trends in Time Use. Publicado em GOLDEN, Lonnie; FIGART, Deborah M. (eds.), *Working Time*. International Trends, Theory and Policy Perspectives. Londres/Nova York, Routeledge, 2000, p 73-86.

SCIARRA, Silvana; DAVIES, Paul; FREELAND, Mark. *Employment Policy and the Regulation of Part-time in the European Union*: a Comparative Analysis. Cambridge, Cambridge Univ. Press. 2002.

SEABRA, Raphael Lana. *A via venezuelana ao socialismo*. Curitiba, CRV, 2014.

_____ (org.). *Dependência e marxismo*. Florianópolis, Insular, 2015.

SENNET, Richard. *The Corrosion of the Character*. The Personal Consequences of Work in the New Capitalism. Nova York, Norton and Company, 2000.

SHEPARD, E.; CLIFTON, T. Are longer hours reducing productivity in Manufacturing? *International Journal of Manpower*. Vol. 21, n. 7, p. 540-553.

SILVERSTEIN, Pam; ISRB, Josetta H. Flexitime: Where, When, and How? *Key Issues Series*, n. 24. Ithaca, Nova York State School of Industrial and Labor Relations, Cornell University, 1979.

SIRIANNI, Carmen. The Self-management of Time in Post Industrial Society. Publicado em HINRICHS, Karl; ROCHE, William; SIRIANNI, Carmen (eds.). *Working Time in Transition*. The Political Economy of Working Hours in Industrial Nations. Filadélfia, Temple University Press, 1991, p. 231-74.

SMITH, Adam. *A riqueza das nações*. Investigação sobre sua natureza e suas causas. São Paulo, Nova Cultural, 1985.

STANFORD, Jim. Testing the Flexibility Paradigm: Canadian Labor Market in International Context. In: HOWELL, David R. (ed.). *The Limits of Free Market Orthodoxy*. Nova York, Oxford University Press, 2005.

SWART, John Carrol. *A Flexible Approach to Working Hours*. Nova York, Amacom, 1978. 278 p.

TAYLOR, Frederick Winslow. *The Principles of Scientific Management*. Nova York, Norton and Company, 1967.

THOMPSON, E.P. Time, Work-discipline and Industrial Capitalism. *Past and Present*, n. 38, dez. 1967, p. 56-97.

TRIBUNAL SUPERIOR DO TRABALHO. *Anais do Fórum Internacional de Flexibilização do Direito do Trabalho*. Rio de Janeiro, UniverCidade, 2003.

VALLETTA, Rob; BENGALI, Leila. What's Behind the Increase in Part-Time Work? *FRBSF Economic Letter 2013-24*, August 26, 2013, p. 1-5.

VIANA, Nildo. *Estudos metodológicos de Marx*. Goiânia, Germinal, 1998.

WARME, Barbara D.; LUNDY, Katherina L.P.; LUNDY, Larry A. *Working Part-time*. Risks and Opportunity. Nova York, Praeger, 1992.

WEBER, Max. *Economia e sociedade*. Brasília, Editora da UnB, 1991.

_____. *A ética protestante e o espírito do capitalismo*. São Paulo, Companhia das Letras, 2004.

WOMACK, James P.; JONES, Daniel T.; ROOS, Daniel. *A máquina que mudou o mundo*. Rio de Janeiro, Campus, 1992.

WOOLLEY, John. *Brown Building* (originalmente *Asch Building*), 23-29, Washington Place (*aka* 245 Greene Street), Manhattan. Prédio 1900-01; arquiteto John Woolley. Landmarks Preservation Commission. 25 mar. 2003, lista de designação 346. LP-2128.

WRIGHT, Erik Olin. *Classe, crise e Estado*. Rio de Janeiro, Zahar, 1981.

ZENG, Xiangquan; LU, Liang; IDRIS, Sa'ad Umar. Working Time in Transition: The Dual Task of Standardization and flexibilization in China. *Conditions of Work and Employment Series* n. 11, Conditions of Work and Employment Programme. Genebra, International Labour Office, 2005. 38 p.

ZEYTINOGLU, Isik Urla (org.). *Changing Work Relationships in Industrialized Economies*. Amsterdã/Filadélfia, John Benjamins, 1999. 255 p.

_____ (org.). *Flexible Work Arrangements*: Conceptualizations and International Experiences. Haia, Kluwer Law International, 2002.

_____ (org.). ISBN web pdf: 92-2-116130-7; web html: 92-2-116131-5, 2005.

_____; COOKE, Gordon B. Summary, Implications and Future Research Directions of Flexible Work Arrangements, capítulo 16. Publicado em ZEYTINOGLU, Isik Urla (org.). *Flexible Work Arrangements*: Conceptualizations and International Experiences. Haia, Kluwer Law International, 2002.

_____; LILLEVIK, Waheeda. Conceptualizations of and International Experiences with Flexible Work Arrangements, capítulo 1. Publicado em ZEYTINOGLU, Isik Urla (org.). *Flexible Work Arrangements*: Conceptualizations and International Experiences. Haia, Kluwer Law International, 2002.

_____; MUTESHI Jacinta K. *Gender, Race and Class Dimensions of Nonstandard Work*. Relations Industrielles / Industrial Relations, vol. 55, n. 1 (2000 Winter), p. 133-167.

ZIZEK, Slavoj. How to Begin from the Beginning. *New Left Review*, 57, maio-jun, 2009, p. 43-55.

Considerações finais
SOBRE AS INFORMAÇÕES CENSITÁRIAS UTILIZADAS

Neste livro fez-se, primeiramente, um giro histórico descrevendo a flexibilidade laboral em diversos países, lançando mão, para isso, de fontes secundárias. Em segundo lugar, realizou-se uma análise intensiva da situação em que se encontram a flexibilização de horas no Brasil e as relações observáveis entre flexibilidade e condição no trabalho ou classe social, idade da população, composição social por cor e raça, composição social por sexo e gênero e a flexibilidade na distribuição dos tempos laborais. Tal procedimento analítico resultou em uma massa considerável de informações que estão disponíveis ao leitor interessado em <unbgept.blogspot.com/flexibilidade>.

Charge da cartunista Laerte publicada no 1º de maio de 2017

Editado em junho de 2017 – mês em que um projeto de reforma trabalhista retrógrado e que retira direitos dos trabalhadores é votado no Senado –, este livro foi composto em Adobe Garamond Pro, 11/13,3, e impresso em papel Pólen Natural 80 g/m² pela gráfica UmLivro, para a Boitempo, com tiragem de 100 exemplares.